Eduard Augustin | Matthias Edlinger | Philipp von Keisenberg

EIN MANN EIN ROST

DAS GRILLBUCH

mosaik

„Wohltätig ist des Feuers Macht,
wenn sie der Mensch bezähmt, bewacht.“

Friedrich von Schiller | Dichter | 1759–1805

„Indian makes small fire, sits close.
White man makes big fire, sits far away.“

Stalking Wolf | Apache | 1870–1963

INHALT

VORWORT

Es ist ein Naturgesetz. Wann auch immer ein Grillfeuer lodert – und irgendwo auf der Welt brennt immer eins –, hat ein Mann die Flamme entzündet. Der Grill ist kampflos aufgegebenes Gebiet: Obwohl Frauen längst fast alles besser können, haben sie das Grillen den Männern überlassen. > Um es triumphierend auszudrücken: Grillen ist die letzte Bastion des Mannes. Nur am Rost hat er das Vorrecht und die Macht behalten, und unnachgiebig hält er daran fest. Die Glut des Feuers ist ihm heilig. Niemals würde er seine Grillzange freiwillig aus der Hand geben. Niemals dürfte ein anderer seine Feuerstelle übernehmen. Schon gar keine Frau. Das Patriarchat greift durch, regiert und legt Briketts nach.

Warum aber ist das Grillen eigentlich Männersache, und warum stellen sich weltweit Männer bei jeder Witterung auf Balkone und Terrassen, in Vorgärten und Parkanlagen, nur um ein brutzelndes Stück Rinderhüfte zu bewachen? Warum treffen sie einander in Argentinien beim Asado, in den USA beim Barbecue, in der Karibik an einer Jerk-Tonne, in Südafrika beim Braai? Warum zelebrieren sie in Brasilien das Churrasco, in Armenien Chorowaz und in Australien sogar Barbie? > Es ist das Beherrschen einer Naturgewalt, das sie fasziniert – das Spiel der Flammen, das Knistern von Kohle und Holz, der Geruch von Röstaromen und angebratenem Fleisch. Am Grill verlässt der Mann die Zwänge der Zivilisation und kehrt für einen kurzen Moment zu seinen Ursprüngen zurück. Er hängt sein Sakko an den Haken und streift das Fell über, wird wieder Jäger, Fährtenleser, Forscher und Entdecker, und wenn er eine Familie mit Koteletts zu versorgen hat, auch Stammesoberhaupt und Ernährer.

Das Fehlen von übergenauen Anweisungen, an die er sich zum Beispiel in einer Küche halten müsste, kommt ihm dabei nur gelegen. Männer misstrauen komplizierten Rezepturen, penibel Angaben zu

Zeiten und Mengen und hassen das ganze Klein-klein: Schäumchen, Juliennes, Terrinen, Wasserbäder, Amuse-Geules, Zwischengänge. > Am Grill haben sie die alleinige Verantwortung für ihr Tun, da dürfen sie tüfteln und experimentieren, Temperaturen und Garzeiten testen und eigene Erfahrungen gewinnen – und das alles mit der groben Kelle und mit viel Gefühl. Mit Enthusiasmus können sie nach der besten Holzkohle und dem besten Fleisch suchen, an der Vor- und der Zubereitung feilen. Sie machen Grillen zum Sport, gründen Klubs und nehmen an Wettbewerben teil, streiten und messen sich.

Wie so ein Grill richtig gut funktioniert, was sich rausholen lässt und was sich noch verbessern ließe, darüber sind sich allerdings die Wenigsten umfassend im Klaren. > Weil Männer aber alles immer ganz genau wissen wollen, jedoch zu stolz sind, um zu fragen, haben wir das übernommen und Männer, die tatsächlich schon alles wissen, gebeten uns zu erzählen. Wir trafen Metzger und Tierzüchter. Wir besuchten Messerschleifer, Köche, Feuerwehrmänner, Ärzte und Psychologen, erkundigten uns bei Tüftlern, Köhlern und Kohlehändlern. Um herauszufinden, wie man exzellente Fleischqualität erkennt, Steaks richtig auswählt, Fische gut behandelt, Hühner und Insekten züchtet, gutes Grillgerät kauft oder selbst baut, wie man köhlert und wurstet, die besten Marinaden, Saucen oder Glasuren zubereitet und einen Grill zur variantenreichsten Feuerstelle der Welt macht.

Dieses Buch ist eine Entdeckungsreise durchs Feuer. Wer sie mit uns unternimmt, kann eine Erklärung dafür finden, warum sich immer mehr Männer um einen Rost versammeln: Grillen ist eine nie endende Herausforderung. Es bedeutet mehr, als ein paar Würstchen zu verbrennen.

Eduard Augustin, Matthias Edlinger, Philipp von Keisenberg

WERKZEUGE

001 DIE WAHL DER MESSER TREFFEN

Grillfleisch ohne ein anständiges Messer zu zerteilen und zu bearbeiten, ist ein aussichtsloses Unterfangen. Was für die Grundausstattung eines Kochs gilt, gilt für den Mann am Rost ganz genauso. Ein gutes Messer sollte Sie Ihr Leben lang begleiten und mit Bedacht ausgewählt werden. Nehmen Sie sich Zeit beim Kauf, lassen Sie sich von Profis beraten und denken Sie über den Erwerb von Markenware nach: Das Messer muss zu Ihnen passen wie ein Paar gute Lederschuhe. Billige Messer machen einfach keine Freude. Sie sind doch schließlich bereit, für gutes Fleisch etwas tiefer in die Tasche zu greifen. Fischen Sie besser gleich ein paar Euro mehr aus der Tiefe Ihres Geldbeutels und investieren Sie sie in ein anständiges Messer. Es lohnt sich. Sie werden einen guten Schnitt machen.

| **GRUNDAUSSTATTUNG** | Wie gerne würden wir Ihr Leben vereinfachen und behaupten, die Anschaffung eines einzigen Messers würde tatsächlich für all die zu bestehenden Grillabenteuer reichen. Doch leider wäre das gelogen. Lassen Sie sich bloß nicht hinters Licht führen – auch, wenn man Ihnen in Männerzeitschriften und Kochsendungen etwas anderes erzählt. Ganz so einfach ist es nicht. Aber seien Sie dennoch beruhigt: Mehr als drei Messer braucht nun wirklich kein Mensch.

| **DAS KLASSISCHE KOCHMESSER** | Es hat eine Klingenlänge von mindestens 20 Zentimetern und ist die Allzweckwaffe in der Küche und am Grill – es dient zum Schneiden, Zerteilen oder Hacken von Fleisch, Fisch und Gemüse.

| **DAS WELLENSCHLIFFMESSER** | Es sieht nicht schön aus und kann ausschließlich beim Messerschleifer nachgeschärft werden, wenn es einmal stumpf ist – aber: Mit ihm tun Sie sich einfach leichter, wenn es um Tomaten, Paprika oder Brot geht.

| **DAS HACKMESSER** | Spare Ribs, Koteletts, Keule – für jegliches Fleisch, das störrisch am Knochen hängt und sich nur schwer auslö-

Kochmesser

Wellenschliffmesser

Hackmesser

sen lässt, brauchen Sie ein Beil mit Bums. Zu diesem Zweck ein edles Kochmesser zu verwenden wäre schlichtweg dumm. Bei so viel grober Hackarbeit würde seine Klinge sofort abstumpfen.

| **MESSERAUFBAU** | Jedes Messer besteht aus einer Klinge und einem Griff, der auch „Heft" genannt wird. Der Griff hat keinen Einfluss auf die Qualität der Schneide. Ob er also aus Holz oder Kunststoff sein soll, ist eigentlich reine Geschmackssache. Aber: Das Messer sollte Ihnen gut in der Hand liegen. Stimmt die Materialqualität des Griffs, merken Sie das sofort. Weiter: Die Klinge eines geschmiedeten Messers ist vor dem Griff verdickt. Diese Verdickung nennt man „Kropf". Die Klinge erstreckt sich bei einem hochwertigen Messer aber nahtlos bis zum Ende des Griffs. Alle Komponenten der Messerkomposition sollten ohne Fugen und Spalten zusammengesetzt sein. Der Schwerpunkt des Instruments sollte so ausbalanciert sein, dass Sie sich sicher fühlen. Nicht nur Messerwerfer müssen mit ihrem Arbeitsgerät wohlvertraut sein.

Die Messerklinge sieht auf den ersten Blick aus wie ein einfaches Stück Stahl. Erst bei genauerer Betrachtung lässt sich erkennen, dass auch sie aus einzelnen Teilbereichen besteht. > Am unteren Ende der Klinge ist ein Messer scharf geschliffen – ganz an seinem Ende sitzt die „Spitze". Unten an der Klinge findet die eigentliche Schneidearbeit statt; fachsprachlich werden die Begriffe „Fase" oder „Wate" verwendet. Die Klinge kann unterschiedliche Schliffe tragen – mehr dazu weiter unten im Text. Den oberen Bereich der Klinge nennt man „Messerrücken". Ein guter Messerrücken sollte nicht zu scharfkantig geschliffen, sondern leicht abgerundet sein, damit sich die unterstützende Hand an ihm keine Schwielen oder Verletzungen holen kann. Der polierte Bereich zwischen Messerrücken und Fase heißt „Klingenspiegel". Viele Messer haben einen Handschutz, der sicherstellt, dass keine Hand unter die Klinge gerät. Selbst der Teil des Messers, der sich zwischen Handschutz und Fase befindet, trägt einen eigenen Namen: Auf der „Fehlschärfe", die auch „Ricasso" genannt wird, finden Sie – gerade bei kleineren Messern – oft auch die Signatur der Marke, die so genannte „Schmiedemarke".

1 Messerspitze 2 Klingenspiegel 3 Rücken
4 Fase 5 Kropf 6 Heft 7 Knauf

| **STAHL FÜR DEN PROFI** | Die meisten Messer sind aus Edelstahl gefertigt. Da Edelstahl nicht zwangsläufig rostfrei ist, mischt jeder Hersteller dem Stahl noch weitere Zugaben wie Chrom, Nickel, Molybdän oder Mangan bei. Diese Stoffe sorgen dafür, dass die Messer nicht so leicht von Rost befallen werden. Außerdem wirkt sich jede individuell verschiedene Stahlmischung unterschiedlich auf die Härte der Klinge aus. > Angegeben wird die Härte von Messerklingen übrigens in HRC, einer Einheit, die Sie beachten sollten. HRC ist die Abkürzung für die Härteprüfung nach Rockwell. Je höher die angegebene Zahl ist, desto härter ist das Messer. Ein hartes Messer bedeutet zum einen weniger Flexibilität; zum anderen nutzt sich seine Schärfe langsamer ab als die eines weichen Messers. Wir wollen das nicht weiter vertiefen – aber: Qualitativ gute Küchenmesser sollten zwischen 55 und 57 HRC aufweisen.

| DAMAST FÜR DEN SAMMLER | Seit den 70er-Jahren sind Damastmesser bei Klingenliebhabern besonders gefragt. Wer mit seinem Messer nicht nur arbeiten, sondern auch im Freundeskreis damit angeben will, der kommt an dem Messer mit der Klinge aus Damaszenerstahl nicht vorbei: Es macht wirklich etwas her. Die Bezeichnung der Messer ist auf den orientalischen Herkunftsort einer Schmiedetechnik zurückzuführen. In Damaskus wurden schon vor über 2000 Jahren gefürchtete, widerstandsfähige und besonders scharfe Waffen geschmiedet. Noch heute werden in der Klinge eines echten Damastmessers verschiedene Stähle per Hand miteinander vereint – durch ein kompliziertes Falten beim Schmiedevorgang. Nach dem Härten und Polieren wird die Klinge geätzt und erhält dadurch ihr einzigartiges Linienmuster. Die Klingen gelten als besonders langlebig und scharf. Jedes Messer ist ein Unikat – und die aufwändige Produktion schlägt sich natürlich im Preis nieder. Die Begriffe „Damast" oder „Damaszenerstahl" allerdings bieten keine Garantie dafür, dass ein Messer wirklich nach der traditionellen Methode und per Hand geschmiedet wurde. Der Begriff ist nicht geschützt. So kann es durchaus passieren, dass Ihr vermeintlich edles Damastmesser gar nicht so edel ist, sondern aus minderwertigem Eisen (zum Beispiel aus Motorrad- oder Motorsägenketten) hergestellt wurde.

Mit dem bloßen Auge können Sie die zweitklassige, industriell hergestellte Klinge nicht von der hochwertigen Handarbeit unterscheiden. Doch die billige Klinge wird sich deutlich schneller abnutzen. Wird Ihnen ein Damastmesser zu einem auffallend günstigen Preis angeboten, es ist also Vorsicht angeraten. Gehen Sie lieber auf Nummer sicher und kaufen Sie ein Damastmesser nur von einem Hersteller mit Renommee oder im Fachhandel.

| KERAMIK FÜR DIE TONNE | Messer mit Klingen aus Keramik sind leider immer noch in Mode. Seltsam eigentlich, denn für den normalen Hausgebrauch sind sie überflüssig. Das verwendete Material ist zwar leichter und härter als Stahl, dafür sind die Messer aber auch sehr teuer und extrem zerbrechlich. Bei näherer Betrachtung gibt es keinen Grund, eines dieser Messer zu erwerben.

| **UNTERSCHIEDLICHE SCHLEIFMETHODEN** | Die meisten Messer sind beidseitig geschliffen. Doch um zu verstehen, was die Schärfe eines Messers beeinflusst, muss man die Klinge zunächst im Querschnitt begutachten. Vom Prinzip her gibt es hier zwei unterschiedliche Schliffe. Der europäische Schliff ist meist in einem Winkel von etwa 20 Grad angesetzt, das Ergebnis wird ballig und rundlich, was den Schliff stabil und langlebig macht. Im Gegensatz dazu sind japanische Messer im „Keil-Knie-Schliff" mit ungefähr 15 Grad geschliffen. Dieser V-förmige, spitze Schliff macht das Messer zwar zunächst

Balliger Schliff **Keil-Knie-Schliff** **Einseitiger Schliff**

schärfer, nutzt sich aber auch schneller ab als der U-förmige, europäische Schliff. Es gibt eine Besonderheit: Spezielle Sushimesser sind nur auf der einen Seite scharf geschliffen; mit ihnen kann der Sushikoch einen Fisch glatt und besonders dünn schneiden – behauptet er.

| **DAS MESSER VOR DEM GEBRAUCH ABZIEHEN** | Um die klassische europäische U-förmige Klinge zu pflegen, ziehen Profiköche diese vor jedem Gebrauch ab. Das Abziehen mit dem Wetzstahl macht das Messer allerdings nicht scharf, sondern befreit die Klinge nur von Graten, das heißt, alle noch so kleinen Unebenheiten und Dellen entlang der Klinge werden begradigt. Sollten Sie sich selbst daran probieren wollen, nur zu – bringen Sie aber viel Geduld mit. Anfangs kann es vorkommen, dass die Messer nach dem Abziehen stumpfer sind, als sie es vorher jemals waren. Lassen Sie sich dadurch nicht entmutigen.

Bis Sie eine gewisse Routine haben, bedarf es einiger Übung. Erstaunlicherweise gibt es – selbst unter professionellen Messerschleifern – unterschiedliche Meinungen über die korrekte Methodik des Abziehens. Am einfachsten ist es, hochwertigen Wetzstahl zu verwenden und diesen, leicht nach rechts geneigt, ungefähr 30 cm vom Körper entfernt zu halten. Als Rechtshänder halten Sie den Wetzstahl in der linken Hand. Nehmen Sie das Messer in Ihre Rechte und setzen Sie die Klinge am Klingenende in einem Winkel von 20 Grad an den Stahl. Ziehen Sie die Klinge in einer flüssigen Bewegung nach

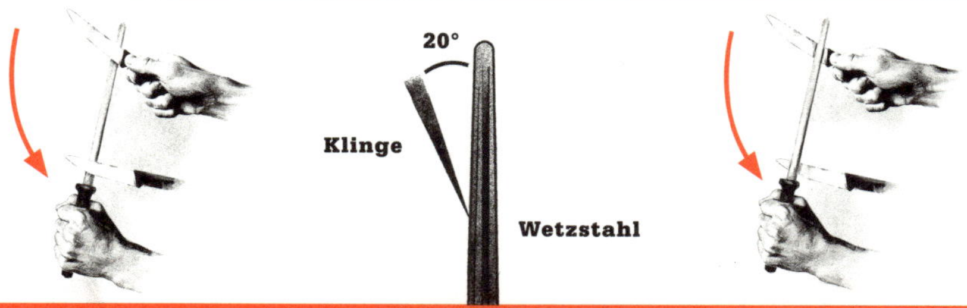

unten, und ziehen Sie von ihrem Ende bis zu ihrer Spitze zügig durch. Wiederholen Sie die Prozedur mit der gegenüberliegenden Klingenseite. > Aber Achtung! Gerade als Anfänger sollten Sie wirklich vorsichtig sein: Wenn Sie beim Nach-unten-Ziehen die Kontrolle über die Klinge verlieren, besteht Verletzungsgefahr. Sobald Sie an Erfahrung gewinnen und sicherer im Umgang mit Klinge und Stahl werden, wird sich Ihr Tempo automatisch erhöhen. Erst wenn es so weit ist, dürfen Sie auf die Bühne, um die ganze feine Grillgesellschaft mit atemberaubend schnellen Wetzbewegungen zu beeindrucken – vorher aber bitte nicht. Um letzte Metallspäne vom abgezogenen Messer zu entfernen, wischen Sie die Klinge mit einem feuchten Tuch ab und trocknen sie anschließend ab.

Manche Köche schwören darauf, die Klinge durch einen kurzen Schnitt an der Kante eines Holzbretts von den Spänen zu befreien. Blöd nur, dass die Späne auch von dort noch Unheil anrichten könnten. Statt eines Wetzstahls können Sie übrigens auch den nicht glasierten Rand der Unterseite eines Keramiktellers verwenden – aber das ist reine Show. Ein Wetzstahl ist deutlich besser geeignet.

| **DIE RICHTIGE UNTERLAGE** | Sollten Ihre Messer stets auffällig schnell stumpf werden, könnte das an einem falschen Schneidebrett liegen. Schneiden Sie nie auf Glas, Keramik oder anderen harten Unterlagen. Trifft die Klinge ungebremst auf eine harte Fläche, büßt sie bei jedem Aufprall etwas von ihrer Schärfe ein. Benutzen Sie nur Schneidebretter aus Holz oder hochwertigem Kunststoff. Versuchen Sie auch nicht, Knochen mit einem Kochmesser zu trennen (wir hatten zu Anfang bereits darauf hingewiesen) – auch das schadet der Schärfe massiv. Noch ein Rat: Frisch Geschnittenes wird nicht mit der Klinge, sondern mit der Hand oder dem Messerrücken beiseitegeschoben.

| **EIN MESSER FACHGERECHT SAUBER HALTEN** | Nach dem Gebrauch spülen Sie das Messer am besten per Hand mit etwas Spülmittel und einem weichen Schwamm oder Lappen unter lauwarmem Wasser ab. Verwenden Sie auf keinen Fall aggressive Reinigungsmittel, einen Metallschwamm oder Scheuerbürsten. Einen Holzgriff können Sie hin und wieder einölen, damit er geschmeidig bleibt. Olivenöl eignet sich vorzüglich zu diesem Zweck.

Schenken Sie dem weit verbreiteten Mythos, dass die Temperatur des Wassers in der Spülmaschine die Klinge stumpf macht, keinen Glauben: Die 70 Grad Celsius, auf die das Wasser in der Maschine erhitzt wird, sind nichts im Vergleich zu den über 700 Grad Hitze, unter denen das Metall geschmiedet wurde. Doch in der Spülmaschine lauern andere Gefahren für Ihre Klingen: Im Korb für das Besteck wird es gegen anderes Besteck geschlagen – und wird dadurch stumpf. Auch Spülmaschinensalz ist aggressiv und greift vor allem vernietete Holzgriffe an.

| **DIE RICHTIGE AUFBEWAHRUNG** | Wenn Ihnen die Schärfe Ihrer Messer am Herzen liegt, haben sie in der Besteckschublade nichts

verloren – zumindest nicht, wenn sie ohne Klingenschutz verwahrt werden. Zur Aufbewahrung besser geeignet sind Magnetleisten oder ein Messerblock mit horizontalen Schlitzen und Belüftung.

| **MESSER UNTERWEGS** | Falls Sie Ihre Messer transportieren möchten, verwenden Sie eine spezielle Rolltasche aus Textil oder einen Messerkoffer. Sie können auch einen Klingenschutz aus Plastik anlegen oder jedes Messer einzeln in Zeitungspapier wickeln. Wichtig ist nur eines: Achten Sie darauf, dass die Klingen beim Transport nicht aneinanderschlagen können.

| **DAS MESSER SCHLEIFEN** | Irgendwann ist jedes Messer stumpf – ganz egal, wie gut Sie es behandelt haben. Messer, die benutzt werden, halten meist sechs bis zwölf Monate durch, länger nicht. Was Sie ihnen dann gönnen sollten, ist ein Besuch beim Profi. Für wenig Geld (durchschnittlich fünf Euro) wird er Ihr Messer professionell scharf machen. Bei der Behandlung wird er einen komplett neuen Schliff ansetzen, was bedeutet, dass Ihr Messer etwas an Größe verliert, da Material von der Fase abgetragen werden muss.

Sollten Sie schon zur Schulzeit das Geräusch von feuchter Kreide auf der Schultafel genossen haben, dürfen Sie auch in Betracht ziehen, Ihre Messer selbst zu schleifen. Vielleicht auch, um Geld zu sparen. Nun gut. Es gibt Menschen, die diesen Schritt wagen – und sie haben unseren Respekt verdient. Aber bedenken Sie: Bevor Sie sich eine teure elektrische Schleifmaschine in den Hobbykeller stellen, sollten Sie an Schleifsteinen üben. Maschinen sind teuer, und der richtige Umgang mit ihnen erfordert eine gewisse Übung. Wenn Sie ungeübt sind, besteht die Gefahr, dass all Ihre teuren Messer durch zu hohen Abtrag ruiniert werden. Kleinlaut und mit hängenden Schultern werden Sie beim Messerschleifer Buße tun müssen, der Ihnen grinsend verraten wird, dass Sie nicht der Erste sind, der so bei ihm angekrochen kommt. > Aber gut, Sie wollen es wissen. Also: Ein guter Schleifstein sollte in jedem Fall zwei verschiedene Körnungen aufweisen: eine grobe, zum Beispiel eine 300er, und eine feine, zum Beispiel eine 1000er.

Bei der Körnung eines Schleifsteins gilt das Gleiche wie bei Schleifpapier: Je feiner sie ist, desto höher ist die Körnung. Wenn Sie schon selbst Hand anlegen wollen, dann bitten Sie wenigstens um Hilfe. Wenn Sie keinen Messerschleifer in Ihrem Freundeskreis haben, der Ihnen milde gestimmt seinen Rat anbietet, suchen Sie wenigstens im Internet nach Tutorials. Sollten Sie irgendwann einmal in der Lage sein, Ihre Messer erfolgreich selbst schleifen zu können, würde uns interessieren, wie viel Zeit und Geld Sie investieren mussten. Gerne machen wir gemeinsam mit Ihnen die Rechnung auf und sehen nach, ob sich das Selbstschleifen wirklich gelohnt hat.

002 IN DIE GRILLZANGE NEHMEN

Es mag abwegig und fast verschwenderisch erscheinen, einem so simplen Werkzeug wie der Grillzange in einem Buch wie diesem auch nur eine einzige Zeile zu widmen, aber, wie so oft, wird auch hier beim Kauf leider an der falschen Stelle gespart. > Die Grillzange ist das wichtigste Werkzeug bei der Arbeit am Rost: Sie hilft dem Grillgut auf den Grill, wendet Steaks, schichtet Würstchen von der Hitze in die kälteren Randbereiche des Grills um und nimmt fertig gegarte Hähnchenschenkel zum Servieren vom Rost. Die Grillzange ist das Zepter des Grillkönigs. Sie sollten sich mit der Zange wohlfühlen, sie muss ein Teil von Ihnen werden – Ihre dritte Hand sozusagen.

Persönliche Vorlieben bestimmen die Auswahl bezüglich Optik und Haptik, doch zwei andere Voraussetzungen sind Gesetz: Eine perfekte Grillzange muss solide verarbeitet und spülmaschinenfest sein. Gutes Material ist wichtig. > Eine Zange aus Holz kann eventuell als zusätzlicher Brennstoff verheizt werden, andere Vorteile hat sie aber nicht – und: Es gibt nichts Unhygienischeres. Holz ist die ideale Brutstätte für Keime und Bakterien aller Art. Deswegen greifen Sie am besten zu einer Zange aus Edelstahl. Sie sollte komplett aus hochwertigem Edelstahl gefertigt sein. Von Zangen mit Plastikkappen an den Zangenenden sollten Sie die Finger lassen: Kunststoff ist in der Regel für Temperaturen über 300 Grad nicht geeignet.

Eine perfekte Grillzange darf nicht zu kurz sein. Sie sollte problemlos bis zur Mitte des Rosts reichen, ohne dass die Hand, die sie hält, am Rand des Grills Verbrennungen fürchten muss. Um die Zange angenehm bedienen zu können, empfiehlt sich eine Länge von 40 cm. > Die Zange muss einiges tragen können: Achten Sie darauf, dass sich etwa ein Kilo Fleisch ohne Probleme mit der Zange greifen und wenden lässt.

Von Vorteil ist außerdem ein Arretiermechanismus, da eine derart beschaffene Zange nach dem Gebrauch und der Reinigung weniger Platz bei der Aufbewahrung in der Küchenschublade benötigt.

003 EINEN WENDER ANWENDEN

Gerade bei der Zubereitung eines Burgers auf dem Grill kann ein einziger Augenblick über Erfolg oder Scheitern entscheiden. Der Moment nämlich, in dem die Patties gewendet werden müssen. Das richtige Grillwerkzeug für diesen Zweck ist ein Pfannenwender aus Edelstahl. Wie jedes gute Werkzeug, das in die Nähe der Feuerstelle darf, sollte er ohne Plastikteile auskommen. Außerdem muss er über einen ordentlichen Knick am unteren Ende des Griffs verfügen – der es Ihnen ermöglicht, ohne Mühe unter das Grillgut zu gelangen.

004 MIT EINEM MÖRSER MAHLEN

Ein guter Mörser war schon im antiken Ägypten in jeder gut sortierten Pyramidenküche zu finden. Über die Jahrhunderte ist er allerdings – wie einiges andere auch – fast in Vergessenheit geraten und fristet heute ein bescheidenes Schattendasein. Zauberstab und allerlei fragwürdiges Küchen-Häcksel-Gerät haben ihm längst den Rang abgelaufen. Dabei sollten Mörser und Stößel gerade wegen ihrer genialen Einfachheit Pflichtwerkzeuge in jeder guten (Grill-)Küche sein. Mit einem Mörser zerkleinern Sie Gewürze und Kräuter besonders schonend und variabel. Der Mahlgrad lässt sich gut bestimmen: Er ist abhängig vom Kraftaufwand und der Dauer des Mörserns. Sie können Ihre Gewürzzubereitung im Mörser gerne auch als Fitnessübung deklarieren. Anstrengend genug ist es allemal. > Darüber hinaus entlockt diese Methode des Zerkleinerns Ihren Grundzutaten einen intensiveren Geschmack, als Sie ihn mit einem Wiegemesser, einem elektrischen Häcksler oder einer Mühle erreichen könnten. Mit keinem anderen Werkzeug lassen sich so wunderbare Pestos, aromatisierte Öle, Marinaden oder Dry Rubs herstellen.

| **DER PERFEKTE MÖRSER** | Ein Küchenmörser besteht aus einer dickwandigen Reibschale und einem Stößel als Reibwerkzeug. Als Barbesucher kennt man den Stößel vor allem von der Caipirinha-Zubereitung her. In der Sprache der Barkeeper wird er, wie alle anderen Arbeitsgeräte an der Bar auch, meist englisch betitelt und „Muddler" genannt. Gemörsert wird ein Caipirinha direkt im Glas. Beigefügter grober Rohrzucker entlockt Limetten bei der Zubereitung die für den Geschmack wichtigen ätherischen Öle. > Ein guter Mörser ist jedoch nicht aus Glas, sondern aus stabilem, hartem Material (Granit, Steingut oder Marmor) gefertigt, das es Ihnen ermöglicht, mit geringem Kraftaufwand zahlreiche Substanzen zu pulverisieren oder in eine Paste zu verwandeln. Egal, für welches Material Sie sich entscheiden, Mörser und Stößel sollten aus demselben Material bestehen, damit alle Substanzen gut zerkleinert werden können.

Der Mörser muss ein gewisses Standgewicht mitbringen, damit er beim Mörsern nicht unkontrolliert über den Tisch tanzt. Seine steilen Innenwände sollten massiv und leicht angeraut sein. Eine glatte Innenwand bietet zu wenig Reibungswiderstand – Ihre Zutaten springen dann wie Kugeln in einer Lottotrommel wild hin und her. Zu rau sollte die Innenwand jedoch auch nicht sein, denn sonst nisten sich Geschmacksstoffe in die Innenwand Ihres Mörsers ein … und ein Knoblauchrest aus der letzten Woche passt geschmacklich nur bedingt zum Minzzucker, den Sie heute frisch zubereiten möchten. > Der Mörser sollte mindestens 750 Milliliter fassen; besitzt er einen Ausgießer, erleichtert dies das Arbeiten mit Flüssigkeiten. Auch der Stößel benötigt eine gewisse Größe und einiges Gewicht.

Wenn Sie ihn locker wie einen Bleistift in der Hand halten können, dann stimmt was nicht. Wenn Ihre Faust ihn dagegen wie den Schaft eines Baseballschlägers umfassen kann, ist alles in Ordnung.

| **RICHTIG MÖRSERN** | Stochern Sie nicht sanft und planlos hin und her. Es gibt nur zwei Arten von Bewegungen, die beim Mörsern Sinn ergeben: Entweder rammen Sie den Stößel wuchtig von oben nach unten auf frische Kräuter (Basilikum, Minze oder Rosmarin zum Beispiel) oder Sie reiben kreisförmig Gewürze (Pfeffer, Kardamom, Kümmel oder grobes Salz zum Beispiel) zu Pulver. Natürlich können und sollen Sie auch beide Bewegungen kombinieren, je nachdem, welches Ergebnis Sie erzielen möchten.

| **FALSCH MÖRSERN** | Frühe Kanonenrohre und die dazugehörigen Granaten hatten eine ähnliche äußere Form wie das friedliebende Küchengerät. Also trug das Geschütz auch bald den gleichen Namen: Mörser. Wie unglücklich: Die praktische Reibschale und das handliche Stoßwerkzeug haben das doch wirklich nicht verdient. Aber leider werden die Schlachtfelder noch häufiger durcheinandergebracht. So haben sich viele militärische Begriffe wie „Küchenschlacht" und „Kochen ist Krieg" in die Cuisine geschlichen.

005 IM SOMMER HANDSCHUHE TRAGEN

Grillhandschuhe sind kein gut gemeinter Ausrüstungsvorschlag speziell fürs Wintergrillen – sie schützen die Hände ganzjährig vor Hitze und Funkenflug. Um auch die Unterarme sicher zu verpacken, sollten sie über die Handgelenke reichen. Die Anschaffung eines Paares ist zweckmäßig. Das verwendete Material muss hitzebeständig und von guter Qualität sein. Erst wenn die Handschuhe auch längeres Arbeiten bei hohen Temperaturen ermöglichen, erfüllen sie ihre Aufgabe korrekt. Ein einfacher Arbeitshandschuh aus dem Gartenhandel reicht nicht aus: Um zuverlässig zu isolieren, müssen Grillhandschuhe zumindest aus Silikon gefertigt sein; noch hochwertigere sind aus Leder. Silikonfäustlinge sind weniger griffig als die Modelle aus Leder – besonders, wenn Fett im Spiel ist, verliert man schnell den Halt. Exakter als mit klobigen Fäustlingen lässt sich natürlich mit Fingerhandschuhen arbeiten. > Gute Handschuhe gibt es im Baumarkt – allerdings nicht in der Abteilung „Gartenmöbel & Grills". Für viele Berufe, in denen die Hände vor hoher Hitze geschützt werden müssen, wird spezielle Bekleidung angeboten: Bäcker-, Schweiß- oder Feuerwehrhandschuhe eignen sich auch gut als Grillhandschuhe und sind ausnahmslos günstiger als das teure Zubehör der Grillindustrie.

006 EINE SCHÜRZE VERSTEHEN

Bei einer Kochschürze handelt es sich gemeinhin um ein simples Stück Stoff, das vor den Bauch oder die Brust gebunden wird, um die darunterliegende Kleidung vor Fett und anderen Flecken zu schützen. > Eine Grillschürze ist etwas völlig anderes. Nicht nur, dass sie aus fester Baumwolle oder Leder gefertigt sein sollte, damit sie sich fürs Hantieren am offenen Feuer eignet – nein, sie erfüllt darüber hinaus noch einen anderen Zweck. Die Grillschürze ist Teil einer ganz besonderen Uniform, die nur der Grillmeister (meist der Gastgeber) tragen darf und die ihn für alle anderen, die sich ums Feuer scharen, als solchen zu erkennen gibt. Die Schürze ist ein Symbol der Macht. Was dem König sein mit Hermelinfell gefütterter Königsmantel, ist dem Grillmeister seine Schürze. Auf Umsäumungen aus Fell hat der Regent am Grill aber wohlweislich verzichtet; der Grilleur hat andere Wege gefunden, um sich optisch von der Masse abzuheben: Er trägt einen Spruch auf seiner Schürze. Leider werden viele dieser Sprüche ohne Bedacht gewählt. Doch denken Sie daran: Sie sind nicht allein am Feuer. Die Inschrift Ihrer Schürze sagt mehr über Sie aus, als Sie vielleicht möchten. Sie sind der Chef am Grill – und geben ein bestimmtes Statement ab. Nicht alle Botschaften, die auf deutschsprachigen Schürzen gebräuchlich sind, werden gleich gut bei Ihren Gästen ankommen.

„License to grill" „Grill Bill" „Ich grille kein Gemüse!" „Vegetarier essen meinem Essen das Essen weg!" „Grillen ohne Bier. Ist möglich, aber nicht sinnvoll." „Ich kann nicht kochen. Aber ich kann

grillen." „Gegrilltes Gemüse schmeckt am besten, wenn man es kurz vor dem Verzehr durch ein Steak ersetzt." „Frauen lieben Männer mit Kohle." „Grillen, chillen, Bierli killen."

Im Gegensatz zum Königsmantel ist die Grillschürze jedoch ein echter Gleichmacher. Egal, ob jemand relativ mittellos oder aber ein erfolgreicher Geschäftsmann ist – eine Grillschürze kann sich jeder zulegen. Am Rost darf jeder Mann den Chefposten übernehmen – egal, wie es um seinen gesellschaftlichen Status bestellt ist. Der Boss verteilt das Grillgut, er demonstriert so seine Macht und steht in der Grillhierarchie ganz oben. Als Boss versorgen Sie Ihre „Sippe", also die geladenen Gäste; klappt das für alle zufriedenstellend, wird man noch Wochen später von Ihrem „einzigartigen Können" schwärmen. Aber mit dieser Macht geht auch einiges an Gefahr einher. Wer das Steak versaut oder insgesamt allzu sparsam auftischt, wird die Laune der Grillgesellschaft um sich herum schnell kippen sehen. Das Ansehen des Grillmeisters sinkt dann rapide. Im übelsten Fall tritt auch noch ein Nebenbuhler mit Ihnen in Konkurrenz. Er prahlt mit seiner Erfahrung, kennt alle Tricks und übernimmt die Herrschaft am Rost – und so die führende Rolle. Nichts ist furchtbarer, als am eigenen Grill entmachtet und entehrt zu werden. Ein Mann kennt keine schlimmere Angst, als die der sozialen Isolation und des Versinkens in der Bedeutungslosigkeit. Schon als Kind findet er nichts grässlicher, als beim Schulsport als Letzter ins Fußballteam gewählt zu werden. > Wieso aber stellt sich ein Mann dann nicht täglich in die Küche und zaubert dort köstliche Gerichte? Es hat zum einen damit zu tun, dass Männer sich besonders wohl fühlen, wenn sie ihr Können vor anderen präsentieren dürfen. In der Gruppe funktioniert das, zu Hause hat er dagegen kein Publikum: In der Küche sieht ihm ja niemand zu. > Alles andere ist Prägung. Ein Grill, besonders wenn er mit echtem Feuer betrieben wird, ist eine Herausforderung, ein Kampf: der Mann gegen die Naturgewalt. Das Beherrschen eines Feuers symbolisiert Kraft, Mut, Draufgängertum und Geschick. Wer das Feuer bändigt, steht in der Sozialhierarchie ganz oben – so war es, und so wird es immer sein. Ein Feuer zu entfachen ist Männersache. Es sei uns gegönnt.

007 EINEN KAMIN ANZÜNDEN

Lassen Sie sich nicht beirren: Ein Bogen Zeitungspapier oder eine Handvoll Holzspäne, ein Streichholz und einen Anzündkamin – mehr braucht es nicht, um aus Holzkohle oder Briketts in nur wenigen Minuten eine wunderbare, grillfertig lodernde Glut werden zu lassen.

Ungelenk und auf abenteuerliche Weise werden immer noch viel zu viele Grillfeuer unter Lebensgefahr entzündet, Briketts in Spiritus ertränkt und Grillanzünder aus den tödlichen Giftstuben der chemischen Industrie unter den Rost geklemmt, auf dem nur Minuten später Lebensmittel zum Verzehr bereitet werden sollen. > Sie aber wissen es längst besser. Sie haben einen Anzündkamin erworben. Ein so einfaches wie geniales Gerät. Und teuer war es auch nicht: Einzelne Modelle gibt es schon ab fünf Euro. Die Herstellungskosten sind aber auch überschaubar: Im Wesentlichen besteht jeder Anzündkamin aus einem Zylinder aus Stahlblech mit einem feuerfesten Griff an der Seite und einem luftdurchlässigen Gitter im Inneren.

Um ihn sicher in Betrieb zu nehmen, stellen Sie ihn auf eine feuerfeste ebene Unterlage oder direkt auf den Kohlerost (beziehungsweise in die Schale) Ihres Grills. Oben kommt die Kohle rein, unterhalb des Gitters klemmen Sie ein zusammengeknülltes Stück Zeitung oder anderes Altpapier, alternativ zwei Bio-Grillanzünder oder eine Handvoll Holzspäne (die beim Hobeln gefallen sind), und zünden sie an. Bald sollte eine aufsteigende Rauchsäule anzeigen, dass hier etwas Magisches geschieht. Feuer hat Magie. Garantiert. Wenn Sie Holzkohle verwenden, sollte nach 15 Minuten, die Sie mit Müßiggang und Nichtstun verbracht haben, die gesamte Befüllung des Kamins gleichmäßig gut durchglühen. Verwenden Sie Briketts, kann es ein paar Minuten länger dauern.

Vorbei sind die Tage, da Sie als Grillmeister mit hochrotem Kopf ins Feuer pusteten, bis Ihnen die Lunge brannte, obwohl noch immer nichts ins Glühen kam. Schlauchbootpumpen und Föhne können endlich wieder auf dem Speicher oder im Badezimmer deponiert werden.

Und auch das hektische Fächeln mit einer Illustrierten oder einem Sitzkissen hat jetzt ein Ende – endlich werden nur noch entspannt die Biere gereicht. Die Grillkohle kümmert sich nun selbst um sich: Sanftmütig und ganz von alleine hat sie das gleichmäßige Glühen angefangen. > Wenn die Kohle von einer weißen Ascheschicht überzogen ist, packen Sie den Kamin mit einem Grillhandschuh am Griff (manche Modelle haben auch zwei Griffe) und schütten die glühenden Kohlen dahin, wo man sehnsüchtig auf sie wartet: in den Grill. Achten Sie darauf, nicht mit bloßen Händen mit der Außenwand des Kamins in Berührung zu kommen – sie ist sehr heiß. Außerdem ist zu beachten: Beim Einschütten der Kohle kann es zu Funkenflug kommen. Schaulustige sollten Abstand halten.

Anzünden

Abwarten

Glut ernten

WEITERE VORTEILE EINES ANZÜNDKAMINS: Es besteht nicht die Gefahr einer Verpuffung (zu der es z.B. bei der Benutzung eines Brandbeschleunigers durchaus kommen kann). Ein derartiger Kamin ist gesundheitlich unbedenklich, wenn keine chemischen Anzündhilfen verwendet werden. Durch die kompakte Aufschichtung im Kamin entwickelt sich schnell eine gleichmäßige Glut. Während des laufenden Grillvorgangs kann leicht für frischen Nachschub an glühenden Kohlen gesorgt werden. Wer nicht mit einem Blasebalg am Grill steht, sondern seinen Anzündkamin lässig aus der Entfernung bei der Arbeit bewundert, kann sich schon mal nicht zum Idioten machen.

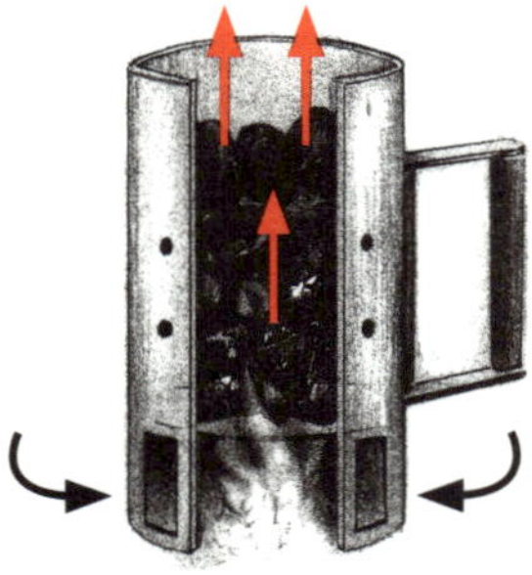
Heiße Luft will nach oben

Das physikalische Prinzip des Anzündkamins ist einfach. Durch die unter dem Kamin erzeugte Hitze werden die unteren Luftschichten erhitzt, und Luft steigt nach oben. > Die aufsteigenden warmen Luftschichten erzeugen einen Sog, der dafür sorgt, dass stetig kalte, sauerstoffreiche Luft von unten in den Kamin gesaugt wird. Breite Luftschlitze am unteren Teil des Kamins ermöglichen die Zufuhr. So wird das Feuer auch ohne Blasebalg, ohne Pusten oder eifriges Wedeln stark angeheizt und entwickelt sich schnell und gleichmäßig.

008 DEN ROST KORREKT BEHANDELN

Wenn man sich auf Grillplätzen umsieht, so scheint es fast, als gehörten klebrige Grillreste zum Rost wie der Rost zum Grill. Was für ein gewaltiges Missverständnis! Grillreste dürfen gerne nach dem Essen für eine Weile am Rost kleben, auf keinen Fall aber sollten sie sich für immer dort einrichten. Grillreste am Rost symbolisieren keine Heldentaten im täglichen Kampf gegen den bösen Feind, wie Kerben im Colt oder Skalps am Gürtel. Sie stehen einfach nur für ein unzureichendes Hygieneverständnis und grobe Ignoranz. Grillgut, das auf einem mit alter Lachshaut und Wurstresten beklebten Rost zubereitet wird, schmeckt nicht besser. Es bekommt keine besondere Note und übrigens auch kein attraktives Grillmuster mehr. Es gilt die Grundregel: Reinigen Sie Ihren Rost bitte immer nach dem Gebrauch. Die Schrubberei muss zwar nicht Ihren Grillabend versauen und kann erst am nächsten Tag erledigt werden (oder sogar erst kurz vor der nächsten Benutzung) – aber sie muss sein.

| **DIE REINIGUNG** | Am einfachsten lässt sich ein Rost direkt nach dem Grillen reinigen, wenn er nochmals ohne Grillgut erhitzt wird (im Idealfall bei geschlossenem Deckel und auf über 260 Grad). Dem heißen Rost rücken Sie mit Grillhandschuhen und einer langstieli-

gen Bürste aus Draht oder Messing zu Leibe. Fahren Sie geduldig über jede Strebe, wenn Sie möchten, bis er wieder glänzt wie neu. Zumindest aber von den Grillresten sollte er befreit werden. Wenn Sie das Ritual gewissenhaft nach jeder Benutzung wiederholen, wird sich kaum schwer löslicher Dreck ansammeln.

Falls jedoch immer noch hartnäckiger Grind zu sehen ist, legen Sie den verdreckten Rost über Nacht in den Rasen oder wickeln Sie ihn in ein feuchtes Tuch oder eine feuchte Zeitung ein. Am nächsten Morgen sollten sich alle Streben problemlos blank polieren lassen. Von der Benutzung chemischer Grillreiniger, wie Backofenspray zum Beispiel, raten wir ab. An die Pfannen und Töpfe in Ihrer Küche lassen Sie schließlich hoffentlich auch keine Chemiekeule.

| **DIE BENUTZUNG** | Den sauberen Rost sollten Sie erst dann auflegen, wenn die Kohlen wirklich ordentlich glühen. Wenn Sie die Geduld aufbringen, ihn dann noch ordentlich aufzuheizen, bevor Sie ihn mit Fleisch bestücken, werden Sie mit einem schönen Grillmuster auf Burger Patties oder Steaks belohnt.

Ob Sie den Rost vorher einölen oder das Grillgut selbst leicht mit Öl einpinseln, bevor es seine Röstaromen entwickeln wird, ist Glaubens- und Geschmackssache. Aus diesem Streit der Grillgelehrten halten wir uns gerne raus – das Ölen grundsätzlich aber empfehlen wir. Öl verringert die Gefahr von Anhaftungen. Der Rost bleibt länger sauber, und Fleisch, Fisch und Gemüse kommen unversehrter auf den Teller.

009 DIE TEMPERATUR ÜBERWACHEN

Glut ist gut. Zu wissen, was sie an Hitze abgibt, ist noch besser. Gerade beim indirekten Grillen (Seite 93 f.) und beim Smoken (Seite 56 ff.) erleichtert ein Thermometer die Kontrolle ungemein. Wie beim Garen im Backofen auch, nimmt das Einhalten bestimmter Zieltemperaturen beim Grillen entscheidenden Einfluss auf die Garzeit. Anders gesagt:

Fleisch ist als Lebensmittel viel zu wertvoll, um achtlos verbrannt oder aber roh serviert zu werden. > Nur: Beim Grillen mit echter Glut dreht man nicht einfach einen Knopf und stellt die Temperatur ein (außer man verwendet einen Pelletgrill). Man muss schon etwas dafür tun, um zu wissen, wie sich Hitze regulieren lässt – und man sollte folgende zwei Temperaturzonen kennen:

| **DIE TEMPERATUR IM GARRAUM** | Klar, dass die Temperatur im Grill entscheidenden Einfluss auf die Garzeit hat. Unter einer kalten Glocke wird nichts gar, auch nicht nach vielen Stunden. Haben Sie beim Erwerb Ihres Grills ein bisschen Geld in die Hand genommen und sich für Qualität entschieden, werden Sie im Deckel Ihres Kugelgrills oder Smokers unter Umständen ein digitales Thermometer finden. Das macht es einfacher. Falls kein (vertrauenswürdiges) Thermometer vorhanden ist, muss nachgerüstet werden.

| **DIE KERNTEMPERATUR DES GRILLGUTS** | Sie haben eine herrliche drei Kilo schwere Rinderbrust vom Metzger geholt, die nun über mehrere Stunden indirekt bei niedriger Hitze im Inneren Ihres Grills bis auf den Punkt gegart werden soll. Aber wie? Nun, jedes Stück Fleisch ist anders. Je nach Fleischart, Dicke, Fettgehalt variiert die Grillzeit. Erfahrene Griller verlassen sich zwar auf ihr Gefühl und ihre Erfahrung, haben ein gutes Auge für Gargrade entwickelt oder wissen, welche Rückschlüsse sich dank des Drucktests auf den inneren Zustand des Fleisches ziehen lassen, aber: Nie würden sie sich ausschließlich auf ihre prophetischen Fähigkeiten verlassen. Auch die besten Griller benutzen ein Fleischthermometer.

Der Temperaturmesser wird ins Innere des Fleischstückes gesteckt – vorsichtig und möglichst exakt in seinen Kern. Herkömmliche analoge Fleischthermometer haben allerdings den Nachteil, dass Sie zum Ablesen immer den Deckel Ihres Grills heben müssen. Das jedoch kann den Garprozess empfindlich stören: So wird das nie was. Besser geeignet ist ein Digitalthermometer. Dessen Fühler steckt zwar an der gleichen Stelle im Kern, das Display allerdings befindet sich am anderen Ende eines Kabels – lang genug, um es außerhalb des

Grills zu platzieren. Kein Deckel muss mehr gehoben werden: Die Temperaturüberwachung ist problemlos und zu jeder Zeit möglich. Digitale Thermometer bieten außerdem zahlreiche Zusatzfeatures wie Timer- und Alarmfunktion oder sind programmierbar. Viele haben auch noch einen zusätzlichen Fühler, der die Temperatur im Garraum misst (praktisch, falls Ihr Grill kein eingebautes Thermometer besitzt). Im Handel gibt es gut funktionierende Thermometer mit allen wichtigen Funktionen schon ab 30 Euro. Der „Outdoor Chef Gourmet Check" ist das beliebteste Einsteigermodell. Zur Fleischüberwachung reicht das in jedem Fall aus.

Sollte es eines Tages nicht mehr ausreichen und die Temperaturforschung Sie so leidenschaftlich gepackt haben, dass Sie ohne permanente Überwachung zu nervös werden: Besorgen Sie sich ein drahtloses Funkthermometer, das sich über eine App auf Ihrem Smartphone kontrollieren lässt. Ja, sogar das gibt es.

010 SICH MIT ALUMINIUM BEHELFEN

Es gibt Männer, die halten Alufolie für schönes Geschenkpapier. Andere wiederum lassen sich beim Friseur zwar mit ihrer Hilfe Strähnchen färben und schämen sich nicht dafür, aber am Grill halten sie die Folie plötzlich für unschicklich und unnütz. Wir finden: Die dünne silberne Folie, die nur zwischen 0,010 und 0,015 mm misst, ist am Rost Gold wert.

Alufolie kann, gerade wenn das Grillgut etwas länger auf dem Rost liegen muss, isolierend um Knochen und andere empfindliche Teile gewickelt werden, um diese zuverlässig vor Verbrennungen zu schützen. Hilfreich ist die Folie auch, wenn der Grillvorgang eigentlich schon abgeschlossen ist. Jedes größere Stück guten Fleisches schmeckt noch besser, wenn es nicht direkt vom Grill auf den Teller kommt, sondern vor dem Auftischen für ein paar Minuten in Alufolie eingepackt und erst nach einer kurzen Ruhephase serviert wird. In der silbernen Folie entspannt Ihr Fleisch ganz wunderbar – die Säfte verteilen sich gleichmäßig, und es bleibt warm.

Wenn Sie am Grill mit Alufolie arbeiten, operieren Sie in der Regel bei Temperaturen unter 500 Grad Celsius. In diesen Hitzegraden weisen die glänzende und die matte Seite der Folie keine relevanten Unterschiede hinsichtlich ihrer Funktion auf. Will man Ihnen etwas anderes einreden (man wird es versuchen) – glauben Sie es bitte nicht. Dass die Folie zwei unterschiedlich beschaffene Seiten hat, resultiert aus dem Herstellungsverfahren, in dessen Verlauf nur eine Seite der Folie mit polierten Walzen in Kontakt kommt.

| **DIE GUTE ALUMINIUMWANNE** | Wer den Umgang mit Alufolie schätzt, wird sich auch an Aluschalen erfreuen – und merken, wie praktisch sie sind: Mit Wasser gefüllt, eignen sie sich beim indirekten Grillen perfekt als Tropfschale direkt unter dem Grillgut. Befüllt mit Holzchips und auf den glühenden Kohlen stehend, werden sie zur Räucherbox. Neben dem Rost sind sie außerdem eine wunderbare Warmhaltestation für alles fertig Gegrillte.

011 EINIGE SPIESSE UMDREHEN

Nicht alles, was gegrillt gut schmeckt, ist groß genug, um mal eben so auf den Rost geworfen zu werden. Hin und wieder müssen Sie Ihr Grillgut pfählen – entweder, damit kleine Leckereien nicht durch den Rost fallen, oder weil Sie aus unterschiedlichen Zutaten ein einmaliges Geschmackserlebnis komponieren möchten. In diesem Fall muss ein Spieß verwendet werden.

| **HOLZ** | Holzspieße brauchen etwas Vorbereitung. Vor Gebrauch müssen sie eine halbe Stunde gewässert werden, sonst laufen sie bei hohen Temperaturen Gefahr, selbst Opfer der Flammen zu werden. Um sie auch auf dem Rost zu schützen, empfiehlt es sich außerdem, eine Bahn Aluminiumfolie zu falten und unter die freien Enden der Spieße zu legen.

| **METALL** | Wer sich diesen Aufwand sparen will, verwendet Spieße aus Metall. Ob Sie dabei die klassischen geraden Spieße oder einen

flexiblen Grillspieß (ist aus Edelstahl, aber biegsam wie eine Schnur) verwenden, ein Problem bleibt: Gerne dreht sich das Grillgut am Spieß um die eigene Achse. Gegen den Drehwurm helfen nur so genannte Doppelspieße, die wie überdimensionierte U-Haken aussehen. Das aufgespießte Grillgut wird durch das zweimalige Durchbohren gut in Schach gehalten.

| **NACHWACHSENDES** | Eine angespitzte Stange Zitronengras oder ein Rosmarinzweig, der schön gerade gewachsen ist, kann nicht nur als Spieß verwendet werden, sondern gibt auch noch Geschmack ans Grillgut ab.

012 ZU PINSEL UND MOPP GREIFEN

Mit einem Pinsel kann ein wahres Meisterwerk entstehen – nicht nur in der Bildenden Kunst, sondern auch beim Grillen. Damit das Grillgut nicht am Rost festklebt, streichen manche es dünn mit einem in Öl getränkten Pinsel ein. Auch fürs Glasieren ist dieses Werkzeug gut geeignet. Ein klassischer Pinsel aus Holz mit Naturhaar verrichtet dabei ebenso feine Dienste wie ein moderner Stahlpinsel mit Silikonnoppen – oder ein einfaches Büschel frischer Rosmarin.

| **DER GRILLMOPP** | Der Stiel eines Grillmopps ist zwar deutlich länger als der eines Pinsels, aber immer noch deutlich kürzer als der eines im Haushalt üblichen Wischmopps: Er ist ungefähr 50 cm lang. Optisch unterscheidet er sich allerdings kaum vom gemeinen Feudel, er ist vielmehr sein Miniaturmodell.

Auch das Bauprinzip ist das gleiche: Am Ende eines Stiels hängen Baumwollfransen oder -lappen. Es kann durchaus vorkommen, dass ein putziger kleiner Pinsel zum Bestreichen mit Glasur nicht die richtige Dimension hat, zum Beispiel beim Angriff auf ein gigantisches Spanferkel – dann wählen Sie einen Grillmopp. Ihre Sauce sollte dann aber nicht in einem kleinen Schüsselchen angesetzt worden sein, sondern in einem ausgewachsenen Eimer.

013

DIE SAMMLUNG BEGINNEN

Bei der Erstausstattung – der Anschaffung eines Grills – geben Männer gerne ein Vermögen aus. Am Zubehör aber sparen sie. Das ist natürlich grundverkehrt. Ohne eine feine Sammlung ordentlicher Werkzeuge wird das Grillen immer nur ein unvollständiges Vergnügen bleiben. Sich dabei aufs Wesentliche zu beschränken, ist allerdings auch eine Kunst.

Messer + Wetzstahl

Wender + Grillzange

Stößel + Mörser

Handschuh + Schürze

Kohle + Anzündkamin

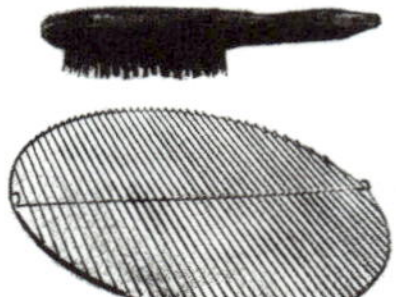

Drahtbürste + Rost

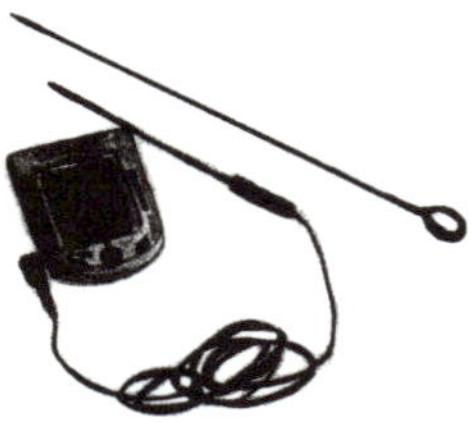

Thermometer + Spieße

Alufolie + Aluwannen

Mopp + Pinsel

014 DIE SAMMLUNG ERWEITERN

Teleskopgabeln, Brandeisen und Burgerpressen: Jedes Jahr aufs Neue füllen unzählige neuartige Produkte rund ums Grillen die Regale des Fachhandels. Viele Accessoires sind allerdings völlig sinnfreier Tand – und landen bereits nach kurzer Zeit in der Flohmarktkiste. Manches Zubehör jedoch kann eine durchaus sinnvolle Ergänzung sein.

| **DIE ABDECKHAUBE** | Als Wetterschutz haben derartige Hauben nur für wirklich große und sperrige Geräte Sinn – eine reißfeste Plane tut es ebenso. Der transportable Kugelgrill kann auch ohne Haube gut in Keller oder Garage überwintern. ★★☆☆☆

| **DER BESTECKKOFFER** | Für Auswärtsgriller: Verstaut und transportiert Grillbürsten, Zange und Messersets. ★★★☆☆

| **DER BLASROHRANZÜNDER** | Ein etwa 80 cm langes Blasrohr aus feuerfestem Material. Soll aus einigem Abstand und wohl dosiert die Glut per Luftstoß entfachen. ★★★☆☆

| **DER BRATENKORB** | Ein Bratenkorb kann größere Fleischstücke oder sogar ein ganzes Huhn aufnehmen. Es mag verrückt klingen, aber das kann ein ganz normaler Rost auch. ★☆☆☆☆

| **DIE EIERUHR** | Beim Grillen ist Timing entscheidend. Wenn keine Kirchturmuhr in Sichtweite und kein Thermometer mit Timerfunktion in der Nähe ist und Ihnen die Timerfunktion Ihres Smartphones ein Rätsel bleibt, muss eine Eieruhr her. ★★★☆☆

| **DER ELEKTRISCHE DREHSPIESS** | Wenn Sie Hähnchen zum Grillen nicht über Bierdosen stülpen wollen, weil Ihnen das allzu plump erscheint, kann ein Drehspieß eine Alternative sein. Er ist aber nur dann sinnvoll, wenn sein Motor kräftig genug ist. ★★★☆☆

| **DER ELEKTRO-GRILLANZÜNDER** | Sieht aus wie ein Tauchsieder und feuert die Kohlen elektrisch an. Ein Stromanschluss neben dem

Rost oder ein ausreichender Vorrat an Verlängerungskabeln sind für die Inbetriebnahme nötig. ★☆☆☆☆

| **DER STABMIXER** | Auch Zauberstab genannt. Zum Zerkleinern und zur Zubereitung von Grillsaucen. Achten Sie auf ein leistungsstarkes Modell und eine solide Verarbeitung. ★★★★★

| **DER GRILLKORB / DIE GRILLPFANNE** | Im Gegensatz zur Aluwanne verfügen der Grillkorb beziehungsweise die Grillpfanne über viele dünne Schlitze, die zwar die Hitze ans Grillgut lassen, aber kleinteiliges Gemüse vor dem Sturz durch den Rost bewahren. ★★★★☆

| **DIE GRILLLAMPE** | Im Dunkeln lässt sich leider nur schwer erkennen, ob das Fleisch bereits zu viel Hitze abbekommen hat und dringend in kältere Bereiche des Rosts verlagert werden muss. Mit einer Lampe am Grill oder einer Stirnlampe haben Sie die Hände frei und eine gute Sicht aufs Gegrillte. ★★★★☆

| **DIE GRILLPINZETTE** | Sind Sie Briefmarkensammler? Besitzen Sie eine Grillzange, können Sie sich die Pinzette sparen. ★☆☆☆☆

| **DIE HAMBURGERPRESSE** | Wer findet, dass ein Burger wie der andere aussehen muss, verwendet eine Presse, ärgert sich aber spätestens beim Abspülen über das Gerät. ☆☆☆☆☆

| **DER KOHLEKORB** | Wer sich beim indirekten Grillen nicht zutraut, zwei Kohlehaufen zu schichten, kann diese Stahlbehälter für glühende Kohlen verwenden. Als Geschenk für einen passionierten Show-Griller geeignet, der wirklich schon alles hat. ★★☆☆☆

| **DER MAISKOLBENHALTER** | Stecken die Halter rechts und links seitlich im Maiskolben, bleiben die Finger beim Essen sauber. Zwei Zahnstocher tun es aber auch. ★★☆☆☆

| **DER PIZZASTEIN** | Kann einen Grill zum Pizzaofen machen. Wir finden: Pizza gehört in den Ofen. ★☆☆☆☆

| **DIE POPCORNPFANNE** | Eine beschichtete Pfanne mit Deckel zur Herstellung von Popcorn. Ja, richtig: Es gibt nichts, was es nicht gibt. ☆☆☆☆☆

| **DIE RÄUCHERBOX** | Ihre Anschaffung lohnt sich für Männer, die keinen Smoker besitzen, aber trotzdem räuchern wollen. In die perforierte Metallbox kommen Kräuter oder Räucherchips. Der Rauch verteilt sich gleichmäßig im Grill, und das Raucharoma verfeinert das Grillgut. ★★★★☆

| **DIE SCHAUFEL** | Praktisch zum Umschichten oder Einfüllen von glühenden Kohlen. ★★★★★

| **DER SPARE-RIB-HALTER** | Die Rippchen stehen in dieser Halterung hochkant nebeneinander. So spart man Platz am Rost. Wenn Sie Geld sparen wollen, funktionieren Sie einfach ein metallenes Abtropfgestell aus dem Küchen- oder Möbelladen um. ★★★★☆

| **DER ZUBEHÖRHAKEN** | Falls Ihr diverses Grillzubehör immer griffbereit sein soll, bieten Haken, die direkt am Grill eingehängt werden, entsprechenden Halt. ★☆☆☆☆

| **DER HÄHNCHENSTÄNDER** | Auf dem Ständer sitzt das Huhn sicherer als auf einer Bierdose. Das austretende Fett wird außerdem in einer speziellen Wanne aufgefangen. ★★☆☆☆

| **DAS MÄNNEKEN GRILL** | Wenn der Herrenwitz in der Grillrunde fehlt, reicht es manchmal schon aus, dieses Stahlmännchen, dessen Geschlecht aus Edelstahl ein Würstchen aufspießen kann, auf den Rost zu bringen. ☆☆☆☆☆

| **DAS BIERHOLSTER** | Wer trotz Feuer und Rauch am Grill den Cowboy in sich noch zu wenig spürt, schnallt sich ein Bierholster um. Die Bierflasche ist dann allzeit bereit und kann, wenn es darauf ankommt, schnell gezogen werden. Für den Mann, der schneller trinkt als sein Schatten. ★☆☆☆☆

| **DER FISCHKORB** | Fischkörbe gibt es in verschiedenen Größen und Formen. Zwei mit einem Scharnier verbundene Gitter klemmen Fische und anderes heikles Grillgut ein. ★★★★☆

| **DAS BRANDEISEN** | Für das Branding am Grill. Wer kennzeichnen will, was ihm gehört (oder bald gehören soll), kann mit einem Brandeisen aus Edelstahl seinen Namen oder den gewünschten Gargrad ins Steak brennen. ☆☆☆☆☆

| **DER GRILLTISCH** | Ablageflächen neben dem Grill sind sinnvoll. Zur Verwendung empfiehlt sich ein stabil stehender Tisch mit abwaschbarer Platte. ★★★★★

015 GRILLERSPRACHE SPRECHEN

Sprache ist auch am Grill ein unumgängliches Werkzeug, wenn eine Person einer anderen etwas mitteilen will. Wer sich nicht gleich bei seiner ersten Teilnahme an einem Grillwettkampf hoffnungslos blamieren möchte oder in einem der zahllosen Grillforen im Internet ernst genommen werden will, muss allerdings mehr können als ein paar Brocken Deutsch. Er muss den Jargon der Szene beherrschen und die wesentlichen Fachbegriffe und Abkürzungen kennen.

AZK, der Gängige Abk. für jgl. Art von Anzündkamin. BIERSTACHEL, der Außergewöhnliche, bei Grillern beliebte Technik, die aus einem langweiligen Bier ein aufregendes Getränk machen soll. Der B. wird bevorzugt in Weißbier getaucht. Als Stachel selbst kann jeder Stab aus Eisen fungieren, zum Beispiel einer aus Chrom-Nickelstahl. Der B. wird mithilfe eines Bunsenbrenners zum Glühen gebracht, bis er über 600 Grad heiß ist. Der Biertrinker taucht den dann zischenden B. in ein halbvolles Glas Bier, das möglichst schaumfrei eingeschenkt wurde. Durch die extreme Hitze karamellisiert der im Bier enthaltene Zucker und zaubert innerhalb von wenigen Sekunden eine herrliche Schaumkrone. Der Schaum ist angenehm warm, das Bier bleibt trotzdem kalt. BBC, das Abk. für

engl. „Beer Butt Chicken“, vgl. auch dt. „Dosenhuhn“. Nicht zu verwechseln mit dem britischen Rundfunk BBC („British Broadcasting Corporation“). **BARDIEREN, etwas** Ugs. f. Grillgut mit Speck umwickeln. **BREKKIS, die** Kurzform für jegliche Art von Grillbriketts (ob aus Holzkohle oder Kokos). Auch Kopplungen, wie „Kokos-Brekkis“ sind erlaubt und üblich. **CHINABÜCHSE, die** Ugs. für einen Grill mit der Ursprungsbezeichnung „Made in China“. In Dtl. ähnlich beliebt wie ein Auto aus chinesischer Herstellung (vgl. Chinabüchse auf Rädern). **CADILLAC CUT, der** Bei Grillmeisterschaften werden Rippchen gerne in dieser optisch wie technisch idealen Servierform präsentiert. Beim CC – auch Competition Cut genannt – wird darauf geachtet, dass die Juroren möglichst viel Fleisch und möglichst wenig Knochen zu Gesicht bekommen. Als

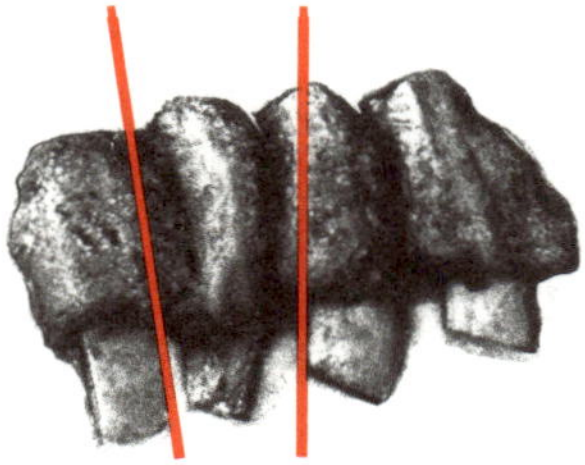

Für Gewinner: Cadillac Cut

Für Verlierer: Dosenhuhn

Erstes setzt man einen Schnitt rechts neben einem der Knochen an, dann überspringt man den nächsten Knochen und setzt vor dem übernächsten Knochen rechts einen weiteren Schnitt. Jetzt hat man mittig einen Knochen und rechts und links davon möglichst viel Fleisch. **DOSENHUHN, das** Die dt. Bezeichnung für BBC, das wiederum für engl. „Beer Butt Chicken“ steht. Hier handelt es sich um eine Form des Grillens, die sich sehr plakativ darstellen lässt, deshalb oft aufgegriffen und so in nahezu jeder Publikation zum Thema abgebildet wird. Ein ganzes Huhn wird mit seinem Hinterteil auf einer geöffneten Bierdose platziert. Die Dose wird vorher zur Hälfte geleert, das verbliebene Bier wird mit verschiedenen frischen Gewürzen angereichert. Derart in erbärmlicher Wartestellung auf der Dose ausharrend, wird das Huhn dann langsam durchgegart. D.O. oder DUTCHI, der Abk. und Kosewort bezeichnen ein Grillgerät, das mit vollständigem Namen „Dutch Oven" heißt. Der aus Gusseisen gefertigte Kochtopf hat drei kurze Standfüße und einen schweren Deckel. Er eignet sich gleichermaßen gut zum Braten und Backen. Sein Name geht auf holländische Einwanderer in den USA zurück, die mit dem eigentümlichen Gerät bereits im 18. Jahrhundert für Aufsehen an amerikanischen Lagerfeuern sorgten. GBA, the Abk. für die 1996 gegründete German Barbecue Association. In seiner Satzung verpflichtet sich der eingetragene Verein unter anderem dazu, „die freizeitliche Grillkultur in Deutschland zu fördern" und „auf ein qualitativ höheres Niveau zu heben". Einmal im Jahr veranstaltet der Klub offene Grillmeisterschaften. Die GBA ist Mitglied der „World Barbecue Association" (WBQA). GLAZE (GLASUR), die Kann das perfekte Finish fürs Grillgut sein. Die oft zucker- oder honigreiche G. sollte möglichst spät aufgetragen werden, damit der Zucker nicht verkohlt. Die ideale G. ist warm und hat nur eine leichte Kruste gebildet. GRIDDLE, das Zusätzlicher Rost aus Gusseisen. Wird auf den eigentlichen Grillrost aufgelegt und dort aufgeheizt. G. kann wunderschöne Muster ins Fleisch brennen. GRILLKNORZE, die Grillholz, das aus den Verdickungen vom Holz der Weinreben geschnitten wurde. GRILLPRALINE, die Einfache Dessertvariante vom Grill. Meist ein dünner, mit Schokolade, Früchten oder Marmelade gefüllter Yufka- oder Strudelteig. Wird an den Enden wie ein Bonbon zusammengedreht. HELMUT-JURENDE-POKAL, der Wanderpokal, den das „Gewinnerteam im Bereich Amateure" bei der „Deutschen Grill- und BBQ-Meisterschaft" der GBA gewinnen kann, und der (laut Satzung) „würdevoll" behandelt werden muss. Helmut Jurende († 2008), ein Metzger aus Mühlacker, war Ehrenpräsident und Gründungsmitglied der GBA. JEHOVA, kein Artikel Grillen ist die Religion der Fleischfanatiker. Der häufige Gebrauch des Wortes J. am Rost hat jedoch mit Religiosität rein gar nichts zu tun. Vielmehr ist J. eine Art Lehnwort und ein beliebter Fachterminus für den weitaus weniger beliebten Begriff „Alufolie", der unter Grillern, warum auch immer, vermieden werden muss. Warum das so ist, lässt sich kaum erklären. Angeregt wurde die Verwendung angeblich durch den Film „Das Leben des Brian“ – da sind sich alle Griller einig. Allerdings wird in dem Spielfilm des Monthy-Python-Ensembles weder gegrillt, noch wird Alufolie verwendet. Aber: Das Wort J. darf in dem Film nicht ausgesprochen werden. Andernfalls fliegen Steine. **JURYMARSHALL, der** Bei Meisterschaften der GBA wacht der J. gemeinsam mit dem Regelkommissar und weiteren Gremien über die korrekte Einhaltung der Regeln. Der J. trifft grundsätzliche Entscheidungen, zum Beispiel darüber, ob spezielle Eigenbauten oder außergewöhnliche Grillgeräte zum Wettkampf zugelassen werden. Bei einer Zuwiderhandlung gegen das „Regelwerk der Speisenzubereitung“ kann er entscheiden, ob ein Gang der Speisefolge trotzdem zur Wertung zugelassen wird. Bei Verstößen gegen die Hygienebestimmungenkann der J. – gemeinsam mit einem Juror – sogar Punkte abziehen. **LOW AND SLOW** Bezeichnung für und Leitsatz zum indirekten Grillen. Niedrige Temperatur und viel Zeit sollen hier für perfekte Ergebnisse sorgen. **MMV, der** Ugs. Abkürzung für den „Metzger meines Vertrauens“. Gebräuchlich vor allem in Grillforen, wo keine Zeit verschwendet werden darf und es um jeden Buchstaben geht. **TO PIT** Engl. für „das Grillen im Erdloch“, vgl. engl. Substantiv, Neutrum „Pitting“, aber auch dt. „das Pitten“ (aus dem Engl. eingedeutscht). **PULLED PORK, das** Bekanntes Südstaaten-BBQ-Gericht. Nachdem ein Schweinenacken über Nacht mariniert wurde und danach bei etwas über 100 Grad zwischen 10 und 16 Stunden im Smoker verbracht hat, ist sein Fleisch so zart, dass es sich mit einer Gabel einfach auseinanderziehen (engl. „to pull“) lässt. Die zarten Fleischfetzen des PP werden traditionell in einem Brötchen mit Krautsalat und Sauce gereicht. **SPORTGERÄT, das** Irreführende Bezeichnung für jedes ernstzunehmende Grillmodell. Im Grillverein üblich. Bsp.: „Stehst du heute wieder am Sportgerät?“ **WETTKAMPFKARO, das** Fläche oder Bereich, die beziehungsweise der bei einer Grill- oder BBQ-Meisterschaft jedem Team zugewiesen wird. Das W. darf nicht verlassen werden – alles muss sich hier abspielen. Ein W. misst in der Regel fünf mal sechs Meter.

FEUERSTELLEN

016 EINE FEUERSTELLE FINDEN

In einem Werbespot aus den Siebzigern für die „Great Western Savings“, eine amerikanische Sparkasse, spielt ein Lagerfeuergrill mit vier kurzen Beinen eine Hauptrolle – und brilliert dabei durch sein einfühlsames Spiel. In einer Nebenrolle beweist der berühmte Westerndarsteller John Wayne, dass sich der Grill auch hervorragend zum Kaffeekochen verwenden lässt, wenn man einen Kessel, Wasser, Kaffeepulver und ein bisschen Geduld mitbringt.

„Damn good coffee“, lügt der Cowboy und wärmt sich die Hände an einer Blechtasse. Es ist neblig, der Morgen und der Schauspieler sind gerade erst erwacht. Ein guter Moment, um ein wenig zu philosophieren: „Es gibt nur wenige Dinge, auf die ich wirklich stolz bin in meinem Leben“, sagt er und bringt den Zuseher ins Grübeln: „Ja, klar – der Grill! Ein wunderbares Gerät. Einfach und praktisch – vier Beine, ein Rost – genial“, so sinniert der Betrachter, „und, nun ja, eine Tasse selbstgemachter löslicher Kaffee – gut, wenn sonst nichts zur Hand ist.“ John Wayne macht ein paar Schritte weg vom Lagerfeuer, und plötzlich erkennt man, wie sein Blick in Richtung zweier Kinder in Schlafsäcken geht, die bereits am Anfang des Spots kurz zu sehen waren. Sie geben keinen Mucks von sich und schlummern scheinbar immer noch friedlich. Puppen vermutlich – beim Dreh an den Gagen für Statisten gespart zu haben, wäre der Great Western Savings durchaus zuzutrauen. „Ach so“, denkt sich der Zuseher, etwas enttäuscht: „Es sind die Kinder. Er ist auf die Kinder stolz. Wie langweilig!“

Der Grill, der die Szene von der Seite betrachten muss, denkt sich das Gleiche und spielt sich für einen kurzen Moment erneut in den Vordergrund. Was er sich auch verdient hat. Er kann es sich erlauben: ein einfaches und praktisches Gerät, aber nicht zu unterschätzen. Heutzutage gibt es derart einfache Lagerfeuergrills kaum noch zu kaufen. Menschen entfachen direkt auf dem Erdboden nur noch selten ein Feuer und hinterlassen keine Brandlöcher mehr in der Natur. Der ursprüngliche Gedanke hat sich im Grunde nie verändert: Es geht auch weiterhin nur um das simple Prinzip, sich um ein Feuer zu versammeln und auf diesem Mahlzeiten zuzubereiten. > So, wie die Feuerstelle schon in der Urzeit das Zentrum des gesellschaftlichen Lebens war, ist sie es noch heute. Zwar hat die Grillgeräte-Industrie die Ausstattung exzessiv erweitert und bietet für jeden Geschmack, Geldbeutel und jede Gelegenheit den passenden Grill an. Aber Feuerstelle bleibt nun einmal Feuerstelle.

| **UND ES WARD GLUT!** | Das folgende Kapitel bietet einen Überblick über die wichtigsten Feuerstellen. Es kapriziert sich dabei bewusst auf Kohlegrills, weil wir finden, dass ein richtiger Grill auch richtig brennen muss. Gasgrills in den Dimensionen eines Cabrios halten wir für unnötige Hightech-Prahlerei und zudem für unromantisch. Elektrogrills haben es leider auch nicht in die Auswahl geschafft. Sie mögen zwar praktisch sein, wenn die Hausordnung kein anderes Gerät für den Balkon zulässt, aber: Würstchen auf einen Tauchsieder zu legen, macht einfach keinen Spaß.

017 EINHEIZEN MIT DEM HIBACHI

Der Hibachi – auch Shichirin genannt – ist kein japanischer Exot, sondern ein auch in Europa beliebter und gebräuchlicher Campinggrill. > Das Sympathische: Er kommt ohne jeden Schickschnack aus. Ein Kohlebecken, ein Rost und fertig. Eine Höhenverstellung des Rosts (und damit eine Temperaturregelung) ist eigentlich nicht möglich.

Der Hibachi ist rasch aufgebaut, günstig in der Anschaffung und unkompliziert in der Handhabung. Die meisten Geräte sind aus Gusseisen oder Aluminium gefertigt. > In Japan wurde der Hibachi ursprünglich als tragbare, nur von festen Brennstoffen betriebene Heizung genutzt; später erst kam er auch bei der Speisebereitung zum Einsatz, wurde durch einen Rost ergänzt – und so zum Grill. > Da er ohne Deckel auskommt, empfiehlt er sich ausschließlich zum direkten Grillen bei hohen Temperaturen. Ideal ist er zur Zubereitung von Spießen oder Burger-Patties. Der Grill ist gänzlich ungeeignet für größere Fleischstücke, die mehr Zeit bei niedriger Hitze oder indirektes Grillen benötigen. > Der Hibachi hat keinen Standfuß, daher sollte man ihn entweder auf einer feuerfesten Unterlage direkt auf den Tisch stellen oder gleich auf Bodenniveau grillen. > Das Modell „Son of Hibachi" ist mit einem Scharnier versehen und lässt sich aufklappen. Im zugeklappten Zustand lässt es sich als Anzündkamin nutzen. > Wer Wert auf besondere Authentizität legt, kann als Brennstoff japanische „Binchotan-Holzkohle" (Seite 80) verwenden.

018 EINEN SCHWENKER BEWEGEN

Der Schwenkgrill – auch Westerngrill, vereinfacht Schwenker oder Dreibeinschwenker genannt – ist ein Grillgerät für Puristen: Er ermöglicht ausschließlich direktes Grillen. Im flächenmäßig kleinsten Bundesland Deutschlands, dem Saarland, ist dieses Grillgerät dennoch das einzig legitime. Man muss anmerken: Der Schwenker gehört zum Saarland wie die Lederhose zu Bayern. Selbst das offizielle Portal der Tourismus-Zentrale Saarland weist auf die drei unterschiedlichen Bedeutungen

Der Schwenker

Auch ein Schwenker

Noch ein Schwenker

des Wortes „Schwenker" hin: Schwenker heißt das Gerät, Schwenker heißt das Grillgut auf dem Rost, und Schwenker heißt auch die Person, die den Rost schwenkt.

Der Schwenker (wir sprechen jetzt vom Gerät!) besteht aus einem stabilen Dreibein oder einer galgenähnlichen Konstruktion. Mittig am Gestell ist eine Aufhängung für den freischwebenden Rost angebracht. Das Feuer wird direkt unter dem Rost entfacht, entweder in Form eines Lagerfeuers auf dem Erdboden oder in einer Feuerschale aus Metall.

Der Rost des Schwenkers ist höhenverstellbar und lässt so eine Regulation der Grilltemperatur zu. Um den Grill fachgerecht zu betreiben, sollte der hängende Rost stets in Bewegung sein – am besten wird er durch sanftes Anschubsen mit dem Fuß bewegt (bitte nicht barfuß schwenken!). Dabei pendelt der Rost nicht nur hin und her, sondern er dreht sich auch um die eigene Achse. Die Bewegung gewährleistet eine gleichmäßige Hitzeeinwirkung auf das Grillgut und vermeidet sein Anbrennen.

019 AM ASADOKREUZ HÄNGEN

Ganze Kerle grillen am Asadokreuz. Was ein bisschen so aussieht wie die geklaute Requisite eines oberbayerischen Passionsspiels, ist in Wahrheit ein Meisterstück südamerikanischer Zimmermannskunst – und in der Lage, selbst im kleinsten Vorgarten unverzüglich für entspanntes und authentisches Gauchofeeling zu sorgen.

Für die aus Argentinien stammende Grillmethode benötigt man – außer einem stabilen Asadokreuz aus Holz, besser sogar noch aus Metall (Bauanleitung ab Seite 51) – lediglich ein großes Lagerfeuer aus armdicken Holzscheiten. Etwa eine Schubkarrenladung Holz sollte es schon sein.

Um etwas gleich von Anfang an klarzustellen: Am Asadokreuz werden keine Amuse-Gueules oder Zwischenmahlzeiten zubereitet. Als Grillgut sollte ein ganzer Rinderlappen, ein Spanferkel oder eventuell auch ein Lamm von bis zu 14 Kilo zur Verfügung stehen. Um das Grillgut am Kreuz zu fixieren, benötigen Sie handwerkliches Talent,

Es empfiehlt sich, immer auf die Windrichtung zu achten.

ein Beil und ein scharfes Messer. Sie können das tote Tier so bearbeiten, dass es sich möglichst flach und breit aufspannen lässt, müssen aber nicht. Denn das ist nichts für sensible Seelen: Es kann sein, dass Sie zur Axt greifen müssen, um entlang der Wirbelsäule die Rippen abzuschlagen. Auch ist es eventuell nötig, einen Nachbarn um Hilfe zu bitten: Das Grillgut muss mit Bindedraht so auf das Kreuz aufgezogen werden, dass die Fleischdicke möglichst an allen Stellen ähnlich ist – zu zweit geht das um einiges besser. Gewürzt wird das Fleisch übrigens spartanisch: nur mit grobem Meersalz.

Das so gekreuzigte Tier wird hochkant neben dem Feuer platziert, indem das Asadokreuz ausreichend tief in den Boden getrieben wird. (Bei gekauften Metallkreuzen erübrigt sich das. Sie besitzen einen stabilen Standfuß.) > Achten Sie auf die Windrichtung: Das Fleisch muss den Wind im Rücken haben – er darf also nur in Richtung des Feuers blasen und nicht umgekehrt. Das Fleisch soll nicht mit Rauch oder Flammen in direkten Kontakt geraten, sondern ausschließlich sanft durch die Strahlungshitze gegart werden.

Der Anblick dieser archaischen Konstruktion mag anfangs befremdlich und für Frauen und Kinder unter Umständen sogar abstoßend sein, aber Sie werden sich daran gewöhnen. Zeit dazu haben Sie beim Asado (wie man die ganze Veranstaltung nennt) schließlich genug.

Ein Spanferkel von zwölf Kilogramm tellerfertig zu rösten, nimmt mindestens drei Stunden Zeit in Anspruch. > Bei der Überprüfung des Garzeitpunkts hilft ein Fleischthermometer. Nur zur Erinnerung: Die Kerntemperatur eines Ferkels zum Beispiel sollte 70 Grad überschreiten. Ein Rinderlappen dagegen ist schon ab 56 Grad medium gegart. Angaben zu anderen Fleischsorten entnehmen Sie der Kerntemperaturtabelle, die Sie auf Seite 127 finden.

020 EIN ASADOKREUZ ERRICHTEN

Ein selbst hergestelltes Asadokreuz aus Eisen ist kein Meisterwerk der gehobenen Ingenieurskunst. Ein Flughafen, ja, auch ein Konzertsaal – das sind echte Herausforderungen. Aber ein Asadokreuz? Nein. Es muss stabil stehen, seine Tragkraft sollte einige Kilogramm betragen und es muss dem Feuer trotzen können – mehr aber auch nicht. Ein Asadokreuz selbst zu bauen ist keine unüberwindbare Hürde. Jeder kann es schaffen. Wer ein Billy-Regal so zusammenschrauben kann, dass es einigermaßen gerade steht, wird auch an einem solchen Kreuz nicht scheitern. Anders als etwa bei einem Kamingrill muss hier schließlich nicht gemauert werden – es reicht, ein paar Löcher zu bohren und ein paar Schrauben festzuziehen. > Die Konstruktion aus verschraubten Metallträgern hat übrigens noch weitere Vorteile: Das Asadokreuz ist dann mobil und kann auseinandergebaut im Auto transportiert werden. Und im Winter lässt es sich problemlos auf dem Speicher oder in der Garage lagern.

Das anhand der nachfolgenden Anleitung gefertigte Kreuz ist für ein Spanferkel geeignet, dessen Gesamtgewicht bei ungefähr zwölf Kilogramm liegen sollte. Selbstverständlich lassen sich die Angaben anpassen und die Längen der Träger so weit skalieren, bis das selbstgebaute Kreuz auch ganze Rinder trägt. Nur, mal ganz im Vertrauen: ein ganzes Rind, na ja. Gut, das bräuchte wohl ein stärkeres Gestell, aber eben auch starke Nerven und eine Grillgesellschaft, die den üblichen Rahmen sprengen würde. Also bleiben wir mal auf dem Boden – und beim Spanferkel.

DAS MATERIAL

... AUS DEM BAUMARKT ODER VOM EISENWARENHÄNDLER ...

A: Ein zwei Meter langes Quadratrohr aus Stahl (50/50 [mm]) B: Zwei Flacheisen (jeweils 50 cm lang, 30/5 [mm]) C: Zwei Flacheisen (jeweils 1,2 m lang, 30/8 [mm]) D: Zwei Flacheisen (jeweils 50 cm lang, 30/5 [mm]) Schrauben: 6 Zylinderkopfschrauben mit Innensechskant (M6), Länge 70 mm Muttern: 6 Flügelmuttern (M6) Werkzeug: Ein 6,5-mm-HSS-Bohrer für Metall > Innensechskantschlüssel (Inbus) 6 mm > Ein Senker zum Entgraten

Zunächst müssen Sie das eigentliche Kreuz montieren. > Am langen Quadratrohr (A) werden vier Löcher gebohrt, eins für die Füße (C), zwei für die beiden Querstreben (B) des Kreuzes, eins für die Verstrebungen (D). Wenn Sie möchten, können Sie die Bohrlöcher mit einem Senker entgraten: Scharfe Kanten verschwinden – Ihre Hände und der Teppich Ihres Kofferraums bleiben unversehrt. > Die Lage der Querstreben (B) richtet sich nach der Größe des Spanferkels: Messen Sie den Abstand zwischen Vorder- und Hinterhaxen. > Die kurzen Flacheisen (B), die jeweils in der Mitte ein Bohrloch erhalten, werden im rechten Winkel aufgeschraubt – so, dass ein Doppelkreuz entsteht. Dass die Querstreben (B) des Kreuzes nicht so exakt fixiert sind, wie es nach einem Verschweißen der Fall wäre, ist weder ein Problem noch ein Nachteil. So lassen sich beim Anbringen eines Spanferkels die Vorder- und Hinterhaxen noch ausrichten und korrigieren.

Der Asadoständer erhält seine Stabilität und Standkraft durch die Füße (C) und die Verstrebungen (D). Die Füße (C) werden am Ende des Quadratrohrs (A) verschraubt und, nachdem die Schraube und die Flügelmutter fixiert sind, zur Seite hin aufgebogen – man nennt das „kröpfen". Die Füße bilden jetzt einen Winkel von 60 Grad. > Zum Schluss werden die beiden Verstrebungen (D) verschraubt und vorsichtig gekröpft. Füße und Kreuz sollten am Ende so verbunden sein, dass nichts mehr wackelt, schwankt oder kippt.

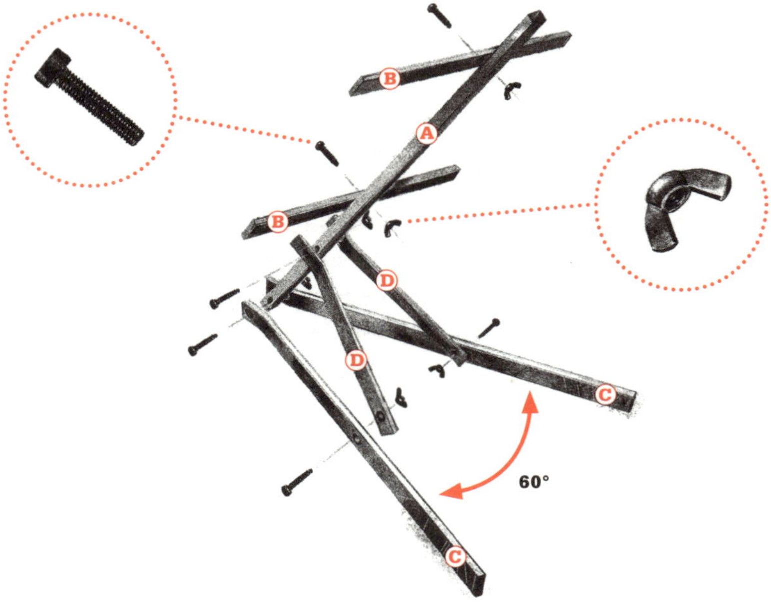

Die Gartenküche der Gauchos

021 AM SÄULENGRILL STEHEN

Diese Grills sind schlicht und genial konstruiert. Es gibt sie als rundes wie als eckiges Modell, eines aber ist immer gleich: Oben auf der hohlen Säule des Grills thront majestätisch die Feuerschale. Hohl ist ein Säulengrill deshalb, damit die Luft ungehindert von unten nach oben strömen kann. Ähnlich wie bei einem Anzündkamin hilft die Luftzirkulation, das Feuer schneller zu entfachen und zu steuern. Durch eine Klappe in der Säule ist die Luftzufuhr regulierbar. Der Säulengrill hat keine Füße – die stabile Säule selbst fungiert als Standfuß. Beim Kauf sollte also zumindest darauf geachtet werden, dass dieser Fuß eine große Stabilität besitzt.

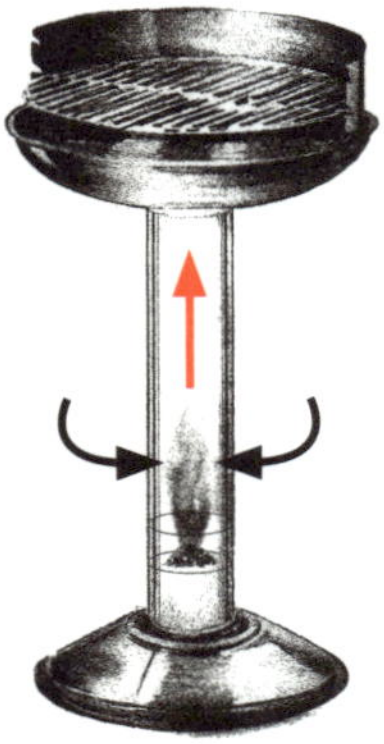

Aus dem Innenleben eines Säulengrills

Anspruchsvolle Modelle können Teil für Teil erweitert werden und sind sogar zur Räucherkammer umrüstbar, simple Modelle besitzen jedoch oft nicht einmal einen Deckel. Wenn man mit einem Säulengrill langfristig Spaß haben will, sollte man sich unbedingt ein Modell mit Deckel anschaffen. Sonst sind die Gar- und Einsatzmöglichkeiten des Grills stark begrenzt. Bedingt durch die Konstruktion ist beim Säulengrill die Entsorgung der Asche- und Kohlereste besonders praktisch. Die Reste fallen durch ein Gitter einfach nach unten in den Standfuß. Hier werden sie sicher gesammelt – entweder in einer separaten Aschebox oder im Fuß selbst – und können nach Abkühlung leicht entsorgt werden.

022 DEN KUGELGRILL ENTDECKEN

Gegen Ende der 40er-Jahre erlebte das Grillen in den USA seinen ersten großen Boom: Die Menschen zogen raus aufs Land oder in die Vorstädte der Metropolen und entdeckten in ihren Vorgärten die Zubereitung von Speisen über offenem Feuer. Eines der beliebtesten Grill-Modelle damals war der „Brazier Grill". Er war in der Anschaffung günstig und stand auf vier auch aus diesem Grund recht wackligen Beinen, verströmte aber den Duft von Freiheit, Wohlstand und verbranntem Fleisch in die Vorstadtsiedlungen. Man liebte ihn wirklich: Anders als beim damals ebenfalls weit verbreiteten gemauerten Brickgrill war man sogar imstande, dem Wetter zu folgen und den leichtgewichtigen, mobilen Brazier der Sonne hinterherzutragen. Das Grillen mit dem Brazier war grundsätzlich schon eine recht runde Angelegenheit – mit Abstrichen allerdings. Das Fehlen von Luftschlitzen machte es unmöglich, die Temperatur zu regeln. > Ein weiteres Problem, das passionierte Outdoor-Griller ins Grübeln brachte, war der fehlende Windschutz am flachen Kohlebecken. Das nervte. Den

Feuerschale + **Geistesblitz** = **Meisterwerk**

größten Grübler unter den Grüblern, den Erfinder George A. Stephen aus Chicago, brachte es gewissermaßen zur Weißglut. Regelmäßig sorgten Windböen dafür, dass den Gästen seiner Grillpartys die Asche um die Ohren flog. Sollte er etwa an den gemauerten Kamingrill zurückkehren, der sich zwar nicht in die Sonne schieben ließ, aber immerhin Schutz vor Wind bot? Nein. Etwas anderes musste her. George A. Stephen musste handeln.

Die Legende besagt, dass ihn die fällige Muse 1952 während eines Segeltörns küsste. Beim Anblick einer Boje soll ihn ein Geistesblitz durchfahren haben: „Was wäre“, fragte er sich, „wenn man eine Metallboje in zwei Hälften sägte, unten Füße dranschraubte, oben einen Griff anbrächte, einen Luftzug einbaute und einen Rost hinein legte?“ Ja, was wäre dann? Wäre das nicht die Geburt des Kugelgrills? Ja, sie wäre es.

Es ist dies zwar nicht die einzige kolportierte Geschichte zur Entstehung des Kugelgrills (ein anderes Gerücht zum Beispiel behauptet, ein Eisenfass hätte Stephen zum Kugelgrill inspiriert – er hätte sich ja gar kein Segelboot leisten können), aber eines steht unumwunden fest: 1952 war das Geburtsjahr des erfolgreichsten Grills der Welt.

023

AM SMOKER VERWEILEN

Wenn hierzulande zum Barbecue (abgekürzt BBQ oder Bar-B-Que genannt, mancherorts sogar „Barbie") geladen wird, kann jede nur erdenkliche Grillaktivität gemeint sein. Selbst ein Abend, zu dessen feierlichem Höhepunkt ein paar traurige Tofuwürstchen auf einen Elektrogrill gelegt werden, kann als „BBQ-Event" falsch angekündigt sein. Das ist eine grobe Verirrung. Denn wenn man im Ursprungsland des Barbecue – den USA – zu eben diesem lädt, wird dort einzig und alleine eines getan: Der Smoker wird angeschmissen. Alles andere ist auch in Amerika nur ein „Grill". Also: Nur, wenn ein Smoker bedient wird, verdient die Veranstaltung die Bezeichnung „Barbecue". So heißen im Übrigen auch das Gerät („The Barbecue Smoker") und die darauf zubereiteten Speisen. > Smoker gibt es in verschiedenen Größen

1 Frischluft 2 Feuerbox 3 Garkammer 4 Abluft 5 Fetteimer 6 Kochplatte

und Formen, aber alle funktionieren nach einem ähnlichen Prinzip: dem des klassischen Umluftofens. Jedes Gerät besteht aus drei Bauelementen: der externen Feuerbox, der Garkammer und dem Kamin.

Das Feuer lodert ausschließlich in der Feuerbox. Sie ist etwas unterhalb der Garkammer angebracht. Als Brennstoffe können Holz, Briketts oder (wenn es sich um ein sehr modernes Gerät handelt) Pellets verwendet werden. Die Feuerbox hat zwei Luftöffnungen: Durch die eine strömt frische Luft hinein, durch die andere werden die erhitzte Abluft und der Rauch aus der Feuerbox in die Garkammer geleitet. Durch eine zusätzliche Klappe kann Brennstoff nachgelegt werden. Manche Modelle besitzen auf der Oberseite der Feuerbox eine Kochplatte, die zum Erhitzen von Saucen oder zum Warmhalten von Beilagen beziehungsweise des Gegrillten benutzt werden kann.

Der Trick beim Barbecue ist folgender: In einem Smoker wird das Grillgut – anders als beim gemeinen Grill – nicht direkt über einem heißen offenen Feuer gegart, sondern indirekt in einer Garkammer, die man auch „Pit“ nennt. Die heiße Abluft aus der Feuerbox und der Rauch, der in die Garkammer gelangt, haben deutlich niedrigere Temperaturen als das Feuer, das in der Feuerbox brennt. Trotzdem reicht eine Temperatur zwischen 100 und 150 Grad locker aus, um Rippchen, ein Stück Rinderbrust oder einen Schweinebauch (nur um ein paar Beispiele zu nennen) perfekt zu garen. Wegen der niedrigen Temperatur braucht das Fleisch zwar länger, bis es durch ist (nicht selten dauert das mehrere Stunden), aber es wird auch ganz besonders köstlich.

Am Ende des Garraums verhilft ein Kamin oder eine andere Öffnung der warmen Luft und dem Rauch wieder in die Freiheit. Ein „Chuck Wagon Smoker“ besitzt sogar noch einen zusätzlichen Räucherturm unter dem Schornstein. > Die Unterseite des Garraums weist meist ein Loch auf, durch das die aus dem Grillgut austretenden Flüssigkeiten (Fett und Bratensaft) abfließen können. Unter diesem Loch hängt ein Eimer, in dem sich die Flüssigkeiten sammeln.

Die hohe Kunst des Smokens liegt darin, über einen langen Zeitraum konstant eine gleichbleibend niedrige Temperatur zu halten. Zu große Temperaturschwankungen würden nicht zum gewünschten Grillergebnis führen. Geregelt wird die Temperatur über die Wahl des

Brennstoffs und über die Luftklappen. Das erfordert Geduld und einiges Geschick. Aber so groß dieses Geschick auch sein mag, ohne ordentliches Thermometer (am besten eines, das die Temperatur im Fleischinneren, aber auch jene im Garraum misst und anzeigt) geht nichts. Ohne Hitzemessgerät wäre das Smoken reine Glückssache.

| **DIE IDEE DES SMOKERS** | Der Smoker hat keine aristokratische Abstammung, er ist von ganz und gar gewöhnlicher Herkunft. Er wurde von Menschen erdacht, die sich nur minderwertiges Fleisch leisten konnten, und von ihnen benutzt, um eben jenes trotzdem genießbar zu machen. Dank seiner speziellen Technik des langsamen Garens wird selbst das zäheste Fleisch, das überdies unter einem zu hohen Fett- und Knochenanteil leidet, am Ende zart und weich. An diesem therapeutischen Erfolg erfreuen wir uns noch heute, nun da noch dazu Holzchips in der Feuerbox dafür sorgen, dass über den Rauch ein ganz spezielles Aroma in das Fleisch gelangt.

024 EIN RECHT SCHLICHTER SMOKER

Heiße Luft will nach oben. Man kann sie noch so sehr beschwören, aber davon lässt sie sich einfach nicht abhalten. Viele im Handel erhältliche Smoker haben daher ein grundsätzliches Problem: Wenn der Rauch aus der Brennkammer nicht so geschickt in die Garkammer umgeleitet wird, dass er das Grillgut von unten garen und aromatisieren kann, zieht er einfach vorbei und entweicht durch den Schornstein, ohne ordentlich seinen Dienst geleistet zu haben.

Doch mit dem einfachsten Smoker der Welt, der hier zur Sprache kommen soll und den Sie sich für wenig Geld und mit etwas Geschick sowie haushaltsüblichem Werkzeug selbst bauen können, tritt das Problem mit dem fehlgeleiteten Rauch erst gar nicht auf: Er smokt vertikal – von unten nach oben. Das Modell, das Sie bauen werden, nennt sich „Ugly Drum Smoker" (UDS). „Drum" steht für die Tonne, die Sie verwenden, und „Ugly" dafür, dass es durchaus ansehnlichere Geräte gibt – wobei: Das ist Geschmackssache.

DIE EINKAUFSLISTE

1 Stahlfass mit Deckel, das 200 Liter fassen kann, neu (ab 40 Euro) oder gebraucht (dann aber bitte ein Fass, in dem zuvor Lebensmittel lagerten, kein Öl- oder Giftmüllfass)
1 Waschmaschinentrommel vom Wertstoffhof, Durchmesser (außen) 50 cm, oder 1 Feuerkorb mit Füßen aus dem Gartenhandel
3 Kugelhähne (1/2") aus Messing (ohne Kunststoffdichtung)
3 Gewindefittings (1/2") zur Verschraubung als Gegenstück zu den Kugelhähnen
2 Dosen Ofenlack mattschwarz, je 400 ml, hitzebeständig bis mindestens 800 Grad
1 Flasche Pflanzenöl
1 Grillrost, 57 cm, Edelstahl, klappbar
1 Einbauthermometer, zum Beispiel Thüros THERM260
1 großer Möbelgriff aus Metall, mattschwarz, mit Schrauben und Muttern, für den Deckel
2 kleine Möbelgriffe aus Metall, mattschwarz, mit Schrauben und Muttern, für das Fass
12 Schrauben (6 x 40 mm) sowie entsprechend viele Muttern und Unterlegscheiben
3 Hartholzklötze (ca. 15 x 15 x 15 cm) als Füße
Werkzeug: Bohrmaschine mit Drahtbürstenaufsatz, Flex, Schraubenschlüssel

Das Fass ist werkseitig meist lackiert. Dieser Lack muss ab. Am einfachsten geht das, wenn Sie ein ordentliches Feuer legen. Füllen Sie das Fass bis oben hin mit Brennholz, und feuern Sie, bis der Lack auf der Außenseite fast vollständig verschwunden ist. Reste, vor allem am Boden des Fasses, entfernen Sie mithilfe von Flex und Drahtbürste. Je gründlicher Sie arbeiten, desto gesünder fällt das Ergebnis aus. Das Fass bekommt einen neuen Außenanstrich aus Ofenlack. Auf der Innenseite sollten Sie es intensiv mit Pflanzenöl einlassen – das verhindert die Bildung von Flugrost. > Bohren Sie, mit etwas Abstand zum Rand, acht Löcher in den Deckel, durch die später der Rauch abziehen kann. > Um eine stabile Ablage für den Grillrost zu bekommen, reichen drei Schrauben, die etwa 3 cm ins Fassinnere ragen. Die größte Stabilität erhalten Sie, wenn die Bohrlöcher in einem gleichseitigen Dreieck angeordnet sind. Planen Sie zwei Ablage-Ebenen untereinander, um den Rost flexibler nutzen zu können: eine etwa 40 cm unterhalb des Deckels, die zweite Ebene weitere 20 cm darunter. Noch weitere 10 cm tiefer bohren Sie ein Loch für das Thermometer. Sein Fühler ragt ungefähr 4 cm ins Fassinnere.

Ungefähr 5 cm oberhalb des Fassbodens werden drei Löcher für die Kugelhähne gebohrt. Mit den hier eingesetzten Hähnen regeln Sie später die Luftzufuhr und auf diese Weise stufenlos die Temperatur. Am Boden des Fasses montieren Sie als Füße mit jeweils zwei Schrauben drei Holzklötze, die mit Muttern oder Unterlegscheiben so weit vom Fassboden abgesetzt sind, dass Luft zirkulieren kann. > Zum Schluss folgen noch zwei Griffe an der Fassseite und ein großer Griff am Deckel. > Setzen Sie den Feuerkorb, für den sich auch eine ausgebaute Waschmaschinentrommel bestens eignet, am Fassboden auf, und füllen Sie den Korb mit zehn Kilo Kohle, die Sie im Anzündkamin vorgeglüht haben. Sie können Räucherchips zugeben – das fördert die Rauchentwicklung.

025 SICH AM KAMINGRILL WOHLFÜHLEN

Ein fest installierter Kamingrill im Garten erspart den Auf- und Abbau von Grillgeräten. Er ist sozusagen zementierter Beweis Ihrer Liebe zum Grillen – und praktisch. Allerdings sollten Sie sich bei seiner Planung ausreichend Zeit nehmen – und sich genau überlegen, wo er stehen soll. Denn dort, wo er gemauert wird, wird er für viele Jahre bleiben. In seiner Nähe muss Platz für eine Sitzgruppe sein, die so ausgerichtet ist, dass Sie von dort aus das Feuer und das Grillgut stets im Blick haben. Halten Sie beim Bau einen Sicherheitsabstand von zwei Metern zur nächstgelegenen Hauswand Ihres Anwesens sowie deutlich mehr Abstand zum Nachbargrundstück ein. Andernfalls ist Streit geradezu vorprogrammiert. > Ein Kamingrill, auch Gartenkamin oder „Brick Oven“ genannt, hat ein schlichtes, zweckmäßiges Design: Das Brennholz wird unter dem Grillraum gestapelt und in einer Feuerkammer verbrannt, die nur von einer Seite offen ist. Der Rost ist, bis auf wenige Ausnahmen, höhenverstellbar und von oben durch ein Dach mit Rauchabzug (den Kamin) geschützt. Auf diese Weise kann auch leichter Regen dem Grillvorhaben nichts anhaben. Das ist mehr als geschickt. Und auch nach dem Grillen kann die Feuerstelle noch genutzt werden – indem sie als romantisches Kaminfeuer dient.

Als Liebhaber fortgeschrittener Grilltechniken können Sie Ihren gemauerten Gartengrill mit einer Drosselklappe im Kamin und einer aushängbaren Tür vor dem Feuerraum versehen (lassen) – so sind Sie in der Lage, auch im Kamingrill indirekt zu grillen.

026 EIN ERDLOCH AUSHEBEN

In einer Grube zu grillen hat eine lange Tradition. Viele Völker dieser Welt heben seit Jahrhunderten Erde aus, um Speisen zuzubereiten – und tun das auch heute noch. „Imu“ heißt der Erdofen auf polynesisch, „Hangi“ in Neuseeland, „Lovo“ auf den Fidschi-Inseln und „Mumu“ in Papua-Neuguinea. Bei uns nennt man den unterirdischen Herd der Einfachheit halber schlicht „Erdloch“, was aber nicht heißt, dass in der Erde gegrilltes Fleisch – dank der langsamen und indirekten Befeuerung – nicht auch bei uns richtig gut schmecken könnte.

| **DAS EIGENE ERDLOCH** | Nehmen Sie einen Spaten in die Hand, und heben Sie eine Grube aus. Die Grube muss dem Grillgut ausreichend Platz lassen. Für ein durchschnittlich großes Hähnchen darf die Grube gut 50 cm tief werden, ebenso breit wie hoch. > In die Grube kommen größere Steine und trockenes Feuerholz. Das Lagerfeuer muss so lange brennen, bis aus den Scheiten glühendes Feuerholz geworden ist. > In der Zwischenzeit wird das Grillgut mariniert und gewürzt. Anschließend wird es in Bananenblätter oder Alufolie gewickelt, bis das Päckchen dicht verpackt ist.

Entfernen Sie nun mit dem Spaten einen Teil der Glut und legen Sie das Paket mit dem Grillgut in die Grube. Die Steine sollten die Hitze hinreichend gespeichert haben und sind nun bereit, sie bald wieder abzugeben. Rund um das Paket verteilen Sie die restliche Glut, decken das Paket ebenfalls mit Glut ab und schließen dann die Grube mit einer Schicht aus Erde. > Ein Hähnchen ist nach zwei bis drei Stunden gar und kann dann vorsichtig dem Erdloch entnommen werden. Bei größeren Tieren muss entsprechend mehr Zeit eingeplant werden.

Kleine Warnung: Sind Sie zum Grillfest bei den Schwiegereltern eingeladen und haben sich bereit erklärt, den Grillmeister zu geben, was mit Begeisterung aufgenommen wurde, so kann es trotzdem zu Verstimmungen kommen, sollten Sie sich für das Erdloch als Grillmethode entschieden haben. Bitte graben Sie nur im eigenen Garten.

027 IN EINER KISTE BRATEN

Der Terminus Kistenbratl kommt aus dem Süden. In Teilen Österreichs und Bayerns wird er verwendet; andernorts hört man Begriffe wie „Schweinesarkophag" oder „Grillkiste", die das Gleiche meinen. Das Prinzip ist einfach: Man nutzt nur die Oberhitze, um schonend zu garen. Das Grillen im Erdloch oder die unter der Glut versteckte Alukartoffel folgen einer ähnlichen Idee, nämlich das Grillgut nicht dem direkten Kontakt mit dem Feuer auszusetzen.

| **ZWEI KISTEN** | Der Aufbau ist denkbar einfach: In die erste Kiste kommt, auf einen eingesetzten Rost oder direkt auf den Boden der Kiste, das Grillgut: Spare Ribs, Schweinebauch, Rinderbraten, eine Gans – was auch immer. Im Prinzip eignet sich alles, was man in der heimischen Küche ins Bratrohr stecken würde. Am Boden dieser Kiste dürfen sich später Flüssigkeit und Bratensaft sammeln, die beim gemeinen Grillen auf dem Rost in die Glut tropfen würden. Auch hier kann wie im Backofen vorgegangen werden: Gewürze, Karotten, Kartoffeln usw. können im Fangboden mitgegart werden.

In einer zweiten Kiste aus Edelstahl wird ein Feuer entfacht – entweder aus Grillkohle oder aus Holz. Holz allerdings ist schwieriger zu kontrollieren: Die Temperatur konstant zu halten erfordert Gefühl, Erfahrung und Augenmaß. Die heiße Kiste wird auf die zweite mit dem Grillgut gesetzt – das ist eigentlich schon alles. Die „Feuerkiste" muss größer sein als die andere Kiste und diese gut abdichten. Man kann Kistenbratl in verschiedenen Größen im Handel erwerben – sie werden sogar individuell hergestellt und konfektioniert. Es geht aber auch anders.

| **DAS KISTENBRATL VOM SPERRMÜLL** | Für einen ersten Versuch reicht es, zwei Stahlschubladen unterschiedlicher Größe ihrem Zweck zu entfremden. In die kleinere Schublade kommt das Grillgut, und sie wird auf feuerfestem Untergrund – zum Beispiel auf dem Grund eines Feuerplatzes oder auf Kieseln – platziert. In die größere, die oben aufgesetzt wird, kommt das Holz- oder Kohlefeuer.

028 EINEN GRILL IMPROVISIEREN

Sie haben Lust auf einen Grillnachmittag mit ein paar Bieren, das Wetter ist schön und gutes Fleisch hat sich in Ihrem Kühlschrank in Warteposition begeben. Doch plötzlich müssen Sie feststellen: Oh Mann, mein schöner Kugelgrill. Steht der nicht immer noch im Keller des Vereinsheims am Baggersee und gammelt dort vor sich hin? Um dennoch eine Grillparty steigen lassen zu können, müssen Sie keine anstrengende Rückholaktion starten. Ein bisschen Kreativität und ein wenig handwerkliches Geschick reichen schon aus.

| **DER KLASSIKER** | Platzieren Sie zwei Backsteine auf einem als Feuerstelle geeigneten Stück Grund, und entzünden Sie ein bisschen Grillkohle zwischen diesen Steinen. Stecken Sie das Fleisch auf Spieße, und legen Sie diese auf den Backsteinen über der Glut ab. Fertig. Aufwändige Menüs lassen sich auf dieser simplen Konstruktion zwar nicht zubereiten, aber für Hühnerfilets, Würstchen, Scampi oder Gemüse reicht es allemal. In vielen Teilen der Welt wird übrigens ge-

nau auf diese Weise gegrillt: ohne Rost direkt über der Glut. Besonders in der Türkei und in Indien, aber auch in Japan beim Yakitori ist diese Methode sogar Standard.

| **BESEN UND RECHEN** | Falls Sie am Lagerfeuer plötzlich ein hinterhältiger Würstchenhunger überkommt, aber weder ein Rost noch irgendwelche Spieße aufzutreiben sind, halten Sie Ausschau nach

Heißer Feger

Essen auf Rädern

einem Rasenrechen oder Laubbesen aus Edelstahl. Auf seinen gesäuberten Zinken können Sie bis zu zehn, an einem Laubbesen sogar bis zu 20 Würste aufspießen.

| **DER EINKAUFSWAGEN** | In Siedlungen in der Nähe von Gewerbegebieten hat sich das „Urban Grilling" längst etabliert. Was wie der Name einer Punkrockband klingt, ist eine nicht ganz legale Spielart des (vorübergehenden) Mundraubs: Von einem Supermarktparkplatz wird für 50 Cent ein Einkaufswagen „geliehen", unter dem ein Feuer entzündet wird – und schon kann gegrillt werden. Klingt ziemlich einfallsreich und sieht auf Bildern im Internet auch recht lustig aus, doch sollte die Praktikabilität der Methode genau überdacht werden. Die meisten Einkaufswagen besitzen einen Korrosionsschutz aus Zink oder Chrom, der bei hoher Wärme Dämpfe abgibt, die nicht gesundheitsförderlich sind. Darüber hinaus ist das Verwenden eines

Einkaufswagens aus fremdem Eigentum gesetzlich nicht erlaubt. > Falls Sie für Ihre Grillparty einen Einkaufswagen legal erwerben möchten, kommt Sie das vergleichsweise teuer: Ein Neuwagen ohne Pfandsystem, Stoßleisten und Werbegriff kostet etwa 150 Euro. Eigentumsrechtlich ist die Sache dann zwar unbedenklich, doch gesünder wird das Grillen mit dieser Methode leider immer noch nicht.

| **GRILLEN IM SAND** | Sollten Sie in der Nähe eines Sandstrandes leben oder sogar einen eigenen Strandabschnitt besitzen, können Sie sich glücklich schätzen: Er eignet sich hervorragend zum improvisierten Grillen, zum Beispiel von Steckerlfisch. Steckerlfisch ist eine Spezialität aus Bayern und lässt sich als „Fisch am Stab" ins Hochdeutsche übertragen. Ein entschuppter und ausgenommener Fisch wird mariniert und – durch sein geöffnetes Maul – auf einen Holzstab gespießt. Am Strand wird eine Mulde ausgehoben und mit Holzkohle gefüllt. Mit dem entnommenen Sand kann ein kleiner Wall aufgeschüttet werden, in dem die „Fischstäbchen" platziert werden – so, dass der Fisch gleichmäßig über der Kohle gegart werden kann. Falls Sie bis zum nächsten Strand erst eine längere Reise unternehmen müssten, können Sie auch improvisieren. Ein Sandkasten im Garten, der seit Jahren verwaist ist, da die Kinder aus dem Haus sind, lässt sich problemlos umfunktionieren – und hat dann endlich wieder einen Zweck.

| **GRILLEN IM BLUMENTOPF** | Ein Abend auf dem Balkon. Alles, was Sie finden, sind Briketts, ein Rost und Vogelsand aus der Kanarienzucht Ihrer Mitbewohnerin. Keine Panik: Auch aus diesen Utensilien lässt sich in Windeseile ein Grill bauen. OK, zugegeben, zwei unterschiedlich große Blumenübertöpfe aus Ton fehlen noch zum Vergnügen. Nehmen Sie den größeren der beiden Töpfe, und füllen Sie eine Sandschicht von etwa 3 cm auf seinen Boden. Stellen Sie den kleineren Topf in der Mitte des Sandbetts ab. Den Zwischenraum zwischen den beiden Töpfen füllen Sie rundherum bis ganz nach oben mit Sand auf, der als Hitzedämmung dienen wird. Jetzt müssen nur noch Kohlebriketts im kleinen Blumentopf entzündet werden, und der Rost muss passen – schon kann gegrillt werden.

029 OHNE ASCHE GRILLEN

In diesem Buch beschäftigen wir uns fast ausschließlich mit Grills, die mit Holz oder Holzkohle betrieben werden. Nicht, dass wir so überheblich wären, anderen Grillgeräten die Daseinsberechtigung absprechen zu wollen – herrje, nein. Aber Holz- und Holzkohlegrills sind ohne Zweifel die hierzulande am weitesten verbreiteten und unserer Meinung nach vielseitigsten Geräte. Es wäre allerdings fahrlässig, zu verschweigen, dass auch andere Grillmethoden und -geräte zu guten Ergebnissen führen. Bei der Zubereitung wohlschmeckender Gerichte verrichten sie zuverlässig ihren Dienst und stehen sämtlichen in diesem Kapitel beschriebenen Feuerstellen in nichts nach. Der gute Grillgeschmack entwickelt sich – auch wenn es oft behauptet wird – nachweislich nicht durch die Verwendung von Kohlebriketts, sondern im Grillgut selbst und wird durch die richtigen Gewürze, Röstaromen, Temperaturen oder Grillmethoden herausgekitzelt.

| **DER GASGRILL** | Mit einem qualitativ hochwertigen Gasgrill ist alles möglich: direktes Grillen, indirektes Grillen, Räuchern und sogar Backen. Die Hitze ist dank der Drehregler gut zu kontrollieren, und der Grill ist schnell auf Temperatur. Trotz hoher Anschaffungskosten ist sein Betrieb recht günstig: Gas ist meist billiger als Kohle. Leider haben die großen, klobigen Gasgrillstationen einen entscheidenden Nachteil: Sie versprühen den Charme einer perfektionistischen Einbauküche. Nach Abenteuer riecht hier gar nichts mehr.

| **DER ELEKTROGRILL** | Elektrogrills sind freundliche kleine Garstellen, die niemandem etwas zuleide tun. Derartige Grills sind praktisch, wenn das Grillen fast unmöglich oder (weil es die Hausordnung so vorschreibt) sogar verboten ist: Sie funktionieren auf den kleinsten Balkonen und sind so harmlos und ungefährlich, dass sie theoretisch sogar indoor in Betrieb genommen werden könnten. Das sagt doch eigentlich schon alles – in der Evolution stehen sie deshalb nur knapp über der Puppenküche. Spaß machen sie natürlich auch nicht: Selbst die besseren Modelle erreichen nicht annähernd die Höchsttemperaturen, die sich mit Holzkohle erzielen lassen.

| **DER SOLARGRILL** | Geruchs-, rauch- und CO2-frei bündeln diese Hightech-Geräte die Energie der Sonne und geben sie wieder ab. Je größer ihre Spiegelfläche ist, desto höhere Temperaturen können sie erreichen. Leider muss ein Solargrill alle 20 Minuten neu ausgerichtet werden; die Sonne – diese alte Individualistin – geht schließlich ihren eigenen Weg. Und so leuchtet auch der größte Nachteil des Naturgewaltengrills ein: An einem bewölkten Tag oder nach Anbruch der Dunkelheit bleibt die Küche leider kalt.

| **DER HEISSE STEIN** | Die Speisenzubereitung auf dem heißen Stein kannten schon unsere frühen Vorfahren. Beim Garen von Fleisch am Lagerfeuer fiel ihnen auf, dass Steine, die direkt neben der Feuerstelle lagen, ganz schön heiß werden konnten. Sie nutzen diese Findlinge, um die ersten Brote in der Geschichte der Menschheit zu backen oder um Pflanzen genießbar zu machen. Und legte man einige glühend heiße Steine zum Gemüse ins Wasser, konnte man dieses zum Kochen bringen. In der Mongolei wird diese Kochkunst noch heute unter dem Namen „Khorkhog" praktiziert. Dort hat man aber noch eine andere Verwendung für heiße Steine entdeckt. Eine traditionelle Zubereitungsmethode namens „Boodog" funktioniert so: > Man erlegt ein Murmeltier oder Eichhörnchen, entfernt seinen Kopf, entnimmt seine Innereien durch die Kehle, gibt Salz, Gewürze und einige heiße Steine in die Bauchhöhle, schnürt den Hals wieder zu und brennt dem derart ausgestopften Tier zuletzt von außen das Fell ab. > Wer seinen Appetit auf Murmeltier jetzt gezügelt sieht, sollte sich dennoch einmal an der klassischen Variante des Grillens auf dem heißen Stein versuchen. Am besten eignen sich glatte, flache Flusssteine oder Kiesel. Damit sie eine hohe Temperatur annehmen können, sollten Sie direkt auf ihnen ein Feuer abbrennen. Wenn die Glut erloschen ist, sind die Steine einsatzbereit und können Grillgut aufnehmen. Fürs Grillen in der Wohnung sind Steine aus Granit oder Vulkangestein im Handel erhältlich. Diese Steine werden vor dem Gebrauch im Backofen auf Betriebstemperatur (ungefähr 250 Grad) gebracht und dann auf einem Gestell in der Tischmitte platziert. Feuerpasten oder elektrische Heizstäbe halten die Temperatur konstant: Das ist so verwegen wie das Zelten im Hobbykeller.

BRENNSTOFFE

030 SICH MIT FEUERHOLZ AUSKENNEN

Holz ist der Klassiker unter den Brennstoffen. Es erzeugt nicht nur eine knisternde, angenehme Wärme, es eignet sich auch bestens als Energielieferant zum Erwärmen von Speisen. > Holz ist portabel (wenn es nicht brennt), neutral im Geschmack (wenn es brennt), lässt sich einigermaßen gut kontrollieren und ist schön anzusehen: An einem Lagerfeuer sitzt jeder gerne. Das resche Knacken und Knistern, die wohlige Wärme, die zuckenden Flammenzungen, die hypnotische, feuerrote Glut – alles nach wie vor sehr beeindruckend. Oder können Sie sich vorstellen, im Freien versammelt um einen Gasgrill zu sitzen und angeregt in seine Flammen zu starren? Eben! Echtes Grillgefühl kommt nur am echten Feuer auf.

Jährlich verfeuern – allein in Deutschland – Männer 120 000 Tonnen Grillholzkohle und Briketts aus verschiedenstem Ursprungsmaterial am Rost, erstaunlicherweise aber sehr viel weniger echtes Holz. Schade, wo sich doch auch mit Holz vortrefflich grillen lässt. Sowohl als direkte Hitzequelle als auch als Beigabe, um ganz spezielle Raucharomen zu entfachen. In den USA ist diese Technik des „Smokens" weit verbreitet.

Leider ist das Grillen mit Holz recht anspruchsvoll. Das fängt schon beim Transport an. Feuerholz kommt so gut wie nie im handlichen Drei-Kilo-Sack in den Handel. Auch verhält sich jedes Stück Holz ein bisschen anders. Da ähneln sich Holzscheite und Menschen. Wenn Sie also mit echtem Holz grillen wollen, sind Sie zwar etwas mutiger als der Holzkohlebenutzer, aber verrückt sind Sie nicht.

| **DAS GEEIGNETE FEUERHOLZ** | Bedenken Sie zunächst, dass Ihr Grill ganz grundsätzlich auch für das Grillen mit Holz ausgelegt sein muss. Der Grill von der Tankstelle ist aufgrund seiner Maße und seiner mangelhaften Verarbeitung nur bedingt für wuchtige Holzscheite zu empfehlen. > Geeignetes Grillholz sollte maximal eine Restfeuchte von 15 Prozent haben. Je trockener das Holz ist, desto besser. Nur wenn Holz ausgetrocknet ist, brennen die Scheite gut ab

und entwickeln eine feine Glut. Zur Ermittlung der Restfeuchte können Sie ein Holzfeuchte-Messgerät verwenden (im Handel ab 20 Euro erhältlich) – oder Sie fragen den Händler und vertrauen ihm.

Ist Holz zu feucht, brennt es nicht nur schlecht, es entwickelt auch unangenehm viel ungesunden Rauch.

5 bis 11,9% .... **trocken**
12 bis 15,9% .... **mittlere Restfeuchte**
16 bis 50% .... **hohe Restfeuchte**

Verwenden Sie zum Grillen ausschließlich Hartholz. Es sollte langsam, dicht und hart gewachsen sein und von Laubbäumen stammen. Nur mit Hartholz ist das Grillen gesundheitlich unbedenklich. Ideal eignen sich zum Beispiel Buche und Birke, Eiche natürlich, aber auch bestimmte Obsthölzer, die allerdings recht teuer sind. > Die Scheite sollten fein gespalten (5–8 cm dick) und nicht länger als 30 cm sein, nur so fangen die Klötzchen gut Feuer und passen in den Grill.

Wenn die Scheite 30 bis 45 Minuten lang gebrannt haben, sollten sie eine regelmäßige Glut erreicht haben, die sich eignet, um erfolgreich mit dem Grillen zu beginnen. Gutes Brennholz beziehen Sie übrigens am unkompliziertesten beim Kaminholzhändler. Adressen erhalten Sie über den Waldbauernverband oder im Kleinanzeigenteil der regionalen Tageszeitung. Auf dem Land wird Brennholz häufig auch über einen Aushang im Supermarkt angeboten. > Sie könnten sich auch mit einer Axt in den Wald wagen, aber zu empfehlen ist das nur bedingt.

031 EINEN BAUM FÄLLEN

Einen Baum zu fällen gehört zu den Aufgaben, denen sich jeder Mann gerne stellen würde – wenn man ihn denn ließe. Allerdings: Es ist doch ganz gut, dass man nicht jeden Kerl, der eine Axt halten kann, einfach so in den Wald gehen lässt. Ein Baum fällt sich nicht so mal eben im Vorübergehen. Zum einen ist es gefährlich (ein ausgewachsener Baum bringt einige Tonnen auf die Waage – mehr als Sie mit bloßen Händen aufhalten könnten, falls sich der Baum, was die Fallrichtung angeht, nicht nach Ihren Wünschen richtet). Zum anderen sollten Sie Eigentümer des Baumes sein, dem Sie an den Kragen gehen. Es gibt also noch einiges zu klären, ehe Sie mit der Arbeit beginnen können. Doch gehen wir der Einfachheit halber mal davon aus, dass die Besitzrechte geklärt sind, Sie den Umgang mit der Axt bereits an einigen kleineren Stämmen geübt haben oder vielleicht sogar einen Kettensägen-Führerschein samt Maschine erworben haben. Dann dürfen Sie jetzt ran ans Holz.

| **DIE FALLRICHTUNG** | Ein Baum, dessen Stamm schräg gewachsen ist, fällt in der Regel auch in seine natürliche Neigungsrichtung. Ein Baum von stolzem und geradem Wuchs aber fällt in die Richtung, die Sie ihm vorgeben – wenn Sie sich nicht verrechnen. > Begonnen wird auf der in Fallrichtung zeigenden Seite mit einem „V", das bis zum Drittel des Durchmessers in den Stamm geschlagen oder gesägt wird. Der untere Schenkel des „V" ist gerade, der obere Schenkel geneigt. Dieses „V" fungiert später als Scharnier. Im Fachjargon nennt man es übrigens „Fallkerb". Wenn schließlich auf der der Fallrichtung gegenüberliegenden Seite des Baumes gesägt oder gehackt wird (und zwar etwa 30 cm oberhalb der bereits gesetzten Kerbe), wird es ernst. Dieser Schnitt ist der so genannte Fällschnitt. Bald wird diese wunderbare Klangcollage aus Knarzen, Quietschen und Rascheln zu hören sein, die den Sturz des Baumes begleitet. Er ist erlegt!

Wenn der Baum fällt, rufen Sie laut „Timber!" oder „Achtung, Baum fällt!" Als Holzfäller macht man das so – und auch, wenn Ihnen keiner zuhört, ist es Teil des Spiels, und Sie dürfen es genießen.

Bis aus einem gefällten Baum Brennholz wird, dauert es einige Zeit. Viele Stunden müssen an der Säge verbracht werden, wo der Baum in handliche Stücke von einem Meter, besser noch 30 cm Länge gestutzt wird. Es folgen einige Stunden am Spalter, wo aus dem Schnittholz Scheite werden. Erst dann gönnt man dem Holz Ruhe zum Austrocknen: Je nach Lagerung und Holzart dauert es zwischen eineinhalb und vier Jahren, bis die Restfeuchte so weit gesunken ist, dass das Holz problemlos verfeuert werden kann.

032 EIGENES HOLZ HACKEN

Holzhacken ist leider ein wenig aus der Mode. Kein Landwirt, der sein gesamtes Anwesen mit Brennholz versorgen muss (und in Ster und Raummeter statt in Scheiten rechnet), stellt sich noch an den Holzstock und schwingt die Axt. Das Spalten erledigt längst eine an den Starkstrom angeschlossene Maschine. Für Romantiker, Erholungssuchende, Freizeitsportler und Holzfreunde mit Kleinstbedarf ist das Holzhacken allerdings immer noch ein großer Spaß. Holz wird aus mehreren Gründen gehackt: Wenn es noch frisch ist, wird es gespalten, um schneller durchzutrocknen. Bei korrekter Lagerung (trocken und luftig) ist es dann bald brennfertig. Zudem brennt ein gehackter Scheit besser, je kleiner er ist, was besonders beim Grillen (im Smoker, auf dem Lagerfeuer oder unterm Rost) wichtig ist.

| **DIE RICHTIGE AXT** | Eine gute Axt hat eine scharfe und stabile Klinge, einen widerstandsfähigen Schaft, der viele Schläge übersteht, ohne Zähne oder Macken zu bekommen, und ein ordentliches Kopfgewicht. Zimmermanns- oder Schnitzäxte sind zum Holzhacken ungeeignet. Sie sind zu leicht – und ihre Schäfte sind viel zu kurz. Für eine hochwertige Axt muss man schon ein bisschen Geld investieren – um die 100 Euro. Billigere Äxte nehmen dem Holzhacken das Vergnügen, sind schnell unbrauchbar und außerdem gefährlich. Verwendet man eine Axt, die nicht in der Lage ist, in einem einzigen, lockeren Hieb ein Holzstück zu spalten, wendet man zu viel Kraft auf, ermüdet schneller und droht, sich zu verletzen.

| **PLATZ FÜR DEN KLOTZ** | Der Hackklotz ist Ihre Arbeitsgrundlage. Er sollte im Trockenen auf festem, nicht federndem Untergrund (zum Beispiel auf Asphalt) stehen, aus Hartholz bestehen, einen Durch-

messer von ungefähr 40 cm haben und in etwa kniehoch sein. Verwenden Sie für die Wahl des richtigen Klotzes ausreichend Zeit und Mühe. Der Klotz muss gut an Ihre Körpergröße angepasst sein, und er muss wie ein Fels stehen. Mal eben so auf dem nächstbesten Klotz zu hacken, kann Sie teuer zu stehen kommen und schmerzhaft sein. Den richtigen Klotz finden Sie beim Waldbauern oder im Brennholzhandel.

| **ZURECHTLEGEN UND ZIELEN** | Das zu spaltende Stück Holz platzieren Sie auf dem von Ihnen aus gesehen hinteren Drittel des Klotzes. Es muss stabil auf seinem (im Durchmesser) dickeren Ende stehen. Sie selbst treten ein gutes Stück vom Klotz zurück.

Heben Sie die Axt mit ausgestreckten Armen hoch über den Kopf und lassen Sie sie dann einfach nach unten fallen – locker und ohne allzu viel Kraftaufwand: Sie sollte alleine durch ihr Eigengewicht beschleunigen. So ist der Weg des Hiebes gerade und weicht nicht von der Spur ab. Haben Sie richtig gezielt, trifft der Schlag in der Mitte. Das Platzieren des zu spaltenden Holzstücks im hinteren Teil des Klotzes und das Ausstrecken Ihrer Arme hat einen tieferen Sinn: Verfehlt Ihr Axthieb aus Versehen sein Ziel, bleibt die Axt im Klotz stecken – und nicht in Ihrer Kniescheibe.

| **PLATZ DA** | Wird Holz gespalten, fliegen größere Späne als beim Hobeln. Sie sollten also darauf achten, dass weder Menschen noch Tiere die Flugbahn Ihrer frischen Scheite kreuzen können. In der Garage Holz zu hacken, gleich neben dem Regal mit Ihren Fabergé-Eiern und Sammeltassen, empfiehlt sich ebenso wenig wie in der Nähe eines Fensters oder einer frisch renovierten Fassade. Auch der eigene Körper ist gefährdet: Barfuß oder mit freiem Oberkörper Holz zu hacken, ist dämlich. Die Vorsichtigen tragen feste Kleidung, die Übervorsichtigen sogar Schutzbrille.

Ein Holzstück, das voller Äste steckt, kann sich als hartnäckig erweisen. Die Äste bremsen den flüssigen Schwung Ihrer Axt und blockieren die Schneide wie Schlagbäume eine Rennstrecke. Ein astiges und knorriges Stück lässt sich leichter hacken, wenn die Astknorren nicht quer durchtrennt, sondern so in ihrer Mitte anvisiert werden, dass sie sich der Länge nach spalten.

033 ÄPFEL MIT BIRNEN VERGLEICHEN

Verschiedene Harthölzer – besonders von Obstbäumen – entwickeln bei der Verbrennung spezielle Raucharomen, die dem Grillgut eine besondere Geschmacksnote verleihen können. Wie schon erwähnt, ist das Holz von Obstbäumen nicht besonders günstig in der Anschaffung. Zum einen wird ein gesunder Obstbaum in der Regel nicht gefällt, denn er macht ja einen guten Job: Er produziert Obst. Zum anderen werden Obstbäume nicht hoch, und ihr Wuchs ist verwinkelt und krumm. Die Voraussetzungen sind also nicht die besten, wenn man aus einem Obstbaum günstiges Brennholz gewinnen will.

Wenn Sie mit Holzaromen würzen wollen, haben Sie zwei Möglichkeiten: Entweder Sie entfachen ein komplettes Feuer aus dem Holz Ihrer Wahl, was jedoch, wie gesagt, einiges kosten wird und zudem zu einer Über-Aromatisierung führen kann. Besser ist es, nur Teile des Wunschholzes zu verwenden (Räucherchips, Räucherhölzer oder Pellets) und sie als dezente Aromaspender zusätzlich zur Glut zu geben. > Das verwendete Holz sollte unbedingt naturbelassen sein. Pressspanplatten gehören ins Regal, Holzabfälle auf den Wertstoffhof. Das Holz darf keine Lackierung, Lasierung oder Imprägnierung erfahren haben oder mit Ölen und Wachs behandelt worden sein. Unbehandelte Buche ist der Klassiker unter den heimischen Grillhölzern, doch erst Obstbaumholz gibt den gewissen Kick. > Das richtige Holz verleiht dem Rauch eine angenehme Note.

AKAZIE: Ihr Holz gibt ein mildes Aroma ab, das besonders gut zu Rindfleisch passt. Aber Vorsicht: Verwendet wird nur echte Akazie. Die in Deutschland heimische Robinie wird zwar auch gerne Akazie genannt, treffender allerdings ist die Bezeichnung „falsche Akazie" oder „Scheinakazie". Nur die echte Akazie, die in tropischen und subtropischen Gebieten wächst, ist als Aromaholz geeignet. **APFEL:** Nicht nur die Frucht des Baums kann süß schmecken, auch das Holz entwickelt ein süßes und fruchtiges Raucharoma, das zu nahezu allen Fleischsorten passt. Besonders gut lässt sich mit dem Apfel-Aroma ein Stück Schweinenuss zum Schinken veredeln. **AHORNHOLZ:** Falls Sie einen Käse auf dem Grill smoken wollen, hilft etwas Ahornholz. Sein mild-rauchiges, leicht süßliches Aroma passt außerdem ideal zu Schweinefleisch und Geflügel. **APRIKOSE:** Im Frühjahr sind die Blüten des Baums eine Augenweide, im Sommer können Sie die Früchte auch auf dem Grill zubereiten, und wenn der Baum mal fallen muss, können Sie sein Holz astrein zum Grillen verwenden. Das Holz der Aprikose oder Marille verströmt ein mildes und süßes Aroma, ähnlich dem Hickory-Holz. Es passt zu allen Fleischsorten. **BIRNE:** Das holzig-süße Aroma umschmeichelt Geflügel und Schweinefleisch. **FLIEDER:** Für Grillgut aus dem Meer sowie für Lamm sehr gut geeignet. Entwickelt sich subtil und hat ein leicht blumiges Aroma. **HICKORY:** Hier handelt es sich um ein sehr hartes und seltenes Walnussgewächs, das nur noch in Nordamerika und Ostasien beheimatet ist. Es verleiht allen Fleischsorten ein scharfes, rauchiges, fast schinkenartiges Aroma und ist das beliebteste Räucherholz in den USA. Außer zum Grillen eignet sich das Holz auch hervorragend zur Herstellung von Schlagzeugstöcken, als Bogenholz oder als Beimischung für die Schäfte von Golfschlägern. **KIRSCHE:** Nicht nur bei der Möbelproduktion begehrt. Besonders das Holz der europäischen Wildkirsche ist auch unter Grillern sehr beliebt. Sein fruchtig süßes Raucharoma ist für Fisch und Fleisch gleichermaßen geeignet. **MANDEL:** Wie die Frucht, so das Holz. Nussartiges, leicht süßliches Aroma, das problemlos alle Fleischsorten veredelt. **MESQUITE (SÜSSHÜLSENBAUM):** Erst der Rauch dieses Holzes macht aus der gewöhnlichen Jalapeño-Chili die begehrte Chipotle. Sein kräftiges erdiges

Aroma ist außer zum Räuchern von Chilis auch bestens für andere Gemüsearten, Rindfleisch und Geflügel geeignet. ORANGE: Aus diesem Edelholz werden unter anderem Messerblöcke hergestellt. Wenn es beim Grillen verbrennt, freuen sich Rindfleisch, Schweinefleisch und Geflügel über seine milden, fruchtig-frischen Aromen. PFLAUME: Das dunkelrotbraune Holz der Pflanze trocknet nur sehr langsam. Dafür dringt sein fruchtiges, intensives Aroma schnell in Wild oder Geflügel ein. WALNUSS: Passt besonders gut zu rotem Fleisch. Das Holz der Walnuss sollten Sie allerdings nicht exklusiv zum Grillen verwenden, da es einen bitter-schweren Geschmack verursachen kann. Mischen Sie es besser mit hellerem Holz wie Apfel oder Pekan. WEINREBEN: Holzkohlen aus Weinreben glühen in Rekordzeit (in nur wenigen Minuten), aber ihre Hitze reicht nur für etwa 20 Minuten. Räucherchips aus Weinreben sind allerdings ökologisch sinnvoll, da sie aus dem Verschnitt der Weinstöcke angefertigt werden.

034 RÄUCHERCHIPS VERWENDEN

Sie sehen aus wie Schnitzabfall, sind aber deutlich teurer. > Räucherchips machen sich dennoch auf immer mehr Grills breit. Damit Chips einigermaßen Aroma entwickeln können, müssen Sie ihnen Zeit geben und für reichlich Rauchentwicklung sorgen. Rauch entwickeln Räucherchips besonders gut, wenn sie feucht sind. Deshalb sollten sie vor dem Gebrauch mindestens eine Stunde lang in Wasser eingelegt werden. Das feuchte Holz wird dann (entweder direkt oder in einer speziellen Räucherbox) auf der Glut verteilt.

Beim „Chippen“ muss indirekt gegrillt werden. Für diese spezielle Art des Grillens sind alle Arten von Smokern geeignet. Bei allen anderen Grills muss ein verschließbarer Deckel zur Verfügung stehen. Der Rauch muss das Grillgut geduldig umschmeicheln können: Fleisch, das nur kurz mit dem Rauch von Chips in Berührung kam, verspricht keine Geschmacksüberraschung. Sie werden kaum etwas von den Räucheraromen bemerken.

035 ZAPFEN AUFS FEUER LEGEN

Zapfen im Grill? Klingt zwar komisch, kommt aber durchaus vor. > Bei der traditionellen Herstellung der Coburger Bratwurst ist die Verwendung von Kiefernzapfen sogar Pflicht. Der Rauch, der entsteht, wenn das Harz der Zapfen verbrennt, gibt den Würsten erst ihren besonders rauchigen, würzigen Geschmack. Und auch andere Experimente können sich lohnen: Pinienzapfen zum Beispiel können einem guten Stück vom Rind ein besonderes Aroma verleihen. Wenn Sie Zapfen zum Grillen verwenden wollen, empfiehlt sich allerdings, diese nur als Beigabe (und nicht als alleiniges Brennmittel) auf die Glut zu geben, um die gewünschten Raucharomen zu erzeugen.

„Ja, aber", so hören wir Sie sagen, „der Gesundheitsfanatiker rät doch vom Gebrauch von Zapfen beim Grillen ab, da sich beim Verbrennen größere Mengen an krebserregendem Benzopyren bilden!" Richtig, das stimmt – der Gesundheitsfanatiker, dieser alte Spaßverderber, hat schon recht, aber er sagt ja auch: „Grillen Sie alles nur in Aluschalen und auf dem Elektrogrill." Er ist ein Feind allen Vergnügens. > Das bedeutet: Die Dosis macht das Gift. Wenn Sie Lust auf den ganz speziellen Geschmack von Zapfen haben, nur zu. Sie sollten es nur nicht übertreiben und ausschließlich und ständig mit Zapfen grillen.

036 PELLETS ZUR GLUT GEBEN

Der neueste Trend im Grillsport, was Brennstoffe angeht, sind Pellets. Bei Pellets handelt es sich um sehr dicht gepresstes Hartholz, das im Unterschied zu den auch Pellets genannten Presswürsten für die Heizung ganz ohne Bindemittel auskommt. Durch die komprimierte Dichte geben die kleinen Holzwürmchen, die ein bisschen so aussehen wie kleine Erdnussflips, große Wärmemengen ab und verbrennen dabei sehr langsam. Pellets werden in der Regel für Pelletgrills verwendet, was ja durchaus sinnvoll klingt. > Was viele aber nicht wissen: Man kann Pellets auch auf jedem anderen Grill zur Glut geben, um

– ähnlich wie durch die Räucherchips – einen intensiven rauchigen Geschmack zu erzeugen. Im Handel sind Packungen sortenreiner Pellets (aus nur einer einzigen Holzsorte) oder gemischte Pellets (aus verschiedenen Holzsorten) erhältlich. > Dabei variiert der Preis für ein Kilo je nach Hersteller und Sorte zwischen einem und drei Euro. Der Verbrauch hängt maßgeblich von der Temperatur im Garraum ab. Irgendwie logisch: je heißer, desto mehr Pellets müssen verfeuert werden. Als Richtwert gilt: Für eine konstante Temperatur von 100 Grad reichen 400 Gramm pro Stunde. Rechenbeispiel: Wenn Sie 300 Grad benötigen, steigt der Verbrauch auf 1,2 Kilogramm pro Stunde.

037 KOHLE UND BRIKETTS ANFEUERN

Unter dem Rost fast aller Sport- und Freizeitgriller liegt Holzkohle. Um es kurz zu erklären: Sie entsteht, wenn ganz normales Holz mit wenig Sauerstoff verbrennt. Die Herstellung ist natürlich ein wenig aufwändiger; wir werden versuchen, sie Ihnen im Abschnitt *Selbst köhlern* (Seite 84) ausführlich zu erläutern. Beim Prozess des Köhlerns, in dessen Verlauf dem Holz fast seine gesamte Flüssigkeit und sämtliche Stoffe, die Geruch und Rauch erzeugen, entzogen werden, braucht man recht viel Geduld, aber, wie gesagt, dazu später mehr. > Holzkohle hat am Ende nur noch einen Wasseranteil von zwei bis drei Prozent. Sie heizt zuverlässig, geschmacksneutral, brennt heißer als das Ursprungsholz und hält die Hitze länger. Am Grill kann sie Temperaturen von 220 bis über 350 Grad erzeugen – je nachdem, wer sie hergestellt hat und wie sie gelagert wurde. Die Kosten für ein Kilo dieses Brennstoffs variieren zwischen 80 Cent und zwei Euro. Oft kostet die Holzkohle auch mehr, vor allem dann, wenn sie traditionell geköhlert ist. Holzkohle eignet sich besonders für Grillgut, das schnell und zügig (und dementsprechend auch direkt) gegrillt werden soll.

| **DIE RICHTIGE KOHLE** | Wenn Sie es sich zum Ziel gesetzt haben, ökologisch korrekt zu grillen, sollten Sie Holzkohle aus einheimischen Holzarten wie Buche oder Eiche wählen. Doch das ist gar nicht

so einfach, denn Bio-Kohle ist nur schwer erhältlich. > Gute Qualität könnten Sie an unregelmäßig großen Kohlestücken im Sack erkennen. Allerdings wird Ihnen kein Händler erlauben, einen Sack Kohle zu öffnen, um die Qualität des Inhalts zu beurteilen. Schütteln Sie den Sack. Wenn es metallisch klirrt, ist die Qualität hoch, weil sich nur wenig Bruch und viele große feste Stücke Kohle darin befinden. > Leider gibt es nur sehr wenige kleine Köhlereien, die überhaupt Holzkohle aus deutschem Baumbestand anbieten, und nur einen einzigen großen heimischen Anbieter, der sich ermitteln lässt: „Pro Fagus". Im Weserbergland in der Nähe von Göttingen stellt dieser – nach eigenen Angaben – jedes Jahr bis zu 30 000 Tonnen Grillkohle und Briketts aus Buchenholz her. Das Holz wird übrigens nicht speziell für die Kohleproduktion gefällt, sondern fällt als Restholz bei der Möbelherstellung ab. Wie praktisch. Schade, dass nicht mehr Unternehmen aus der Branche auf diese Idee kommen.

Falls die heimische Holzkohle Ihnen zu teuer oder gerade nicht verfügbar ist, können Sie auf Holzkohle aus Südamerika, Afrika oder Polen zurückgreifen. Was sich leider nicht auf den ersten Blick erkennen lässt: Die Anbieter der Kohlesäcke sind deutsche Zwischenhändler. Diese importieren die Kohle lediglich, sieben sie und verpacken sie. Sie können aber eine Mindestanforderung an Ihr Gewissen stellen: Bevor Sie zu einem Sack Kohle greifen, prüfen Sie bitte zumindest, ob darauf das „FSC-Siegel" aufgedruckt ist. Der „Forest Stewardship Council" achtet auf einigermaßen strenge Standards und führt Kontrollen am Herkunftsort des Holzes durch.

| **KOHLE AUS JAPAN** | In Japan gibt es eine Steineichenart, die eigens zur Herstellung von Holzkohle angebaut wird. Der Baum heißt „Ubame Gashi" und die daraus gefertigte Holzkohle „Binchotan". Diese besondere Kohlenart ist hart wie Eisen, sie bröckelt und schwärzt nicht und sieht erstaunlich ansprechend aus. Und sie ist nicht nur schön anzusehen, sie kann auch noch mehr als nur zu brennen: Wer die Holzkohle nicht verfeuert, kann sie sich ins Regal oder in die Küche stellen und damit Luft und Wasser filtern. Die labyrinthartige Struktur des Holzes macht das möglich.

| **HOLZKOHLEBRIKETTS** | Wenn es an den Rost geht, werden neben Holzkohle vor allem Briketts aus dem Sack geschüttelt. Meist deshalb, weil sie – so ungefähr ab März – von jeder Dorftankstelle und jedem Baumarkt palettenweise angeboten und säckeweise verkauft werden. Briketts sind aber auch wegen ihrer Grilleigenschaften beliebt. > Im Vergleich zu Holzkohle brauchen sie länger, um richtig durchzuglühen und erreichen nicht dieselbe Höchsttemperatur, dafür halten sie die Hitze jedoch über einen längeren Zeitraum konstant hoch. Für Grillgut, das lange auf dem Rost verweilen soll, sind sie die richtige Wahl. Doch was im Brikett steckt, weiß eigentlich niemand so genau. > Im Idealfall wird Kohlestaub mit Wasser und einem pflanzlichen Kleber wie Stärke vermischt und schließlich gepresst. Aber: Manchmal werden zusätzlich Anzündhilfen beigemischt, damit das Brikett schneller und immer und überall Feuer fängt. > Das Kilo Briketts kostet manchmal nur 60 Cent und manchmal bis weit über zwei Euro, aber wie so oft ist hier nicht nur der Preis für die Qualität ausschlaggebend. Mit viel Glück erwischen Sie sogar beim Discounter eine Ladung Briketts, die gute Brenneigenschaften aufweist. Aber trotzdem: Bei Billig-Briketts kauft man immer die Katze im Sack. Die Zulieferer der sie anbietenden Zwischenhändler wechseln, und plötzlich kann ein Beutel, der nur zwei Paletten weiter steht, einen völlig anderen Inhalt haben, als der Beutel der ersten Palette – obwohl sie in der gleichen Verpackung und zum identischen Preis verkauft werden. Bei Markenbriketts kann das seltener passieren, aber auch hier haben Sie keine hundertprozentige Sicherheit, was alles in den Briketts steckt. Haben Sie Glück beim Einkauf, sollten Sie handeln. Wenn Sie eine gute Charge erwischt haben, kehren Sie sofort zurück an den Ort Ihres Einkaufs und kaufen gleich mehrere Säcke auf Vorrat.

Egal, welche Briketts Sie verwenden: Sie sollten sie immer gut durchglühen lassen, bis sie alle im vollen Umfang von einer weißen Ascheschicht umhüllt sind. Schon vorher mit dem Grillen zu beginnen (also solange das Feuer noch lodert), ist Unsinn. Sonst gelangen mit dem Rauch, der dann noch entsteht, gesundheitsschädliche Stoffe direkt ins Grillgut.

| BRIKETTGESCHICHTE | Bis zu dem Zeitpunkt als, irgendwann im Laufe des Jahres 1972, der fünfzehnmillionste VW-Käfer vom Band lief, galt das „T-Modell", ein Fahrzeug der Marke Ford, das auch „Tin Lizzie" genannt wurde, als meist verkauftes Automobil der Welt. Warum Sie das wissen sollten? Nun, vielleicht deshalb, weil Henry Ford in den 20er-Jahren beim Anblick des gewaltigen Berges an Holzabfällen, die in seiner Autofabrik bei der Herstellung von Furnieren und Verkleidungen anfielen, eine zündende Idee hatte, die wir heute noch bewundern. Statt die Holzspäne einfach in den Müll zu geben, entwickelte er zusammen mit seinem Kompagnon E.G. Kingsford ein Verfahren, das es ermöglichte, aus den Holzresten Holzkohlebriketts zu pressen. Die Methode hat sich mittlerweile geändert, aber auch heute noch gibt es in den amerikanischen Baumärkten Kohlebriketts der Marke „Kingsford" zu kaufen.

038 KOKOSBRIKETTS ENTDECKEN

Mit zwei Kokosschalen lässt sich eine Menge sinnvoller Dinge anstellen: Ein versierter Geräuschemacher zum Beispiel kann damit das Geräusch eines Pferdes im gemütlichen Schritt imitieren („kab, kaa, kab, kaa, kab"), er kann es ohne Mühen in den Trab wechseln lassen („karabb, karabb, karabb, karabb"), und sogar in den Galopp („Karrumms, Karrrrummms, Kaarrrumms, Karrummms"). Die Profis unter den Geübten bauen sogar noch einen Sturz nach Schusswechsel („Karrrummm, Karrrrrr, Krrrrr, Kab, Krrr") in die Vorführung mit ein und beweisen somit nicht nur ihre Eignung für die Vertonung im Dokumentar-, sondern auch im Spielfilmbereich.

Der geübte Griller hingegen verfolgt andere Ziele: Er hat Hunger – Geräusche sind ihm einerlei. Kokos allerdings hat er längst auch für sich entdeckt: Er liebt die raue Schale der Südfrucht, wenn sie zum Brikett gepresst worden ist. > Kokosbriketts werden in den unterschiedlichsten Macharten angeboten, natürlich auch in der bekannten Form als Holzkohle-Eier-Briketts. Sie kosten von 80 Cent pro Kilo bis über drei Euro und haben, natürlich, nur Vorteile:

Sie werden aus Abfallprodukten hergestellt, die bei der Kokosöl- oder Kokosmilchproduktion anfallen. Das ist praktisch und umweltfreundlich: Keine Frucht wird verschwendet, und kein einziger Kokosbaum muss fallen, damit Briketts gefertigt werden können. Kokos ist ergiebig: In einer Tüte Briketts findet sich kaum nutzloser Bruch. Sie glühen in der Regel genauso schnell durch wie herkömmliche Holzkohlebriketts, halten die Hitze aber deutlich länger. So erweisen sie sich, gerade an ausgedehnten Grillabenden, als besonders sparsam. Briketts aus Kokos sind extrem geruchsarm und rauchen kaum.

In anderen Kulturen oder Kulturkreisen mag mit anderen Brennstoffen hantiert werden: mit Kuhdung, Torf oder Autoreifen zum Beispiel. Bei der Arbeit an diesem Buch haben wir nur mit den Klassikern experimentiert. Der Ursprung all dieser Brennstoffe war immer ein Baum. Wie aus Holz Kohle wird, steht im nächsten Abschnitt.

Originär: Holz

Aromatisch: Chips + Zapfen

Sparsam: Pellets

Heiß: Holzkohle

Langlebig: Briketts

Ökologisch: Kokosbriketts

039 SELBST KÖHLERN

Schlechte Nachrichten: Es gibt keine echte Kohle mehr. Wie auch? Der Beruf des Köhlers ist in ganz Europa nahezu ausgestorben. > Die Holzkohle, die wir heute in Bau- und Supermärkten kaufen, stammt fast ausschließlich aus China sowie aus anderen Schwellenländern Asiens und Südamerikas und kann mit dem ursprünglichen Traditionsprodukt nicht mehr mithalten. Die industrielle Herstellung von Holzkohle existiert zwar bereits seit dem Ende des 19. Jahrhunderts, sie hat aber mit der jahrhundertealten Handwerkskunst des Köhlerns nur noch wenig gemein. In den Fabriken kommt das Holz in gigantische Stahlbehälter, so genannte Retorten, wo es unter Luftausschluss auf eine Temperatur zwischen 800 und 1000 Grad Celsius erhitzt wird. Ganz im Gegensatz zum klassischen Köhlern, wo in Meilern gefertigt und nur mit Temperaturen bis 350 Grad gearbeitet wird.

Die Folge: Industriell hergestellte Holzkohle ist schon in wenigen Stunden fertig, während die Herstellung im Erdmeiler viele Tage dauert. Das moderne Verfahren macht es natürlich einfacher, gleichbleibende Qualität zu produzieren und anzubieten – hierin aber liegt auch schon der einzige Vorteil. > Echte Köhler schwören auf ihr handgemachtes Produkt: echte Holzkohle von individueller Gestalt, aber dennoch hoher Qualität, die sich zum Beispiel dadurch auszeichnet, dass mit ihr höhere Temperaturen im Grill erreicht werden können. Leider nur schwören immer weniger: Die Köhler, die das nötige Fachwissen besitzen, sind so selten geworden, dass Köhlern heute fast nur noch von privaten Vereinen ausgeübt wird und weniger dem Verkauf des Produkts als vielmehr der Unterhaltung von Touristen dient.

| **DER EIGENE MEILER** | Sollten Sie die Muße haben, können Sie Holzkohle auch selbst herstellen. Allerdings gibt es leichtere Aufgaben. Das Köhlern ist eine äußerst aufwändige Angelegenheit. Es ist ein harter und schmutziger Job.

| **AM ANFANG IST DAS HOLZ** | Sie benötigen Holz, sehr viel Holz sogar. Für die Herstellung mehrerer Säcke Holzkohle von etwa 100

Kilogramm Gesamt-Füllgewicht benötigen Sie das Zehnfache, also ungefähr ein Ster Holz. Aber gut, Sie haben es nicht anders gewollt. Wenn schon, dann sollten Sie es auch richtig machen: Besorgen Sie sich nicht irgendein Holz, sondern hartes Buchenholz.

Suchen Sie sich einen schönen Flecken Erde. Eben sollte er sein, denn die Holzpaletten, aus denen Sie hier später eine so genannte Meilerbrücke errichten, sollten plan aufliegen können. Stecken Sie zunächst vier etwa 1,50 Meter lange Buchenstangen senkrecht in die Erde. Die Stangen bilden die Ecken eines Quadrats mit etwa 20 cm Seitenlänge und müssen stabil verankert sein. Um zusätzliche Stabilität zu schaffen, können Sie oben und unten Querstreben aus Holz anbringen. Die Konstruktion markiert die Mitte des späteren Meilers. Wenn der Meiler in Betrieb ist, fungiert sie als eine Art Kamin. Der Köhler nennt diesen Buchenstangenkamin „Quandel". Als nächstes platzieren Sie die Holzpaletten rund um den Quandel.

In den Quandel und um ihn herum wird bis ganz nach oben eine Lage trockenes, harzhaltiges Holz (zum Beispiel Fichte oder Tanne) geschichtet. Dieses leicht brennbare Material entfacht das Feuer Ihres Meilers und wird Zündkegel genannt.

Um das harzhaltige Holz herum schichten Sie nun, immer im Kreis und hochkant, das etwa ein Meter lange Buchenholz. Vermeiden Sie beim Schichten zu großzügige Zwischenräume; schließlich wollen Sie in Ihrem Meiler möglichst wenig Luft. Das Holz soll nicht verbrennen, sondern lediglich schwelen.

| **EIN DACH DECKEN** | Wenn Sie mit dem Schichten des Holzes fertig sind, benötigt Ihr Meiler noch ein Dach. Am schnellsten dichten Sie alles mit Tannenzweigen ab. Schichten Sie die Tannenzweige rundherum von unten nach oben, bis das komplette Holz ordentlich abgedeckt ist. Zum Schluss bedecken Sie die gesamte Konstruktion mit Erde (besser noch mit einem Lehm-Kohlenstaub-Gemisch). Die Erde muss den Meiler vollständig bedecken und abdichten. Nur ganz oben in der Mitte (dort, wo der Quandel herausragt) sollten Sie eine

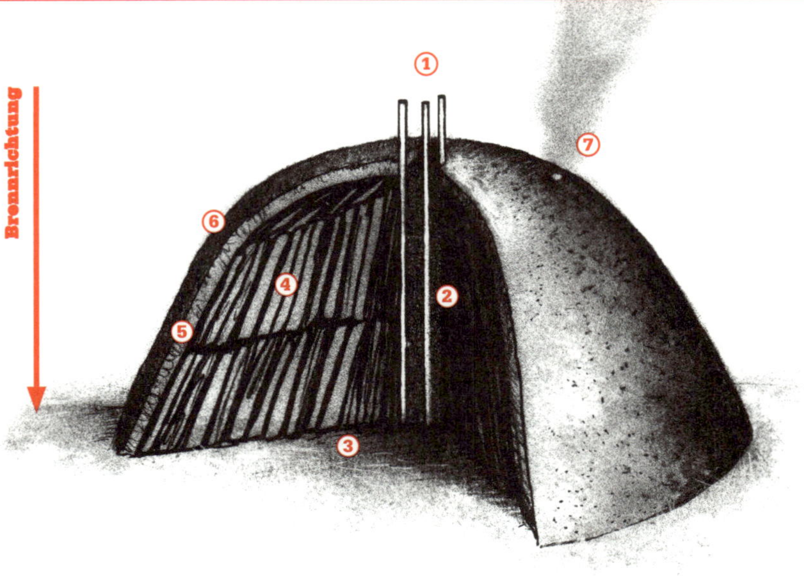

**Der Meiler schwelt von oben nach unten.
Die ersten Feuerlöcher werden in einem Kranz ganz oben gesetzt,
um die Farbe des Rauchs zu kontrollieren; dann immer
weiter unten – bis hin zum Boden.**

1 Quandel 2 Füllholz 3 Meilerbrücke 4 Buchenscheite 5 Zweige 6 Erde 7 Feuerloch

Öffnung lassen – hier wird Ihr Meiler entzündet. Zum Glätten und Festdrücken der Meiler-Erde empfiehlt sich eine Schaufel. Würden Sie nur mit den Händen arbeiten, wären Sie sehr lange beschäftigt. Der Bau Ihres Meilers ist nun abgeschlossen.

| **DAS FEUER ENTZÜNDEN UND ABWARTEN** | Jetzt brauchen Sie Reisig oder Holzwolle, das beziehungsweise die Sie von oben in die kleine Öffnung streuen, um dort ein Feuer zu entzünden. > Erst wenn es im Inneren zuverlässig brennt, dichten Sie auch dieses Loch mit Erde ab. Nun beginnt das eigentliche Vergnügen – das allerdings seine Zeit braucht. Ihr Mini-Meiler wird Sie vermutlich nicht länger als

24 Stunden beschäftigen. Wirklich große Meiler mit vielen Metern Durchmesser müssen dagegen schon mal länger als eine Woche bewacht werden. Während des Köhlerns dürfen Sie Ihren Meiler nicht aus den Augen lassen. Im Idealfall haben Sie in seiner Nähe ein Zeltlager bezogen und sich mit den nötigsten Lebensmitteln versorgt. Der Meiler benötigt Zuwendung: Ständig muss überprüft werden, wie es um die Glut steht. Hören Sie es knacksen, brennt im Inneren Holz – das möchten Sie nicht. Also verdichten Sie den Meiler so schnell wie möglich. Stechen Sie mit einem Holzstab zwei, drei kleine Löcher bis ins Innere des Meilers. Der Rauch, der Ihnen entgegenkommt, gibt Ihnen Auskunft über den Zustand des inneren Kerns.

Die Farbe des Rauchs wechselt dabei in einer bestimmten Folge: von rußig dunkel über weiß bis (zum Ende hin) bläulich transparent. Es ist ein bisschen wie bei der Papstwahl. Allerdings warten Sie nicht auf weißen, sondern auf bläulichen Rauch – nur der signalisiert Ihnen, dass Sie alles richtig gemacht haben und das Ende des Prozesses erreicht ist.

| **GEREGELT KÖHLERN** | Die Glimmstärke im Inneren des Meilers regeln Sie mittels der Zufuhr von Sauerstoff durch die Luftlöcher. Das erfordert Fingerspitzengefühl: Im Inneren darf zu keinem Zeitpunkt offenes Feuer lodern, die Glut darf aber auch nicht erlöschen. Ein Rezept dazu gibt es nicht. Der Köhler nutzt seine Erfahrung. > Ihnen bleibt nichts anderes übrig, als zu üben und zu hoffen. Eine ganze Reihe von Faktoren spielt hier eine Rolle: die Größe des Meilers, die Witterung, das Holz, der Wind – vor allem aber die Dichtigkeit Ihres Meilers.

| **DEN MEILER KONTROLLIEREN** | Hin und wieder müssen Sie mit einem Brett oder einer Schaufel kräftig gegen den Meiler schlagen, um die entstandenen Hohlräume wieder zu schließen. Diese entstehen, weil das Holz Flüssigkeit verliert und so schrumpft. Der Meiler wird im Verlauf des Köhlerns knapp ein Drittel seiner Größe einbüßen. Wenn bis dahin alles gut gegangen ist, wird aus seinem Inneren bläulicher, leichter Rauch entweichen – dann ist es so weit. > Öffnen

Sie den Meiler vorsichtig mit einem Gartenrechen aus Metall, und legen Sie die Holzkohle behutsam frei. Wenn zu diesem Zeitpunkt starker Wind herrscht, löschen Sie die Kohle zusätzlich mit Wasser ab. Falls es dagegen windstill ist, können Sie die Kohle auch auf feuchtem Gras auskühlen lassen. Wenn die Kohle vollständig erkaltet ist, verpacken Sie sie in Papier- oder Jutesäcke.

040 ENDLICH DEN GRILL ANZÜNDEN

Um ein Feuer zu entfachen, um Briketts und Kohle zu entzünden (ob im Anzündkamin oder direkt im Grill), ist flüssiger Anzünder eine schlechte und ungeschickte Wahl. Er ist zum einen gefährlich, zum anderen nicht geschmacksneutral – und drittens absolut überflüssig. > Die Kohle im Anzündkamin lässt sich ebenso leicht mit einem Bogen zusammengeknülltem Zeitungspapier anzünden. Und genauso gut eignen sich feste Anzünder auf Paraffinbasis oder Holzwolle-Zündhilfen. Diese sind absolut geschmacksneutral, leicht zu handhaben und hinterlassen keinen Petroleumgeschmack auf Fleisch, Fisch, Gemüse – und allem anderen, was sonst noch auf den Grill kommt.

| **SELBST GRILLANZÜNDER HERSTELLEN** | Grundsätzlich können Sie jede Art Späne von unbehandeltem Holz (Schnitzabfälle zum Beispiel) direkt unter den Grillkamin legen und entzünden. > Sie könnten sich auch selbst Anzünder auf Vorrat anfertigen.

Erhitzen Sie Reste von Wachskerzen (keine Duftkerzen!) in einem Topf, bis das Wachs flüssig wird. Stellen Sie eine leere Küchenrolle auf einen flachen Untergrund (zum Beispiel einen Teller) und füllen Sie diese mit Holzspänen. Stopfen Sie gut nach – es ist wichtig, dass nicht zu viele Luftzwischenräume entstehen. Gießen Sie vorsichtig das flüssige Wachs in die Rolle. Lassen Sie das Wachs etwas erhärten und stopfen Sie von oben erneut Holzspäne nach. Gießen Sie nochmals flüssiges Wachs in die Rolle, bis es nach oben hin abschließt. Lassen Sie alles erkalten und schneiden Sie dann von der festen Rolle einzelne Scheiben von ungefähr 2 cm Dicke ab.

041 DIE SCHWEIZER METHODE

Auch bei der Reihenfolge, in der Brennmaterial aufgeschichtet wird, ist man nicht sonderlich einfallsreich. Über einen Anzünder oder zerknülltes Papier kommen Holzspäne oder dünnes Anfeuerholz. Brennt alles, werden immer größere Scheite darübergestapelt oder aneinandergelehnt und zu einer Pyramide geschichtet. Dann lässt man das Feuer lodern. Diese Methode haben wir schon als Kinder beigebracht bekommen. Sie erscheint sinnvoll und praktisch, deshalb wird sie auch nicht hinterfragt. Dass das Brennholz dabei besonders in den ersten Minuten schadstoffreich und hässlich raucht, stört uns nicht. Schade. Denn es gibt Hoffnung. Unter Besitzern von Kachel- und Werkstattöfen macht seit einiger Zeit eine Praxis die Runde, die geheimnisvoll als „Schweizer Methode" gehandelt wird und auch am Grill funktioniert. Der Name der Methode mag sich eingebürgert haben, weil es das „Amt für Umweltschutz des Kantons Zug" war, das erstmals einen Lehrfilm zur richtigen Vorgehensweise beim Feuermachen veröffentlichte. Der Film „Richtig anfeuern" zeigt, wie es auch geht – und wie ein Holzfeuer angenehm wenig Rauch entwickeln kann.

| **EIN FEUERGITTER WIRD ZUR KERZE** | Legen Sie drei oder vier große Holzscheite auf dem Feuerrost oder einem Grillboden parallel nebeneinander – wie bei einem Lattenrost. Darüber werden, um 90 Grad versetzt, weitere, kleinere Scheite gelegt, so dass eine Gitterstruktur entsteht.

Man kann den Stapel beliebig erhöhen und muss nur darauf achten, dass die Scheite immer kleiner werden. Die letzte Schicht besteht aus dem gleichen Material, das bei der herkömmlichen Methode zuunterst liegt: Anzündholz, Späne und ein Grillanzünder. Entzündet man das Feuer nun von oben, brennt es nach unten ab, bei geringer Rauchentwicklung. Wie bei einer Kerze. Komisch. Keiner käme je auf die Idee, eine Kerze verkehrt herum aufzuhängen.

60
40
80
20
100
0
120
°C

TECHNIKEN

DAS DIREKTE GRILLEN

Glut muss Methode haben. > In den Vorgärten wird aufgerüstet: Raffinierte Smoker, luxuriöse Kugelgrills und andere Hightech-Geräte haben längst die Grillplätze erobert. Die teuren Gran-Turismo-Supergrills gleichen häufig eher Außenküchen als Gartengrills. Tolle Teile – sie könnten völlig neue Grillhorizonte eröffnen. Doch das Problem dabei ist: Nur wenige beherrschen sie. Viele Möglichkeiten bleiben ungenutzt. Auf neun von zehn Grillpartys sieht man die Gastgeber, mit Grillzange und Bier bewaffnet, überfordert an der Maschine stehen und verzweifelt auf schwarz verkohlte Würste blicken. Selbst diese einfachste Methode der Zubereitung – das direkte Grillen – scheint sie zu überfordern. Oft fehlt aber einfach nur ein wenig Grundlagenwissen. Viele Sonntagsbrutzler, die sich für wahre Grillgroßmeister halten, glauben immer noch, der Deckel ihres Grills sei einzig dafür gut, den Rost vor Regen zu schützen. Es sind auch schon Spezialisten dabei beobachtet worden, wie sie den unteren Kohlerost aus ihrem Kugelgrill entfernen: „He, darauf hat ja viel zu wenig Fleisch Platz", denken sie. Dass auf diesem Rost die Kohle platziert werden sollte, hätten sie problemlos der Bedienungsanleitung entnehmen können. Aber die – wer braucht denn so was – haben sie längst verfeuert, ohne darin geblättert zu haben.

Es würde uns eine große Freude machen, wenn jeder Mann die Möglichkeiten seines Grillgeräts in Zukunft voll ausschöpfen würde. Wenn er mit seiner kompletten Ahnungslosigkeit Schluss macht und sich die Zeit nimmt, zumindest die grundlegenden Grilltechniken zu erlernen. Denn, das gilt beim Grillen genauso wie in der Küche: Das Gericht entscheidet, wie Sie es zubereiten müssen – nicht Sie entscheiden, wie ein Gericht zubereitet werden muss. Egal, welche Ansprüche es stellt, egal, ob Sie braten, backen oder räuchern müssen – am Rost ist alles möglich.

| **WAS IST DIREKTES GRILLEN?** | Der Deutsche gilt gemeinhin als pünktlich, zuverlässig und direkt – was seine Grillmethodik angeht, stimmt das ohne jeden Zweifel. Er legt das Grillgut direkt über die

Glut, völlig unverspielt, zuverlässig in die Mitte. Umluft hält er für faulen Zauber, langsames Garen für Zeitverschwendung. Diese Methode des direkten Grillens ist an sich kein Frevel, aber es ist eben auch die einfachste und fantasieloseste Art, um Grillgut zu garen. Alles, was schnell durchgegart werden soll – Würstchen, Spieße, Koteletts oder Steaks – erfordert hohe Temperaturen. Da ist es schon richtig, direkt zu grillen: Das Grillgut bleibt innen saftig und außen knusprig.

Aber die Sache hat einen unschönen Haken: Wenn Sie den richtigen Moment verpassen, wird aus Ihrem Dry-Aged-Bio-Beef schnell ein ungenießbares Stück Fleischbrikett. Beim direkten Grillen sollten Sie nie Ihren Posten neben dem Grill verlassen. > Wegen der hohen Temperaturen treten außerdem Öle und Fette aus dem Fleisch aus, die für Flammenbildung sorgen. Auch, wenn zuvor nicht fettreich mariniert wurde, tropft unweigerlich Flüssigkeit in die Glut. Dort verpuffen die Tropfen. Das Ergebnis ist ein loderndes Inferno. Schlagen und züngeln die Flammen so hoch, dass sie das Grillgut erreichen, müssen Sie es schnell in Sicherheit bringen, sonst wird es ungenießbar. Aber wohin, wenn doch überall Kohle glüht? > Grundlagentipp Nummer eins: Operieren Sie auch beim direkten Grillen immer mit einer Zwei-Zonen-Glut (siehe Seite 95).

043 DAS INDIREKTE GRILLEN

Diese Technik erklärt sich fast von selbst: Wer indirekt grillen möchte, legt das Fleisch nicht direkt über die Hitzequelle, sondern daneben. Indirektes Grillen empfiehlt sich, wenn besonders große oder extrem fettreiche und zähe Stücke (ein ganzes Huhn, ein Stück Braten oder aber auch Rippchen) zubereitet werden sollen. Das indirekte Grillen bei mittleren Temperaturen zwischen 100 und 200 Grad verhindert außerdem, dass großes Grillgut, zum Beispiel ein Hähnchen, außen verkohlt und innen dennoch fast roh bleibt. > Bei dieser Methode wird der glühende Brennstoff links und rechts von der Feuerschale platziert. Lassen Sie in der Mitte etwas Platz für eine Aluwanne frei, die

Indirektes Grillen:
Außen Kohle, in der Mitte
eine Aluschale.
Sie dient als Auffangbecken
oder (mit Flüssigkeit gefüllt)
als Luftbefeuchter.

Sie mit Wasser füllen. Die Wanne dient zum einen als Auffangbecken für Fette und Fleischsäfte, zum anderen beugt der aufsteigende Wasserdampf dem Austrocknen des Fleisches vor. > Am besten verwenden Sie beim indirekten Grillen einen geschlossenen Grill, also entweder ein Modell mit Deckel oder einen Smoker, der speziell für diese Methode entwickelt wurde. Im geschlossenen Grill kann die heiße Luft im Garraum nicht nach oben entweichen. Sie umkreist das Grillgut zärtlich. Diese Zubereitung ähnelt sehr dem schonenden Garen im Umluftofen.

Leider fehlt am Grill meist der praktische Drehregler eines Ofens. Um die Temperatur anzupassen, benötigt das Modell Ihrer Wahl zwei Luftschlitze – einen unter der Glut, einen darüber. Wenn Sie die Schlitze öffnen, gelangt mehr Luft ins Innere. Je mehr Luftzug herrscht, desto heißer wird die Temperatur. Wenn Sie über mehrere Stunden eine konstante Temperatur halten wollen, verwenden Sie am besten Kohlebriketts, weil diese die Hitze länger halten als andere Brennmittel. Natürlich lässt sich auch mit Holz oder Holzkohle indirekt grillen, nur muss dann öfter nachgelegt werden. Um das Nachlegen unkompliziert, schnell und ohne großen Hitzeverlust zu erledigen, empfehlen sich das Vorglühen der Kohlen im Anzündkamin und die Verwendung eines Grillrosts, bei dem sich beide Seitenteile mittels Scharnieren nach oben klappen lassen. Auf diese Weise lässt sich frischer Brennstoff nachfüllen, ohne dass Sie das Grillgut vom Rost nehmen müssen.

044 DIE ZONEN-TECHNIKEN

Direkt über der Glut zu grillen, ist per se nicht falsch. > Wie schon erwähnt: Grillgut, dass nur kurz und scharf angebraten werden soll, ist hier richtig platziert. Trotzdem empfiehlt es sich, verschiedene Hitzezonen am Rost einzurichten.

| **FALSCH: DIE EIN-ZONEN-GLUT** | Den größten Fehler beim direkten Grillen begeht man, wenn man die gesamte Feuerschale mit glühenden Kohlen füllt. Dann herrscht unter der gesamten Fläche des Rosts dieselbe hohe Temperatur. Die einzige Chance, noch etwas Variation in den Garvorgang zu bringen, besteht darin, den Rost in der Höhe zu verstellen oder das Grillgut ganz vom Rost zu nehmen. Es wäre schon viel gewonnen, wenn jeder Direktgriller zumindest einen Rat beherzigen würde und von nun an mit einer Zwei-Zonen-Glut arbeiten würde.

| **RICHTIG: DIE ZWEI-ZONEN-GLUT** | Mit zwei Zonen zu arbeiten hat entscheidende Vorteile – egal, ob Sie im Anschluss direkt oder

Die Zwei-Zonen-Glut: links heiß, rechts warm

indirekt grillen möchten. Ihre Einrichtung ist denkbar einfach: Glühende Kohlen werden gleichmäßig verteilt – allerdings nur in einer Hälfte Ihres Grills, die andere bleibt frei. Der wesentliche Vorteil der Methode besteht darin, dass auf dem Rost auf diese Weise unterschiedliche Temperaturzonen geschaffen werden. Wenn das Grillgut direkt über der Glut zu heiß wird, können Sie es einfach aus der Gefahrenzone evakuieren – und es auf der glutfreien Seite geschützt parken. Falls die Wurstansammlung auf dem Grill größer ist als der Hunger Ihrer Gäste, können Sie einen Teil davon auf der kälteren Seite in Wartestellung bringen und dort warm halten.

| **NOCH RICHTIGER: DIE DREI-ZONEN-GLUT** | Noch mehr Spielraum beim Grillen haben Sie durch die Errichtung einer dritten Hitzezone. Auch das ist nicht schwer: Das erste Drittel der Feuerwanne bleibt frei, das mittlere wird mit einer Lage Kohlen oder Briketts

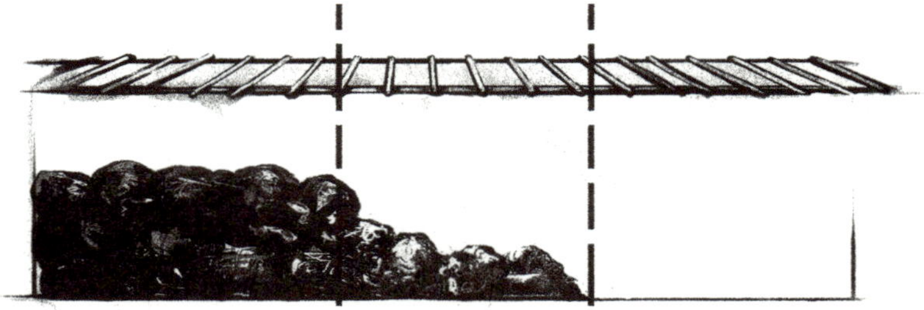

Die Drei-Zonen-Glut: links sehr heiß, Mitte heiß, rechts warm

gefüllt und das letzte Drittel mit zwei Lagen des Brennstoffs. Von der Seite gesehen wirkt es dann, als würde sich ein steiles Gebirge an glühenden Kohlen in Richtung der Außenwand erheben. So wie das Gefälle im Querschnitt ansteigt, steigen auch die Temperaturen in den einzelnen Zonen.

Auf dem Gipfel des Kohlebergs herrscht eine Zone mit sehr hoher Temperatur, sie ist beispielsweise ideal zum scharfen Anbraten einer Kruste. Jene Zone, in der nur mittlere Hitze herrscht, eignet sich zum Durchgaren. Und am Fuß Ihres Kohlegebirges können Sie mit noch niedrigerer Temperatur grillen. Wo keine Kohlen sind, ist nach wie vor Platz zum Warmhalten.

045

IM RAUCH KONSERVIEREN

Räuchern ist eine der ältesten bewährten Methoden, um schnell verderbliche Nahrungsmittel wie Fleisch oder Fisch haltbar zu machen. Inhaltsstoffe im Rauch töten Bakterien ab beziehungsweise verlangsamen deren Wachstum. Darüber hinaus meiden beispielsweise Fliegen geräuchertes Essen wie echte Griller den Elektrogrill. Bis der Kühlschrank in den 50er-Jahren zum Standard in den Haushalten wurde, stand das konservierende Element des Räucherns im Vordergrund. Heute wird trotz aller modernen Kühltechnik wieder vermehrt geräuchert – aber nicht, um Verderbliches vor dem Verderben zu retten, sondern um einen ganz besonderen Geschmack hervorzubringen. > Verantwortlich für diesen Geschmack sind über 300 verschiedene chemische Verbindungen, die im Rauch enthalten sind. Eine besondere Rolle spielen dabei aromatische Kohlenwasserstoffe. Der Rauch selbst entsteht durch die unvollständige Verbrennung von Hartholz – also dann, wenn dem brennenden Holz zu wenig Sauerstoff zugeführt wird. Der Chemiker spricht in diesem Fall von Pyrolyse (einer Entgasung unter Wärmeeinwirkung und ohne Sauerstoffzufuhr). > Es gibt verschiedene Räuchermethoden, die sich durch die Temperatur unterscheiden, die beim Räuchern erzielt wird.

KALTRÄUCHERN (CA. 15 BIS 25 GRAD): Das Trocknen des Fleisches steht hier ganz klar im Vordergrund. Niedrige Temperaturen unter 25 Grad und mehrere Tage Geduld werden benötigt. Rohschinken wird so veredelt – zum Beispiel zum Schwarzwälder Schinken. WARMRÄUCHERN (CA. 25 BIS 60 GRAD): Das Warmräuchern führt zu einer kürzeren Haltbarkeit als das Kalträuchern; die Temperaturen liegen entsprechend leicht darüber. Ein bekanntes Produkt dieser Räucherart ist das Wiener Würstchen. HEISSRÄUCHERN (CA. 60 BIS 85 GRAD): Diese Räuchermethode benötigt mindestens 60 Grad Hitze. Rohes Fleisch oder roher Fisch werden wenige Stunden geräuchert und sind danach viele Tage haltbar. Auch beim Grillen verwenden Sie meist die Methode des Heißräucherns. Das Besondere dabei: Das Fleisch wird nicht nur geräuchert, sondern auch gegart. Bei Temperaturen ab 50 Grad be-

ginnen Eiweiße im Fleisch zu gerinnen; bei über 70 Grad verändert sich auch die Struktur des Bindegewebes. Festes Collagen verwandelt sich in Gelatine, wodurch das Fleisch angenehm mürbe wird.

| GRILLEN MIT RAUCHAROMEN | Für das Kalträuchern ist ein Grill ungeeignet. Räucherboxen sind hier die bessere Wahl. Die meisten Grills sind eher für die Methode des Heißräucherns verwendbar. Egal, ob es sich um einen Smoker oder einen anderen mit einem Deckel verschließbaren Grill handelt: Den mittlerweile heiß begehrten Aromarauch können Sie auf drei verschiedene Weisen erzeugen.

MIT HARTHOLZ HEIZEN: **Am einfachsten entsteht Rauch, wenn beim indirekten Grillen Hartholz verfeuert wird, das bei niedriger Temperatur mit wenig Luft verbrennt. Allerdings ist das gerade bei Obstbaumhölzern ein äußerst kostspieliges Unterfangen.** RÄUCHERCHIPS DIREKT AUF DIE GLUT: **Eine weitere Möglichkeit besteht darin, gewässerte Räucherchips oder Räucherhölzer, die aus Hartholz bestehen sollten, direkt auf die glühenden Kohlen aufzulegen. Je feuchter das Holz ist, umso mehr Rauch entwickelt sich.** DIE RÄUCHERBOX: **Ebenso können Sie spezielle Räucherboxen verwenden, übrigens auch für Gasgrills. Die perforierte Box aus Edelstahl wird mit vorher gewässerten Räucherchips befüllt und auf die Hitzequelle gestellt. Schnell entwickelt sich Rauch. Wer sich das Geld für eine Räucherbox sparen will, kann eine Aluwanne verwenden, diese mit Alufolie umwickeln und Löcher in die Aluwände stechen.**

046 DIE MINION-METHODE

Wer an Grillwettbewerben teilnimmt, kann sich unsterblich machen – übrigens auch völlig unabsichtlich. > Dem Autoverkäufer Jim Minion aus Seattle ist das gelungen. In den Neunzigern nimmt der ambitionierte Wettkämpfer nichts ahnend an einem derartigen Contest teil, als er plötzlich erfährt, dass er mit einem „horizontalen Smoker" antreten muss. Da ein solches Gerät nicht zu seiner Ausrüstung zählt, entsendet er kurzerhand seine Frau, die ihm das gewünschte Modell an den Veranstaltungsort nachliefern soll. Um die Bauanleitung durchzulesen, fehlt Jim allerdings die Zeit, also baut er das Modell nach Gefühl zusammen. Um über mehrere Stunden mit Kohlebriketts eine konstante Temperatur von 100 Grad erzeugen zu können, beschließt er, lediglich eine kleine Anzahl Briketts im Anzündkamin zu entzünden. Die restlichen Briketts verteilt er unangezündet in der Feuerbox. Dann legt er die glühenden Holzkohlebriketts auf das Bett der noch nicht angezündeten Briketts. Nach und nach geht die Glut dann auf die unangezündeten Briketts über, und es gelingt Jim, bei gleichbleibender Hitze über acht Stunden hinweg Hühnchen und Ribs zu grillen, ohne Kohlen nachlegen zu müssen. Das Jim-Minion-Hühnchen belegt den ersten Platz, die Ribs landen auf dem zweiten. Schon kurze Zeit später wird diese Methode von vielen anderen Grillern kopiert und nach ihrem Erfinder benannt.

| **DER MINION-RING** | Angeregt vom Grundprinzip dieser Methode – und vermutlich auch von einigen Varianten des Domino-Spiels –,

Die Minion-Methode

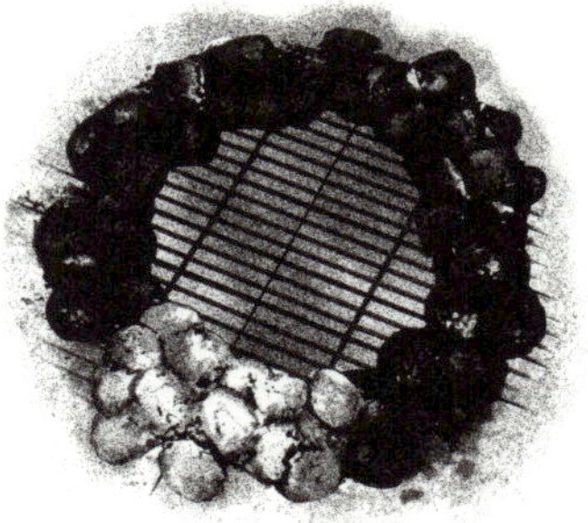

Der Minion-Ring

ist es mittlerweile zudem üblich, Briketts in mehreren Reihen nebeneinander zu schichten und in Ringform anzuordnen. Wie bei der klassischen Minion-Methode auch, entzündet man in der Variation mit einigen glühenden Kohlen einen Ring, der erst nach und nach verbrennt und so über einen langen Zeitraum die gleiche niedrige Temperatur abgibt. Diese trickreiche Methode heißt „Minion-Ring". Jim Minion also hat es geschafft. Imponiert Ihnen seine Karriere, und wollen auch Sie für immer Teil der Grillgeschichte werden? Machen Sie es ihm nach: Nehmen Sie, so oft es Ihnen möglich ist, an Grillmeisterschaften teil und lassen Sie sich eine einzigartige, aber praktische Methode einfallen, wie sich Kohle auf Temperatur halten lässt. Wohlverdient wird Ihr Stern am Grillhimmel erglühen.

047 DIE HITZE SPÜREN

Die Kohlebriketts sind von einer weißen Ascheschicht überzogen und knistern verheißungsvoll. Sie selbst sind guten Mutes – aber sich noch nicht ganz sicher. Herrscht nun endlich die entsprechende Temperatur für Ihr Grillvorhaben? Sie wissen: Nur die richtige Temperatur sorgt für das gewünschte Grillergebnis. Falsche Temperaturen dagegen ziehen verkohlte Fleischbrikett-Pucks oder halbgare Salmonellenschleudern nach sich, je nachdem. Für die Überwachung der Temperatur ist in manchen Grills bereits ab Werk ein Thermometer eingebaut. Auch ein Fleischthermometer hilft, die Kontrolle am Rost zu behalten. Falls jedoch beides einmal nicht zur Hand ist, geht es auch einfacher. Ebendiese Hand hilft nämlich bei einer zwar einfachen, aber doch ausreichenden Messung.

| **HAND DRAUF** | Strecken Sie die Hand ungefähr 10 cm über dem Rost flach aus. Nun beginnen Sie zu zählen. Eine Sekunde, zwei Sekunden, drei Sekunden. Nach einer gewissen Zeit wird die Hitze Sie zwingen, Ihre Hand zu retten und sie wegzuziehen. Vergleichen Sie die Anzahl der gezählten Sekunden mit den Angaben über nebenstehender Zeichnung. Sie kann Ihnen grob verraten, wie viel Grad Ihre Glut erreicht hat.

| **HITZE REGULIEREN** | Auch ohne einen Drehknopf am Gerät können Sie beim Grillen mit Holzkohle die Temperatur regulieren. Drei simple Möglichkeiten stehen Ihnen zur Verfügung.

2–3 Sekunden: ca. 300 Grad/starke Hitze

4–7 Sekunden: ca. 200 Grad/mittlere Hitze

8–15 Sekunden: ca. 130 Grad/niedrige Hitze

| **MÖGLICHKEIT 1** | Am besten lässt sich die Hitze steuern, wenn Sie von Anfang an mit einer Zwei-, vielleicht sogar mit einer Drei-Zonen-Glut grillen. Durch die unterschiedliche Verteilung der Kohle im Grill schaffen Sie verschiedene Temperaturzonen.

| **MÖGLICHKEIT 2** | Wenn Sie nur in einer Zone grillen und zu viel Hitze herrscht, können Sie, wenn vorhanden, den unteren Lüftungsschlitz Ihres Grills schließen. Weniger Luft bedeutet geringere Hitze, während erneute Luftzufuhr die Temperatur wieder erhöht.

| **MÖGLICHKEIT 3** | Einfach geht's natürlich auch: Stellen Sie ein zweites feuerfestes Gefäß in Grillnähe auf. Falls es zu heiß ist: Senken Sie die Temperatur, indem Sie die Anzahl der glühenden Kohlestücke verringern. Muss mehr Hitze ins Spiel (das heißt, die Temperatur ist zu niedrig), legen Sie einfach wieder etwas mehr Kohle auf. Achten Sie aber darauf, dass das Grillgut erst dann wieder mit der frischen Kohle in Berührung kommt, wenn diese ausreichend durchgezogen hat.

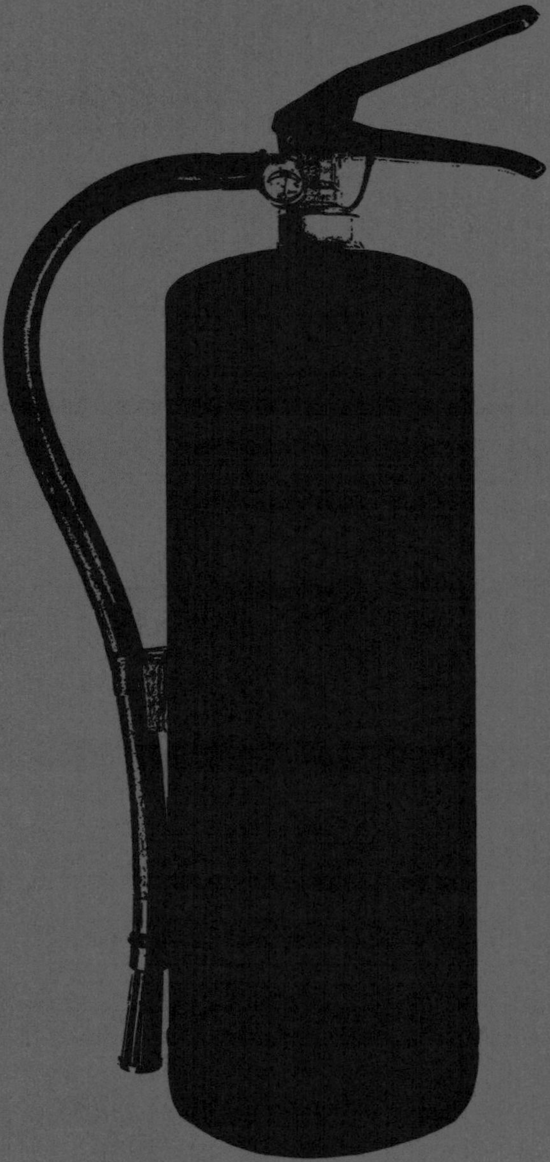

GRILLSICHERHEIT

048 BRAND-SCHÄDEN VERMEIDEN

Die meisten Unfälle ereignen sich im Haushalt. Das Beruhigende ist: Männer sind davon so gut wie nicht betroffen. Es dürfte daran liegen, dass sie sich im Haushalt kaum bewegen. Draußen sieht es anders aus: Die ca. 5000 Grillunfälle, die jedes Jahr in der Unfallstatistik auftauchen, werden fast ausnahmslos von Männern verursacht.

| **EINEN GRILL RICHTIG AUFSTELLEN** | Ein Grill braucht einen sicheren Stand. Gerade dann, wenn das Modell eher wacklig erscheint und kein ausreichendes Eigengewicht mitbringt, muss der Grill sicher auf festem Untergrund aufgestellt sein. Er darf nicht beim leichtesten Windstoß oder der sanftesten Berührung um- oder in sich zusammenstürzen und so zur Feuerfalle werden. > Der Untergrund selbst darf natürlich ebenfalls nicht leicht entzündlich sein. Was im Übrigen auch für die gesamte Umgebung des Grillplatzes gilt. Wenn es den ganzen schönen Sommer lang nicht geregnet hat und Sie Ihren Grill direkt unter dem zwar äußerst ansehnlichen, aber auch trockenen Baum platziert haben, kann der Grillabend bald mehr Feuer haben, als Ihnen lieb ist. > Grillanzünder, Schnapsflaschen und andere leicht brennbare Gegenstände sollten nicht direkt neben oder unter dem Grill liegen. > Und: Lassen Sie den Grill sowie die anwesenden Kinder und Hunde nie unbeaufsichtigt. Der Geruch des Grillfleischs macht besonders Hunde neugierig – und so eine Schnauze ist schnell verbrannt.

Noch etwas: Das Lesen einer Gebrauchsanweisung gilt zwar in manchen Kreisen als Eingeständnis unmännlicher Memmenhaftigkeit, kann aber, zum Beispiel bei komplexeren Gasgrills, lebensrettend sein. Viele Verletzungen beim Grillen entstehen aufgrund mangelhafter Vorbildung. Das Verständnis der Handhabung eines Grillgeräts gehört zu dieser Vorbildung.

| **DEM GRILL STARTHILFE GEBEN** | Um ganz sicher zu gehen, verwenden Sie zum Anzünden Ihres Grills nur Grillanzünder in fester Form. > Der weit verbreitete Brauch, Benzin oder Spiritus als Be-

schleuniger zu verwenden, ist eine Tradition aus dem Todeslabor des Teufels. Wird Spiritus direkt aus der Flasche in die bereits lodernde Glut gespritzt (wie leider immer wieder zu beobachten ist), entwickelt sich die Flasche plötzlich zum Flammenwerfer. Besonders, wenn sie in Hüfthöhe gehalten wird und sich somit eventuell in Kopfhöhe von Kindern befindet, kann das zur Katastrophe führen. Vor einer Stichflamme sind Sie selbst dann nicht sicher, wenn Sie in Spiritus getränkte Kohlen erst dann entzünden, sobald die Flasche aus dem Gefahrenbereich entfernt wurde. Vor allem im Sommer, wenn die Tage heiß und die Abende lau sind, steigen Dämpfe auf, lange nachdem der flüssige Grillanzünder auf die Kohle gegeben wurde. Schon beim kleinsten Funken entzünden sie sich und werden so zu einer echten Gefahr.

| **DIE RICHTIGE KLEIDUNG** | Es gibt kaum etwas Faszinierenderes und Schöneres, als nachts gemeinsam um einen Grill zu stehen und verträumt dem Funkenflug zu folgen. Die Schönheit des Schauspiels kann jedoch schnell erblassen, wenn Ihr Nachbar plötzlich in Flammen steht. Während Sie ihn löschen (wie es sich für einen guten Gastgeber gehört), sollten Sie hoffen, dass er wenigstens so vernünftig war, sich in Kleidung aus Baumwolle in Brand zu setzen. Moderne Funktionskleidung nämlich – Outdoorjacken zum Beispiel, aber auch bügelfreie Hemden – bestehen zu einem großen Teil aus synthetischen Stoffen. Synthetik schmilzt und bildet eine heiße Flüssigkeit, die zum Teil zwar abtropft, sich andererseits aber in die Haut einbrennen kann. Baumwollbekleidung brennt zwar auch, wird aber schnell zu Asche, die sich rasch von der Haut abschütteln lässt. Klamotten aus Baumwolle sind somit am Grill die passendste Garderobe.

| **GRILLEN UNTER WASSER** | Plötzlicher Regen hat schon einige Grillfeste vorzeitig beendet – oder gar nicht erst beginnen lassen. Das ist zwar ziemlich ärgerlich; die Idee allerdings, das Gelage kurzerhand in die Garage zu verlegen, kann noch größeren Ärger machen. Mehr dazu und zum Thema Kohlenmonoxidvergiftung finden Sie auf Seite 106 f.

| **SCHLUSS MIT DEM FEUER** | Bei einem Gasgrill ist die Flamme aus, sobald Sie die Gaszufuhr unterbrechen. Ein Holzkohlegrill aber glimmt – je nachdem, wie viel Kohle noch aufliegt – noch eine ganze Weile nach. Um diese Weile zu verkürzen, löschen Sie am besten portionsweise mit Wasser. Es ist nicht sinnvoll, einen kompletten Eimer Wasser in einem Guss über dem Grill zu entleeren. Wasser sollte vorsichtig nach und nach auf die Glut gegeben werden, bis sie komplett gelöscht ist.

Falls plötzlich extrem starker Wind aufkommt und Ihr Grillmodell den Naturgewalten schutzlos ausgeliefert ist (weil es zum Beispiel über keinen Deckel verfügt), sollten Sie ebenfalls löschen. Die steife Brise kann Glut verwehen und auf diese Weise Menschen in unmittelbarer Nähe der Grillstelle verletzen oder einen Brandherd entzünden.

049 FAST AM RAUCH ERSTICKEN

Hin und wieder liest man die traurige Geschichte vom Erstickungstod eines einsamen Wurstsüchtigen. > Der ahnungslose Abhängige entzündete den Grill statt im Garten oder auf dem Balkon in einem geschlossenen Raum – und das nur, weil die Sucht nach Grillwurst es ihm befahl. Das Wetter war halt schlecht und die Gier nach Gegrilltem groß. Und Grillen in der Garage, das kann doch so schlimm nicht sein. Was so unfasslich dumm klingt, ist als Meinung leider immer noch nicht ausgestorben.

Apropos Sterben, wie funktioniert das eigentlich mit dem Ersticken noch mal ganz genau? Nun, es ist so: Beim Grillen entsteht Kohlenstoffmonoxid (chemische Formel = CO). CO ist ein farb-, geruch- und geschmackloses Gas, das ziemlich giftig ist. Wird es im Freien hervorgerufen, ist es keine Bedrohung, da es sich schnell verteilt und auf diese Weise verfliegt. Im geschlossenen Raum allerdings stellt CO eine tödliche Gefahr dar. Es verhindert den Sauerstofftransport im Blut und sorgt so schon nach einer kurzen Weile für die komplette Unterbrechung der Sauerstoffversorgung. Bereits bei einem geringen CO-Anteil von nur knapp 1,3 Prozent an der Raumluft wird der Raum zur Falle – der Erstickungstod tritt in weniger als fünf Minuten ein. Könnten noch vor Eintritt des Todes Beschwerden festgestellt werden, verspürte man starke Kopfschmerzen, Schwindel und Bewusstlosigkeit. Aber, nun ja, Bewusstlosigkeit – die ist nun mal schwer selbst zu diagnostizieren. Anders gesagt, ob beruhigend oder nicht: Sollten Sie sich fahrlässig zum Opfer einer CO-Vergiftung gemacht haben, werden Sie so schnell bewusstlos, dass Sie sich nicht mehr selbst retten können.

050 BRANDWUNDEN BEHANDELN

In der Medizin wird die Schwere einer Verbrennung je nach Verbrennungstiefe in vier Grade aufgeteilt. > Eine Verbrennung ersten Grades klingt gleich viel harmloser, wenn man sie als „Rötung" bezeichnet. Darunter fällt zum Beispiel ein Sonnenbrand. In diesem Fall ist nur die Oberhaut betroffen, und es bleiben keine dauerhaften Schäden zurück.

Eine Verbrennung zweiten Grades wird in zwei Unterarten unterteilt: Die oberflächliche Verbrennung heilt meist innerhalb von zwei Wochen ab; die tiefere Verbrennung dagegen hat einen längeren Heilungsprozess und benötigt unter Umständen medizinische Behandlung. Charakteristisch für eine Verbrennung zweiten Grades sind Brandblasen. Die Brandblase selbst können Sie als Indikator für die Schwere Ihrer Verletzung heranziehen: Ist sie nach zwei Wochen nicht von selbst verheilt, sollten Sie einem Arzt von Ihren Sorgen berichten. > Spätestens mit einer Verbrennung dritten Grades ist nicht mehr zu spaßen: Ein Großteil der Hautschichten ist nicht mehr vorhanden; und die Haut, die noch da ist, hat eine grau-weiße Farbe angenommen. > Bei einer Verbrennung vierten Grades wird es recht unappetitlich. Man spricht dann von einer „Verkohlung" – und ja, die Haut sieht auch entsprechend aus.

Schmerz ist – unabhängig von Hautrötungen – ein gutes Indiz für die Einordnung der Schwere einer Verbrennung. Allerdings in anderer Art und Weise, als Sie vermuten würden. Verspüren Sie große Schmerzen, ist das ein gutes Zeichen. Denn je tiefer eine Verbrennung ist, desto weniger tut sie weh. Es klingt brutal – und beruhigend ist es auch nicht: Nur bei oberflächlichen Verbrennungen sind die Nerven noch intakt und können Schmerzimpulse abgeben.

| **VERBRENNUNGEN VERSORGEN** | Bei der Erstversorgung einer Brandwunde kommt es auf Art und Schwere der Verbrennung an. Es ist immer vernünftig, die Wunde zu kühlen. Natürlich eignet sich Wasser zu diesem Zweck – allerdings auch nur dann, wenn es nicht zu kalt ist. Die Wunde soll bis auf Körpertemperatur heruntergekühlt, aber nicht schockgefrostet werden. Als Empfehlung für die Kühldauer gelten maximal zehn Minuten. > Wenn gerade kein Wasserhahn in der Nähe ist, weil Sie sich entschieden hatten, weitab der Zivilisation zu grillen, können Sie einen Finger, der dem Grillrost unfreiwillig nahe gekommen ist, auch in ein Bierglas stecken. Zur Kühlung eignet sich alles, was kühl und nass ist. Besser ein Bier versaut als den Finger voller Blasen.

Sollten einer oder sogar mehrere Ihrer Gäste in Flammen stehen, muss das Feuer erstickt werden – selbstverständlich so schnell wie möglich. Feuerlöscher oder Löschdecke? Was in einem solchen Fall besser geeignet ist, darüber streiten selbst die Fachleute. Unstrittig aber ist: Helfen Sie, so schnell es geht. > Wenn weder Feuerlöscher noch Löschdecke zur Hand sind, können auch große Mengen Wasser, zum Beispiel aus einem Gartenschlauch, helfen. Löschen Sie immer von oben (Brust oder Schulter) nach unten (Beine). > Falls Sie gar kein Wasser zur Verfügung haben, versuchen Sie, die brennende Person mit einer Decke, einer Jacke oder der Tischdecke (natürlich nur, wenn diese aus Baumwolle ist) zu löschen. Zur Not müssen Sie sogar handgreiflich werden: Ein brennender Mensch verfällt, irgendwie verständlich, unglücklicherweise in große Panik, wird sich hysterisch schütteln und unter Umständen sogar die Flucht ergreifen wollen. So verschafft er den Flammen leider noch mehr Raum zur Entwicklung, weil er ihnen Sauerstoff zuführt. Es bleibt keine Zeit zu verlieren: Strecken Sie die brennende Person frei von allen Zärtlichkeiten zu Boden, so als ob Sie Ihren schlimmsten Feind niederringen müssten, und werfen Sie die Decke über ihn. Ersticken Sie die Flammen so schnell wie nur irgend möglich. Ist nichts Deckenähnliches zur Hand, wälzen Sie Ihr Rettungsopfer über den Boden – hin und her. > Wenn Ihnen der Schreck nicht den Atem genommen hat, sollten Sie nun schnellstmöglich den Rettungsdienst verständigen, oder einen Ihrer Gäste bitten, dies zu tun. > Größere Brandverletzungen infolge von Grillunfällen müssen sofort vom Notarzt versorgt werden. Bei kleineren Verletzungen einen Arzt zu konsultieren, ist natürlich auch nicht unvernünftig. Brandverletzungen sind keine Bagatellen.

| **ZURÜCK ZUR BRANDBLASE** | Noch ein Wort zur Blase. Einige Mütter, Freundinnen und Ehefrauen huldigen ja scheinbar dem seltsamen Brauch, entzückt eine Nähnadel zur Hand zu nehmen und die Blase aufzustechen. Das ist völliger Quatsch: Lassen Sie die Blase zu. Sie wirkt wie ein natürlicher Wundverband, hält Schmutz ab und unterstützt den Heilungsprozess. Geht eine Blase von selbst auf, können Sie überstehende Hautreste vorsichtig mit einer Nagelschere entfernen – gerne entstehen Infektionen unter diesen, nun ja, Restfetzen.

| **HOHE GRILLSICHERHEIT IN ZWEI SÄTZEN** | Befindet sich ein Verbandskasten, zum Beispiel jener aus dem Kofferraum Ihres Autos in Reichweite des Grillplatzes, ist das schon ziemlich umsichtig. Darüber hinaus machen eine Löschdecke, ein Feuerlöscher und/oder ein großer Eimer Wasser aus dem Grillplatz einen Hort der Sicherheit, für die Sie jeder Feuerwehrzug zum Ehrenmitglied ernennen würde.

051 SCHNITTWUNDEN VERSORGEN

Wer grillt, spielt nicht nur mit dem Feuer, er hantiert nicht selten auch mit gefährlich scharfen Messern. Jeder, der schon mal eine solche Waffe in der Hand gehalten hat, hat sich früher oder später auch einmal eine Schnittverletzung zugezogen. Auch Sie. In den meisten Fällen endete Ihre

Begegnung mit der Klinge harmlos: Es blutete leicht, und die Wunde konnten Sie selbst behandeln. Sie jammerten ein wenig, falls Frauen in der Nähe waren, dann aber ging es zurück an den Rost. > Wenn Sie vernünftig waren, haben Sie das Messer danach an eine andere Person aus der Runde weitergereicht.

Ärzte geben folgenden Rat zur Erstversorgung: Lassen Sie eine kleine Schnittwunde ruhig kurz bluten. Verschmutzungen und Krankheitserreger werden so auf ganz natürliche Weise aus der Wunde transportiert. > Größere Wunden reinigen Sie unter lauwarmem Leitungswasser. Falls die Blutung nicht nachgelassen hat, pressen Sie ein Taschentuch, eine frische Serviette oder ein sauberes Geschirrtuch stramm auf die Wunde. Fixieren Sie diese Kompresse mit einem Pflaster. Das dürfte reichen.

Sobald es sich jedoch um tiefere Schnitte handelt, wird es ernster. Hier sollte ein Arzt zu mehr als nur zu einem Rat hinzugezogen werden. Wurde zum Beispiel eine Sehne durchtrennt, kann das bleibende Schäden hinterlassen, wenn Sie sich nicht in Behandlung begeben. Wenn Sie bis auf den Knochen tief in die Wunde sehen oder kein Gefühl mehr im verletzten Finger feststellen können, ist der Besuch beim Fachmann eindeutig anzuraten.

Im schlimmsten Fall (und den erlebt man nicht nur im Sägewerk!) kann es passieren, dass ein ganzer Finger von der Hand abgetrennt wird. In einer solchen, allein schon vom Anblick prekären Situation gilt es, vernünftig, durchdacht und trotzdem schnell zu handeln. Möglichst rasch muss ein Druckverband angelegt werden, der die Blutung stillt. Vermutlich müssen Sie sich helfen lassen.

Bevor es nun – ohne Umwege – ins Krankenhaus geht, muss der abgeschnittene Finger gefunden und gekühlt werden. Der Finger darf zur Kühlung auf keinen Fall direkt auf Eis gelegt werden. Auch, wenn Sie das so schon einmal in einem Fernsehkrimi gesehen haben, ist das Unsinn. Der Finger kann dann nämlich einfrieren – und ein eingefrorener Finger kann leider nicht mehr angenäht werden. Am bes-

Größere Wunden müssen genäht werden.

ten ist es, den abgetrennten Finger in einen Gefrierbeutel zu geben und diesen Beutel mit einem zweiten Gefrierbeutel zu umschließen, der mit kaltem Wasser und – falls zur Hand – einigen wenigen Eiswürfeln gefüllt ist. Wird der Finger auf diese Weise transportiert, stehen die Chancen ziemlich gut, dass er wieder an der Stelle angebracht werden kann, an der er sich schon früher einmal befunden hat.

Eine Anmerkung sei noch erlaubt. Verletzungen aller Art (nicht nur Schnittverletzungen jeder Größe, sondern zum Beispiel auch Schürf- und Bisswunden) haben eines gemein: Sollte sich die Wunde infizieren, muss stets ein Arzt aufgesucht werden. Eine Infektion erkennen Sie an den folgenden fünf Symptomen: Rötung, Schwellung, Wärme, Schmerz und Funktionseinschränkung.

052 ALKOHOLVERGIFTUNG ERKENNEN

Alkohol spielt im Leben eines Mannes eine gewisse Rolle. Zum Grillen gehört er wie die Glut zum Feuer. Doch so, wie er freundlich lächeln kann, kann er auch fies grinsen. Wenn er immer ehrlich zu uns wäre, würde er einiges zugeben müssen: „Hallo", würde er dann gestehen dürfen, „ich bin ein Nervengift, und wenn ich will, lähme ich dein zentrales Nervensystem". > Kein Geheimnis: Übermäßiger Alkoholkonsum führt zu Übermut, Bewusstseinstrübung, Schläfrigkeit oder Erinnerungslücken. Allerdings reagiert kein Mensch unter dem Einfluss von Alkohol gleich: Der eine wird plötzlich ausgelassen, laut und angriffslustig, der andere zunehmend ruhiger, harmloser oder schläft sogar ein. Das Ausmaß der Wesensveränderung ist abhängig vom Charakter des Konsumenten und der konsumierten Alkoholmenge. > So weit, so gut. Das ist Bildungs- und Erlebnisstandard in jeder Kneipe. Doch gerade beim Grillen, besonders in der sommerlichen Hitze, kann es passieren, dass die Wirkung des Alkohols durch die aufgewärmte Stimmung noch verstärkt wird. Der Körper versucht, diese Hitze zu mildern, indem er seine Gefäße erweitert – und plötzlich kann sich der Alkohol noch schneller im Körper verteilen.

Es böte sich an dieser Stelle an, voller Vernunft darauf hinzuweisen, dass alkoholische Getränke ohnehin als Durstlöscher ungeeignet sind, da sie die Flüssigkeitsausscheidung begünstigen – und auch darauf, dass sich Wasser oder Fruchtsaftschorlen doch viel besser eignen würden, aber: Was soll denn das? Eigentlich ist jeder Mann erwachsen genug. Er weiß, wie vernünftig es wäre, würde er stets nur mit klarem Verstand einen Grill bedienen und mit Feuer hantieren. Er kennt auch die Gefahr, unter Alkohol plötzlich zu Übermut zu neigen. Aber, klar: Es ist ja auch die Gefahr, die er liebt.

| **PLÖTZLICHE SCHWANKUNGEN** | Wie merkt man, wenn es plötzlich toxisch wird und einer der Gäste droht, zum Spaßverderber zu werden? > Es gibt während einer Alkoholvergiftung vier Stadien. Gefährlich wird es erst ab Phase 3 – dann merken Sie, dass etwas nicht stimmt. Fällt der Vergiftete Ihnen sogar erst später auf, sollten Sie sich auch um Ihren eigenen Zustand Sorgen machen.

| **STADIUM 1: DER LEICHTE SCHWIPS** | Ihr Gast beginnt unverständlich zu nuscheln, zum zweiten Mal den gleichen Witz zu erzählen oder andere Gäste zu belästigen. Er schwankt unter Umständen ein wenig, hat diverse Saucenflecken auf dem Hemd und ist ein wenig rot um die Pupillen. Hat er sich auf dem Grill abgestützt und den Schmerz erst bemerkt, als man ihn auf die Glut an seinen Händen

ansprach, dann hat er bereits über 0,5 Promille. Sie können jetzt noch gegensteuern, wenn Sie dem Mann ab sofort öfter mal ein großes Wasser oder eine Saftschorle unterjubeln.

| **STADIUM 2: DER SCHWERE RAUSCH** | Der Gast ruft laut und aggressiv nach Ihnen, weil er nicht bemerkt, dass Sie ihn längst mit beiden Händen stützen. Seinen eigenen Namen hat er vergessen, will Ihnen aber unbedingt noch zeigen, wie gut sein neuer Wagen von alleine nach Hause findet. Was er zu sich nimmt, gibt er sofort im Strahl wieder von sich. Der ehemalige Kurzzeitbesitzer des Erbrochenen hat bereits über zwei Promille. Spätestens jetzt sollten Sie ihm die Autoschlüssel abnehmen und ihm ein Taxi bestellen oder, noch besser, ein Bett anbieten.

| **STADIUM 3: DIE NARKOSE** | Der Gast ist nicht mehr bei Bewusstsein – Sie sollten es aber noch sein: Ein Arzt muss her. Bis dieser eintrifft, muss der Vergiftete in die stabile Seitenlage gebracht werden. Und: Sie sollten ihn wach halten. So kann der Patient nicht, wie unter Rockstars üblich, an seinem Erbrochenen ersticken, und sein Kreislauf bleibt in Schwung, bis der professionelle Abtransport erfolgt.

| **STADIUM 4: DIE LEBENSGEFAHR** | Von der Narkose bis ins Koma ist es leider nicht sehr weit. Ein Schock kann schon bei einer Alkoholisierung von unter vier Promille zum Kreislaufversagen und zum Tod führen. Weiter als bis ins zweite Stadium sollte Ihre Grillparty keinen Gast verführen dürfen. Aber das haben Sie sicher schon geahnt.

053 DIE EIGENE HAUT RETTEN

Wer leidenschaftlich gerne grillt, dabei oft stundenlang am Rost ausharrt und sich ebenso lange der Sonneneinstrahlung aussetzt, muss fürchten, früher oder später selbst zum Opfer einer Verbrennung zu werden. Außer natürlich, er war klug genug, sich vor dem unfreiwilligen Sonnenbad ordentlich einzucremen, so wie es die Regeln der Vernunft gebieten.

Es ist nur leider so: Echte Männer halten sich nicht an Regeln. Sie trotzen jedem Wetter. Bei prallem Sonnenschein mag der ein oder andere noch an Lichtschutz denken, aber an einem bewölkten Herbsttag … na ja. > Alle Rufe lauter Warner werden verächtlich ignoriert. So kann es passieren, dass man plötzlich schmerzlich erkennen – und zugeben – muss, zum UV-Opfer geworden zu sein.

Bei verbrannter Haut empfehlen wir eine Marinade aus Joghurt, Zitrone und Öl. Sie schmeckt, mit Gewürzen und Kräutern (zum Beispiel Salz, frische Minze, Cayenne-Pfeffer) verfeinert, gut zu gegrilltem Lamm, kann aber auch pur als feuchtigkeitsspendende Maske auf in Mitleidenschaft gezogene Stellen der menschlichen Haut geschmiert werden.

Andere Feuchtigkeitsspender wie Aloe Vera sollten zwar nicht zum Grillfleisch gereicht werden, helfen aber auch gegen Sonnenbrand. Die Einnahme von Aspirin lindert die Schmerzen zusätzlich. Vor allem aber brauchen Sie eines bei der Behandlung eines Sonnenbrandes: Geduld. > Wirft die Haut Blasen, so geht die Verbrennung über einen „normalen" Sonnenbrand hinaus.

054 DAS HEIMLICH-MANÖVER

Ihr Gast ist wohlerzogen: Er hat selbstverständlich von seiner Mutter gelernt, dass es sich nicht geziemt, zu schlingen und dass gründliches Kauen gut für die Verdauung ist – aber dennoch ist es geschehen. Das, was Ihrem Grillbesuch im Halse steckengeblieben ist, ist kein Wort und kein schlechter Scherz, sondern ein beeindruckendes Stück von der Hohen Rippe.

| **SCHWERES VERSCHLUCKEN VON EINFACHEM HUSTEN UNTERSCHEIDEN** | Nun, es ist so: Der Eindringling kann zwei falsche Wege in den Körper Ihres Gastes genommen haben. Steckt er in der Speiseröhre fest, treten meist Schluckbeschwerden und – unter Umständen – auch Brechreiz auf.

Für Fremdkörper in der Luftröhre sind dagegen Hustenreiz und pfeifende Atemgeräusche eindeutige Anzeichen. Natürlich kommt es auch auf die Art und Größe des Fremdkörpers an. Eine Gräte kann sich hierbei als außerordentlich arglistiger blinder Passagier gebärden. Wenn es ganz dumm läuft, bohrt sie sich wie eine Stecknadel in der Wand der Speiseröhre fest. In diesem Fall gilt: Löst sie sich auch nach mehrmaligen Trinkversuchen nicht, muss ein Profi ran. Dieser kann die Gräte mithilfe eines pinzettenähnlichen Geräts entfernen und den Betroffenen von dem recht unangenehmen Gefühl befreien. Schnelles Handeln ist geboten: Durch die Reizung und Verletzung der Schleimhaut können schmerzhafte und gefährliche Entzündungen entstehen.

Kehren wir nun aber zum eingangs erwähnten Beispiel des Stücks von der Hochrippe zurück. Auch hier empfiehlt sich rasches Eingreifen. Zunächst sollte festgestellt werden, in welchem Zustand sich der Betroffene befindet. Wenn er atmet, spricht und sich räuspern kann, löst sich der Fremdkörper durch mehrmaliges kräftiges Husten meist von allein.

Sollte der Fall jedoch schwerer wiegen und der Betroffene den Anschein machen, als könne er sich nicht mehr selbst aus der misslichen Lage befreien, empfiehlt es sich, ihm bis zu fünfmal kräftig zwischen die Schulterblätter zu schlagen, damit sich das Stück Fremdknochen wieder löst.

Wirkt die Situation sogar wahrhaft bedrohlich (wenn Schläge zwischen die Schulterblätter nicht helfen, die Erstickungsanzeichen zu lindern), muss der Heimlich-Handgriff angewendet werden. Das Manöver ist die leichteste von Laien zu erlernende Rettungsmethode. Beschrieben wurde der Griff zum ersten Mal 1974 von dem amerikanischen Arzt Henry J. Heimlich. > Stellen Sie sich hinter den von der Erstickung Bedrohten, beugen Sie ihn mit dem Oberkörper leicht nach vorne und platzieren Sie Ihre zur Faust geballte Hand im Bereich seines Oberbauchs, unterhalb des Brustbeins. Die andere Hand legen Sie über Ihre Faust und ziehen Ihre Hände kräftig gleichzeitig nach hinten und nach oben. Sollte der Fremdkörper dann immer noch nicht den richtigen Ausgang gefunden haben, wechseln Sie Rückenschläge und Heimlich-Handgriff ab und bitten einen anderen Gast, dem Rettungsdienst Dampf zu machen. > Der Heimlich-Handgriff ist unter Experten umstritten. Er kann innere Verletzungen verursachen, weshalb auch ein geretteter Betroffener nach Einsatz des Manövers ärztliche Untersuchung benötigt. Auch ist der Griff nicht immer erste Wahl: Bei einer Fischgräte verspricht er nur wenig Erfolg. Sein Prinzip basiert auf der Erzeugung von Überdruck, der nur bei einer völlig verschlossenen Luftröhre seine volle Wirkung entfalten kann. Auch bei bereits eingetretener Bewusstlosigkeit darf der Heimlich-Handgriff nicht angewendet werden – dann gilt er als zu riskant.

055 EINEN STREIT SCHLICHTEN

Es soll ja schon Grillabende gegeben haben, die etwas aus dem Ruder gelaufen sind. Oft wurde in deren Verlauf sehr viel Alkohol gereicht. Wir gehen zwar davon aus, dass Sie alles im Rahmen halten wollen und – weil Sie an Unstimmigkeiten am Rost nicht im Geringsten interessiert sind – den Ausschank an harten Alkoholika einschränken. Sollte aber dennoch einmal eine Veranstaltung einen Verlauf nehmen, der Ihr Eingreifen erforderlich macht – obwohl Sie nur Bier serviert haben –, gibt es ein paar einfache Empfehlungen. Bekommen sich zwei Ihrer Gäste in die Haare, reichen vier simple Hausmittel. Es sind Maßnahmen, die sich über Jahrhunderte hinweg bewährt haben.

| **SCHRITT 1: LAUTES RUFEN** | Sich körperlich einzumischen und dazwischenzugehen, kann kontraproduktiv sein. Es steigert die Unruhe und kann sogar ein Geschiebe in der Größenordnung einer ausgewachsenen Wirtshausprügelei nach sich ziehen. Ein lautes männliches „Heee!“, aber auch ein ohrenbetäubender Schrei aus weiblicher Kehle wirken da wesentlich besser.

| **SCHRITT 2: NAMEN NENNEN** | Wir gehen einmal davon aus, dass Sie die Namen Ihrer Gäste kennen. Falls nicht, ist Eile geboten: Er-

kundigen Sie sich nach den Namen. Irgendjemand wird die Streithähne schon kennen. > Noch besser als lautes Rufen ist es nämlich, laut Namen zu nennen. Das hat schon viele zur Besinnung gebracht.

| **SCHRITT 3: LÖSCHEN** | Ein Eimer mit kaltem Wasser löst gleich mehrere Probleme. Er wird eine Rangelei mit ziemlicher Sicherheit in erstaunlicher Geschwindigkeit auflösen. Es kommt aber ein bisschen darauf an, wie gut Sie zielen können. Achten Sie darauf, beide Sparringspartner zu erwischen. Und: Füllen Sie nach Ihrem Eingreifen den Eimer wieder auf. Bald wird er helfen, einen Eingeschlafenen zu wecken und ihn ans Nachhausegehen zu erinnern.

| **SCHRITT 4: IN DIE LUFT SCHIESSEN** | Als Pazifisten lehnen wir Waffen aufs Schärfste ab. Wir hoffen inständig, dass Sie keine Pistole und kein Gewehr im Haushalt haben, geschweige denn am Grillplatz. Gegen eine anständige Karnevalspistole mit Wumms ist aber nichts einzuwenden. Muss ja keiner merken, dass Sie mit Attrappen agieren. Ein Schuss in die Luft jedenfalls hat sogar schon in den Saloons des Wilden Westens viele Prügeleien zuverlässig beenden können.

056 EIN FEUER LÖSCHEN

Damit ein Feuer brennen kann, benötigt es drei Faktoren im richtigen Mischungsverhältnis: Brennstoff, Sauerstoff und Wärme. Das gilt für die Glut in Ihrem Grill genauso wie für einen Großbrand. Was also ist zu tun, wenn trotz aller Vorsichtsmaßnahmen die Glut Ihres Grills einen Wald in ein flammendes Inferno verwandelt hat?

| **UND PLÖTZLICH BRENNT DER GANZE WALD** | Im Regelfall durchläuft der von der Glut verursachte Waldbrand drei Phasen: Auf das Lauffeuer am Boden folgt der Übersprung auf die Baumwipfel (das so genannte Wipfelfeuer) – und darauf der Totalbrand. > Sosehr es Sie auch reizen mag, als todesmutiger Firefighter gegen den Waldbrand zu kämpfen, so aussichtslos wäre Ihr Unterfangen. Schon ein Windstoß aus der falschen Richtung kann zur Katastrophe führen.

Aber Sie können sich trotzdem nützlich machen. Verlieren Sie keine Zeit, alarmieren Sie die Feuerwehr, und bringen Sie sich selbst und Ihre Gäste in Sicherheit. > Die unterschiedlichen Brandbekämpfungs-

Ob Waldbrand oder Lagerfeuer: Ein Feuer braucht immer drei Faktoren, um zu brennen. Auch am Grill gilt der Dreisatz.

methoden verfolgen ein Ziel: Dem Feuer muss mindestens einer der drei zu seiner Entstehung essenziellen Faktoren entzogen werden.

| **BRENNBARER STOFF** | Etwas, was schon in Flammen steht, ist selbstverständlich kaum zu entfernen, aber: Der Weg zu weiterem, frischem Brennstoff muss dem Feuer abgeschnitten werden. Mithilfe eines kontrollierten Gegenfeuers kann eine Brandschneise durch den Wald gezogen werden. Kommt der Waldbrand an der Schneise an, findet er nichts Brennbares mehr und kann dann leichter gelöscht werden.

| **WÄRME** | Große Mengen an Wasser oder Löschschaum, die vom Boden oder aus der Luft abgeworfen werden, kühlen den brennbaren Stoff unter seine Zündtemperatur ab. Bei Holzkohle liegt diese bei circa 300, bei Holz bei 280 Grad. Stroh entzündet sich bei 250 und Zeitungspapier schon bei 175 Grad. Wird unter die Zündtemperatur gekühlt, stirbt das Feuer ab.

| **SAUERSTOFF** | Sauerstoff kann bei einem Großbrand nur punktuell, niemals ganz entzogen werden – dafür ist die lodernde Fläche einfach zu groß. Mit dem Einsatz von Brandklatschen oder Feuerpat-

schen kann das Feuer aber so weit in Schach gehalten werden, dass es – bis weitere Hilfe naht – an Gefährlichkeit verliert. > Jetzt hätten wir beinahe vergessen, Ihnen zwar zum schnellen Alarmieren der Feuerwehr zu gratulieren, Ihnen aber auch viel Glück beim anstehenden Gerichtstermin zu wünschen. Für die von Ihnen angerichtete Verwüstung werden Sie sich natürlich vor einem Zivilgericht verantworten müssen. Die abgebrannten Bäume hatten schließlich einen Eigentümer – und der wird den entstandenen Schaden von Ihnen einfordern.

057 AM ROST GESUND BLEIBEN

Wie immer, wenn etwas besonders viel Spaß macht, hebt sich ein Zeigefinger und sagt: „Hallo! Ungesund!" > Jedes Grillbuch wäre nicht komplett, wenn es nicht einige Warnhinweise enthielte. Leider.

DAS PROBLEM MIT DEN NITROSAMINEN: Gepökeltes wie Speck, Wiener Würstchen oder Kassler sollte nicht auf den Rost. Beim Erhitzen bilden sich schädliche Nitrosamine, die als krebserregend gelten. DAS PROBLEM MIT DEM BENZOPYREN: Man kann sie in den Parks und Vorgärten beobachten: Die Unbelehrbaren, die ihr Nackensteak mit Bier duschen und mit der Fleischgabel durchlöchern, bis die Säfte spritzen. Die Flüssigkeit, die auf die Glut tropft, hat jedoch keine Geschmacksexplosion, sondern eine gefährliche Verpuffung zur Folge. Fett und Fleischsaft in der heißen Kohle entwickeln Rauch. Die Rauchwolken transportieren Benzopyren. Dieser krebserregende Stoff lagert sich in jedem Grillgut ab, an dem die Rauchwolken vorbeiziehen. DAS PROBLEM MIT HCA: Es gibt Grillfans, die es besonders gerne verbrannt haben. Doch die schwarzen, verkohlten Stellen schmecken nicht nur scheußlich, es finden sich auch schädliche Stoffe in ihnen, nämlich heterozyklische Amine (HCA). Je länger der Garvorgang bei direkter Hitze dauert, desto höher ist ihre Konzentration. HCA begünstigen die Entstehung von Tumoren. Wahren Sie daher immer den richtigen Abstand zwischen Rost und Kohle, und garen Sie größere Stücke lieber indirekt.

FLEISCH

FLEISCH-QUALITÄT ERKENNEN

Um es kurz in Erinnerung zu rufen: Das Buch, in dem Sie gerade blättern und lesen, ist ein Grillbuch. In einem Grillbuch sollte es ums Essen gehen, sonst wäre es kein Grillbuch. Auch wenn es in den ersten Kapiteln den Anschein gehabt haben könnte, beim Grillen handele es sich in erster Linie um eine handwerkliche Tätigkeit – nein, es soll und muss auch um das Thema Nahrung gehen. Wir sind Männer – und wollen satt werden. Es kommt nun der Punkt, an dem ein Buch wie dieses eine wichtige Entscheidung treffen muss: Wäre es nicht Fisch, nicht Fleisch, könnte dieses Buch ein Buch für Vegetarier werden. Da wir uns aber selbst immer noch an gutem Fleisch und frischem Fisch erfreuen (auch wenn die Vernunft manchmal anderes gebieten sollte), haben wir uns entschieden, beiden Lebensmitteln einigen Platz einzuräumen. Es ist durchaus möglich, seine Lebensqualität zu erhöhen und auf seine Gesundheit zu achten – und dennoch Fleisch zu essen. Auch wenn es, leider wahr, anders einfacher wäre.

| **GUTES FLEISCH** | 99 Prozent – diese Schätzung darf erlaubt sein – des in Deutschland erhältlichen Fleisches ist von minderer Qualität. Das klingt nicht schön, aber man kann es auch positiv formulieren. Versuchen wir es so: Ein Prozent des in Deutschland erhältlichen Fleisches ist von allerhöchster Qualität. Ihre Aufgabe ist es nun, diese Qualität zu entdecken – schließlich möchten Sie sich selbst Gutes tun – und sie schätzen zu lernen. Ohne allzu missionarisch auftreten zu wollen: Wer sich für Fleischqualität interessiert und sich bemüht, nur Fleisch aus zuverlässig guter Quelle zu erwerben, tut in zweierlei Hinsicht Gutes. Er sorgt sich um sein eigenes Wohlbefinden, wie auch um das des Tieres, das für den Grillteller sterben musste. Dem Irrsinn der industriellen Fleischherstellung die Stirn zu bieten ist nur dann möglich, wenn sich möglichst viele Konsumenten dazu entschließen, diese Produkte nicht mehr zu kaufen. > Unser Rat ist simpel: Kaufen Sie kein Fleisch im Supermarkt. Wenn Sie auf der Suche nach gutem Fleisch sind, müssen Sie sich persönlich nach dessen Herkunft erkundigen können. Das Fleisch in den Supermärkten allerdings kommt – wenn sich seine Herkunft überhaupt fest-

stellen lässt – aus einem der drei oder vier großen fleischverarbeitenden Megabetriebe, die, allein schon deshalb, weil ihnen der Preiskampf gar keine andere Möglichkeit lässt, am Fließband produzieren, ohne das Leben der Tiere zu achten. Industrie-Fleisch ist heute billiger als Brot, aber der Preis sollte beim Kauf eines Lebensmittels nicht der entscheidende Faktor sein.

| **FRAGEN STELLEN** | In vielen ländlichen Gebieten und in einzelnen Stadtvierteln finden sich heutzutage schlicht gar keine Metzger, Fleischer oder Schlachter mehr. Da Sie sich aber lobenswerterweise dazu entschlossen haben, nichts mehr aus der Fleischtheke des Discounters kaufen zu wollen, müssen Sie unter Umständen etwas Aufwand auf sich nehmen und ein paar Meter mehr zurücklegen als nur zum Supermarkt ganz in der Nähe, denn Sie sind ja auf der Suche nach dem persönlichen Gespräch. Auch wenn es Ihnen komisch erscheinen mag, haben nicht nur Sterneköche das Recht, so viel wie nur irgend möglich über das Tier zu erfahren, dessen Fleisch sie erwerben möchten.

Wo kommt das Tier her? Wie ist es aufgewachsen? Was hat es zu fressen bekommen? Wo und in welchem Alter ist es geschlachtet worden? Sie sind bereit, ein wenig mehr zu investieren, also darf sich der Metzger, den Sie bezahlen werden, ruhig ein bisschen bemühen. Ein guter Metzger weiß viel mehr über das Fleisch, das er verkauft, als Sie vermuten.

| **FLEISCH IN AUGENSCHEIN NEHMEN** | Dem Fleisch gute Qualität anzusehen, ist ziemlich kompliziert. Schlechte Qualität allerdings lässt sich schon auf den ersten Blick erkennen. Aber Sie können das üben – unterziehen Sie das Stück einem Blicktest in vier Schritten. Da viele Fleischvitrinen mit farbigen Lampen bestückt sind, um das Fleisch stets appetitlich zu präsentieren, sollten Sie sich das Stück Fleisch immer außerhalb der Theke zeigen lassen:

FARBE: Ein kräftiges Rot ist eine gesunde Fleischfarbe. Rind darf in tiefe, dunkle Rottöne gehen, Schweinefleisch sollte heller, aber

immer noch zart rosa sein, und Lammfleisch hellrot. MARMORIERUNG: Qualitativ gutes Fleisch ist von feinen Fettlinien durchzogen und hat eine schöne Marmorierung, Schweinefleisch übrigens ebenso wie Rindfleisch. FETT: Gesund gewachsenes Fett ist beim Schwein schneeweiß, nicht gelblich oder schwammig trübe. Bei einem guten Stück Rindfleisch ist es etwas dunkler. OBERFLÄCHE: Fleisch darf nicht aussehen, als ob es schwitzen würde. Wenn es frisch ist, ist es trocken. Erst, wenn es auf den Grill kommt, dürfen sich Tropfen auf der Oberfläche bilden. Es darf auch nicht schmierig aussehen. Druckstellen dürfen ebenfalls nicht zu sehen sein. Schweinefleisch hat einen leichten Glanz, der appetitlich, aber nicht ölig wirken sollte.

| **HAPTIK UND GERUCH** | Sie müssen Ihr Auge eine Weile schulen, um gutes von schlechtem Fleisch unterscheiden zu können – Sie können das aber auch fühlen. Allerdings wird Ihnen Ihr Metzger sicherlich nicht erlauben, jedes in Betracht kommende Stück abzutasten. Bitten Sie ihn jedoch, selbst einen Drucktest vorzunehmen. Wenn das Fleisch keinerlei Festigkeit besitzt, sollten Sie es links liegen lassen. > Solange Fleisch nicht verdorben ist, riecht es relativ neutral. Ganz leichte süßliche oder säuerliche Noten sind noch in Ordnung, wirklich wünschenswert sind sie nicht. Aber: Ist Fleisch ausschließlich im Vakuum gereift (was Sie nicht möchten), riecht es deutlich säuerlich. Wenn Sie es nach dem Braten vom Grill nehmen, wird es leider auch so schmecken. Gutes Fleisch sollte möglichst lange am Knochen gereift sein. Es kann für den Transport gerne in einem Vakuumbeutel landen, aber nicht zur Reifung.

059 REIFEPROZESSE BEOBACHTEN

Rumhängen, bis man schimmlig wird: Was wie der Traum eines jeden Teenagers klingt, ist Trend bei der Fleischbehandlung und seit ein paar Jahren weltweit im Gespräch. Aber: Was sich so anhört wie eine verrückte Erfindung zur Rettung der Fleischkultur, ist nur die Rückkehr einer uralten Tradition und einer lange Zeit vergessenen Handwerkstechnik. Bis das Verfahren der Dry-Age-Reifung Mitte des vergangenen Jahrhunderts durch das Vakuumieren von Fleisch abgelöst wurde, wusste jeder Fleischer, wie es geht. Nur war das Vakuumieren eben um einiges praktischer.

| **WET AGING – DIE ANAEROBE VAKUUMREIFUNG** | Im Vakuum reift Fleisch im eigenen Saft. Es kommt zunächst in einen Folienbeutel und dann in eine Vakuumkammer. Die Luft wird dem Beutel und der Kammer entzogen, indem man die Öffnung des Beutels mit Druck und unter Hitze verschweißt. > Für die Industrie hat das viele Vorteile: Es geht schnell, bedeutet relativ wenig Aufwand und gilt als hygienisch unbedenklich (obwohl bei dem Vorgang die Vermehrung von Milchsäure produzierenden Bakterien stattfinden kann, die dem Fleisch einen säuerlichen und metallischen Geschmack verleiht). > Die Erfindung des Wet Aging war aber auch aus anderen Gründen ein Segen für die Fleisch verarbeitende Industrie: Im Beutel verliert das eingeschweißte Fleisch kaum Gewicht, da keine Flüssigkeit entweichen kann – und Gewicht ist Geld. Dumm nur für den Konsumenten. Kommt Puten- oder Schweinefleisch aus dem Vakuumbeutel auf den Grill, tritt viel Flüssigkeit aus – und am Ende des Garvorgangs ist das Fleischstück plötzlich sehr viel kleiner.

| **DRY AGING – DIE AEROBE REIFUNG** | Dry Aging ist nichts anderes als das traditionelle „Fleisch abhängen lassen". Das Fleisch kommt in einen Kühlraum, in dem eine Temperatur von konstant zwei bis drei Grad nicht überschritten wird. Es herrscht eine Luftfeuchtigkeit von 80 bis 85 Grad, und es weht ein leichter Wind, der durch ein natürliches Umluftsystem oder elektrische Ventilation erzeugt wird. Dem Reifeprozess wird eine unterschiedlich lange Zeit eingeräumt: Manche Fleischer gönnen den abgehangenen Stücken drei, manche sogar bis zu sechs Wochen. Wenn Enzyme die zähen Fleischeiweiße zersetzen, bildet sich auf der Oberfläche der Schnitte Schimmel, und das Fleisch wird zart. Das Fleisch schrumpelt bei der trockenen Reifung und verliert bis zu zwanzig Prozent seines Gewichts. Verschimmelte äußere Schichten müssen weggeschnitten werden – obwohl sie lebensmittelrechtlich erlaubt sind, sind sie nicht schön anzusehen.

Wirtschaftlich lässt sich der Wertverlust nur regulieren, wenn das so gereifte Fleisch teuer verkauft wird.

| **DIE LUMA-BEEF-METHODE** | Die Schweizer Entdecker des Verfahrens, Lucas Oechslin und Marco Tessaro, haben dieser außergewöhnlichen Dry-Aging-Methode ihren Namen gegeben, indem sie die jeweils ersten beiden Buchstaben ihrer Vornamen opferten. Sie verwenden weißen Zuchtschimmel, dessen Enzyme Lipase und Protease für ein nussiges Aroma sorgen und die Zartheit des Fleisches weiter verbessern, weil sie die Eiweiße im Bindegewebe spalten. Ein ähnliches Verfahren ist in der Schweiz bei der Herstellung von Bündner Fleisch üblich. In Deutschland ist es nicht erlaubt, allerdings ist die Einfuhr von Luma Beef nicht verboten.

| **DER FLEISCHHUMIDOR** | Tüftler haben mittlerweile begonnen, Bauanleitungen für das Dry Aging zu Hause zu veröffentlichen. Bei einem durchschnittlich großen Haushalt ist der Bau eines eigenen Humidors allerdings nur bedingt zu empfehlen. Lüfter, Thermostate und Dreifachverglasung machen die Selfmade-Kühlkammer zu einer teuren Anschaffung. Möchten Sie jedoch unbedingt eine eigene Dry-Age-Kammer in Ihrem Zuhause haben, können Sie zum Preis eines Gebrauchtwagens Reifeschränke erwerben. Ein Tipp: Ein bisschen günstiger kommen Sie weg, wenn Sie im Jagd- und Forstbedarf einen Wildkühlschrank kaufen. Es kann sinnvoll sein, sich mit Gleichgesinnten einen Humidor zu teilen. Wir empfehlen, auf den eigenen Humidor zu verzichten und sich gelegentlich ein gutes Stück Fleisch zu kaufen, das nicht im Beutel gereift ist, und es im Kühlschrank offen noch ein wenig nachreifen zu lassen.

060 DIE KERNTEMPERATUR ABLESEN

Gutes Fleisch zu kaufen, ist das eine. Beim Grillen kommt es aber auch auf Temperaturen an. > Das heißt: Fleisch darf nicht verbrennen, muss im richtigen Moment vom Rost. Allerdings macht es auch keine Freude, wenn es noch roh ist. Sie werden dieser Tabelle noch dankbar sein.

EINIGE KERNTEMPERATUREN IM ÜBERBLICK

RIND	
Roastbeef	53 Grad
Roastbeef, medium	55–60 Grad
Filet, englisch	55–57 Grad
Filet, medium	58 Grad
Brust, durch	90–95 Grad
Entrecôte	56 Grad
SCHWEIN	
Kotelett	68 Grad
Nacken	70–75 Grad
Spare Ribs	65–70 Grad
Rücken, leicht rosa	55–58 Grad
Rücken, durch	65–70 Grad
Schulter	75 Grad
Steak	68 Grad
Filet	65–70 Grad
GEFLÜGEL	
Ente, durch	80–90 Grad
Gans, durch	90–92 Grad
Hähnchenbrust	72 Grad
Pute	80–90 Grad
LAMM	
Lamm	79–85 Grad
Keule, rosa	70–72 Grad
Keule, durch	82–85 Grad
Rücken, rosa	60–62 Grad
Rücken, durch	68 Grad
WILD	
Rehrücken, rosa	50–60 Grad
Hirschrücken, rosa	54–60 Grad
Wildschweinfilet	60–62 Grad
Wildschweinkeule	75 Grad
FISCH	
Rotbarsch	55 Grad
Lachs	60 Grad
Hecht	63 Grad
Forelle	65 Grad
KALB	
Brust	75–90 Grad
Haxe	80–85 Grad
Rücken, hellrosa	60–70 Grad
Schulter, durch	75–80 Grad

061

SELBST WURSTEN

Wenn im Frühjahr die ersten Einladungen zum Grillen ausgesprochen werden und endlich wieder Wurst auf den Rost kommt, freuen wir uns. Übrigens: Kennen Sie das Problem, wenn eine Einladung einen dazu auffordert, „selbst etwas mitzubringen"? Eigentlich ist das ja eine Bitte, der man gerne Folge leistet – aber man will sich weder mit einem Salat blamieren noch ein paar Bier mitbringen, die man am Ende doch nur selber trinkt. Sie sollten Ihre Ziele höher stecken. > Es bieten sich Ihnen zwei Möglichkeiten. Erstens: Sie backen ein wunderbares Brot. Allerdings hat noch kein Brot der Welt die Aufmerksamkeit erhalten, die es verdient hätte. Also entscheiden Sie sich für zweitens: Sie überraschen mit dem Beweis, dass Sie die Königsdisziplin des Selbermachens beherrschen – und bringen Selbstgewurstetes mit. Die Wurst gewinnt immer. > Allein in Deutschland haben über 25000 fleischerhandwerkliche Betriebe Rezepte für über 1500 Wurstsorten erdacht – von denen einige auch ganz vorzüglich sind.

KOCHWURST: Das Fleisch dieser Wurst wird gekocht, bevor es in den Darm kommt. Das Endprodukt wird nochmals gebrüht. Leber- oder Zungenwurst sind typische Vertreter der Gattung Kochwurst. ROHWURST: Die Inhaltsstoffe werden roh verarbeitet und bleiben roh. Eine rohe Bratwurst, wie die Coburger Bratwurst, muss noch am Tag der Herstellung gegart werden. Anderen Rohwürsten wie der Salami wird die Feuchtigkeit durch eine lange Lufttrocknung entzogen. So werden sie zwar hart und trocken – aber eben auch haltbar. BRÜHWURST: Das Fleisch dieser Wurst wird zwar roh verarbeitet, im Anschluss jedoch wird sie, meist in Salzwasser, vorgebrüht. Schweinsbratwürstchen, die so behandelt wurden, bleiben problemlos mehrere Tage im Kühlschrank frisch.

Bratwürste selbst herzustellen ist ein simples Handwerk. Hygienisches und exaktes Arbeiten ist Grundvoraussetzung. Leider ist es nicht ganz billig. Einiges muss angeschafft werden.

| **DER FLEISCHWOLF** | Besser als ein handbetriebener ist ein elektrischer Fleischwolf. Achten Sie darauf, dass verschiedene Lochscheiben für unterschiedliche Körnungen lieferbar sind, um bei der Kreation Ihrer Wurstwerke auch in der Körnung variieren zu können. Um die 200 Euro müssen Sie schon investieren. Suchen Sie eine Maschine aus, die leicht zu reinigen ist.

| **DER WURSTFÜLLER** | Sicherlich könnte man einen Darm auch mit dem Spritzbeutel füllen, aber wer ernsthaft ins Wurstgeschäft ein-

steigen will, kommt um die Anschaffung eines guten Wurstfüllers nicht herum. Das Füllrohr sollte austauschbar sein. Ein ordentlicher Füller wird mit Füllrohren in unterschiedlichen Kalibern schon für unter 200 Euro angeboten. Ein Füller sollte ein Fassungsvermögen von drei bis fünf Kilo haben; so lassen sich 30 beziehungsweise 50 Würste pro Füllung produzieren, was ausreichend sein dürfte.

| **DIE KÜCHENWAAGE UND EINE FEINWAAGE** | Die klassische Küchenwaage hilft beim Portionieren der einzelnen Fleischmengen; allerdings stößt sie an ihre Grenzen, wenn es um Kleinstmengen geht. Zum Wiegen von Gewürzen muss eine Feinwaage her, die auch ein halbes Gramm korrekt anzeigen kann.

| **SCHÜSSELN UND SCHALEN** | Wursten ist gleichbedeutend mit einer mittleren Materialschlacht – die Küche wird dabei zum Schlachtfeld. Planen Sie alle Arbeitsschritte sorgfältig, und besorgen Sie sich ausreichend Plastikwannen oder Schüsseln in der passenden Größe: eine Schüssel, in der das Fleisch gewürzt werden kann, eine, in der Därme gewässert werden, eine weitere, die das gewolfte Ergebnis aufnehmen kann und mindestens eine vierte, in der die fertig abgedrehten Würste zwischengelagert werden können.

| **EINE SAUBERE UND GERÄUMIGE ARBEITSPLATTE** | Drei Kilo Wurstbrät ergeben 30 Würste. Hierzu muss ein Darm von drei Metern Länge gefüllt werden. Ihr Arbeitsplatz sollte also eine entsprechende Unterlage bieten und über ausreichend Platz verfügen. Ein Schneidebrett aus dem üblichen Hausgebrauch wird in keinem Fall ausreichen.

| **EIN GROSSER TOPF** | Falls Sie Ihre Grillwurst vorbrühen möchten, brauchen Sie einen ziemlich großen Topf. Am besten kaufen Sie gleich den größten Topf, den Sie finden können.

| **EINE GUSSEISERNE PFANNE** | Getrocknete Gewürze sollten bei niedriger Temperatur geröstet werden. Nur so entwickeln sie das gewünschte Aroma.

| **DER MÖRSER** | Die getrockneten und gerösteten Gewürze müssen pulverisiert werden, um gleichmäßig verteilt werden zu können.

| **EINE STECKNADEL** | Kleiner Helfer, große Wirkung. Falls sich beim Abfüllen in den Darm kleinere Luftblasen bilden, können diese aufgestochen werden. So kann verhindert werden, dass der ganze Darm platzt, was kein schöner Anblick ist.

| **DIE VAKUUMMASCHINE** | Wer selbst wurstet, wird nicht nach vier mickrigen Würsten Feierabend machen. Wenn sich der Aufwand lohnen soll, sollte die Arbeit einem zumindest einen kleinen Vorrat an Würsten bescheren. Doch wohin mit all der Pracht? Rohe Würste müssen noch am selben Tag auf den Rost; vorgebrüht halten sie sich etwa sieben Tage im Kühlschrank. Eine Vakuummaschine kann hier sehr nützlich sein. Einzeln portioniert kommen die Plastikpakete ins Gefrierfach. Auf diese Weise erhöhen Sie die Haltbarkeit Ihrer Würste auf bis zu drei Monate.

DAS WURSTBRÄT: **Mit keinem industriell hergestellten Grillgut wird so viel Unfug und Schindluder betrieben wie mit der Wurst. Würste aus dem Supermarktregal können minderwertige Fleischreste, unzählige Geschmacksverstärker, künstliche Aromen, zu viel Flüssigkeit und manchmal sogar Sägespäne oder einiges mehr enthalten, was einem schon beim Gedanken daran im Hals steckenbleibt. Wenn Sie ganz sichergehen wollen, stellen Sie Ihre eigene Füllung her. Dann wissen Sie ganz genau, was in der Wurst drin ist.**

| **DAS FLEISCH** | Beginnen wir mit dem Fleisch, einer nicht ganz unerheblichen Komponente bei jeder Wurst. Schon beim Kauf des Ausgangsprodukts trifft man die wichtigste Entscheidung für die Qualität des Endprodukts. Nun eignet sich nahezu jedes Tier für die Wurstherstellung. Auch Arten wie Wildschwein und Lamm passen ausgezeichnet in die Pelle. Die verwendeten Teile können variieren, jedoch sollten Sie immer darauf achten, genug Fett zu verwursten. Schulter und Nacken sind von Natur aus weniger fetthaltig als Bauchfleisch. Das konnten Sie vermutlich schon vor dem Spiegel an

sich selbst feststellen. Um das auszugleichen, geben Sie einfach mehr Schweinespeck bei. Passende Phrase zum Thema gefällig? Bitte: Fett ist ein Geschmacksträger.

| **DIE GEWÜRZE** | Bei einer Bratwurst kann die Würzmischung aus Meersalz, Pfeffer, Zwiebeln, Thymian, Majoran und Kümmel bestehen – es geht aber auch anders. Kein guter Metzger verrät das Rezept seiner Würzmischung – und Sie müssen das auch nicht. Es gibt keine goldene Regel. Erweitern Sie die Mischung beliebig: mit Ingwer, Wacholder, Piment, Orangenzesten, Muskatblüte, Fenchelsaat, Senfpulver oder anderen geheimen Kräutern. Wichtig ist nur, die trockenen Gewürze vorher in einer Pfanne anzurösten, damit die Röstaromen freigelegt werden, und sie erst anschließend zu mörsern (zusammen mit allen anderen Gewürzen).

| **DER DARM** | Wurstbrät steckt fast immer in einem Darm – mal in einem künstlichen, meist jedoch im Naturdarm. Geeignete Därme, auch Saitlinge genannt, stammen von Schafen, Schweinen oder Rindern. Auf dem Markt befindliche Packungen enthalten Därme zwischen 50 und 90 Metern Länge. Das Kaliber eines Darms bezeichnet – wie bei Munition – seinen Durchmesser in Millimetern. Schafsdarm ist dünn (zwischen Kaliber 16–18 bis zu Kaliber 26–28), Schweinedarm hält mittlere Umfänge bereit (zwischen 26–28 und 36–40), und für dicke Würste eignen sich Rinderdärme (zwischen 34–36 und 43–46). Die Därme sind meist mit Salz konserviert und müssen vor der Benutzung zwei Stunden gut gewässert werden. Egal, wo Sie Ihren ersten Darm kaufen, halten Sie bitte kurz inne. Genießen Sie den Moment. Sie sind kurz davor, eine völlig neue Erfahrung zu machen.

Bald wird gewurstet! Es liegt Arbeit vor Ihnen, die Sie glücklich machen wird.

| **1. DIE KÜCHE AUF TEMPERATUR BRINGEN** | In der Küche sollte es so kalt wie möglich sein. Stellen Sie die Heizkörper aus und vermeiden Sie gleichzeitigen Ofenbetrieb. Das Brot kann warten – die Röhre bleibt aus.

| 2. DAS FLEISCH VORBEREITEN | Entfernen Sie zunächst sorgfältig Sehnen, Häute sowie Drüsen und zerkleinern Sie das Fleisch so, dass es gut in den Fleischwolf passt. Dieser Arbeitsschritt ist wichtig: Sehnen können sich im Fleischwolf verfangen und das Durchdrehen des Fleisches erschweren.

| 3. ALLES KÜHLEN | Um Fleisch zur perfekten Wurst zu verarbeiten, muss es kalt sein – um null Grad sind ideal. Halbgefroren ist das Fleisch perfekt. Am besten legen Sie es dazu vor der Weiterverarbeitung ins Gefrierfach. Achten Sie darauf, dass die Stücke, zum Beispiel auf einem Blech verteilt, nebeneinander genug Platz haben und nicht aneinander festfrieren. Bereits gefrorenes Fleisch sollten Sie einen Tag vor der Weiterverarbeitung im Kühlschrank auftauen. Nach Möglichkeit sollten Sie auch die abnehmbaren Teile Ihres Fleischwolfes ins Gefrierfach legen und dort vorkühlen.

| 4. DIE GEWÜRZE VORBEREITEN | Die benötigten Gewürze sollten abgewogen, trockene Gewürze in einer Pfanne erhitzt und frische Kräuter klein geschnitten sein. Im Mörser bringen Sie zusammen, was zusammengehört: Ihre ganz spezielle, eigene und streng geheime Bratwurst-Gewürzmischung.

| 5. DAS WOLFEN | Wählen Sie eine passende Lochscheibe für den Fleischwolf. Die gängigen Durchmesser der Löcher bewegen sich zwischen 2 und 8 mm. Je kleiner die Löcher, desto feiner wird die Wurst. Achten Sie weiterhin auf die Temperatur. Wir wiederholen das gerne: Das Fleisch sollte angefroren, sozusagen semi-freddo, sein. Schließlich erwärmt die Reibung im Wolf das Fleisch. Bei der Wurstherstellung aber darf das Eiweiß erst emulgieren, kurz bevor die Füllung in den Darm kommt. Emulgiert das Eiweiß früher (weil das Fleisch zu warm ist), wird die Füllung nicht halten. Bevor sie in den Wolf kommen, streuen Sie Salz auf die mageren Fleischstücke – das verbessert die Bindung.

| 6. DAS WÜRZEN UND KNETEN | Wursten ist Handarbeit. Um Ihre Hände vor dem kalten Brät und dieses vor Keimen zu schützen, ist das Tragen von Latexhandschuhen sinnvoll. Geben Sie die Gewürze zu der Mischung, und kneten Sie das Brät gut durch. Wenn sich alles richtig miteinander verbindet, emulgiert nun das Eiweiß und macht die Wurstmasse gefügig.

| **7. DER GESCHMACKSTEST** | Den Geschmack Ihrer Mischung sollten Sie immer mal wieder testen, aber bitte nicht roh. Für eine Geschmacksprobe reicht eine kleine Menge Wurstbrät, die zur Frikadelle geformt und in einer Pfanne gebraten wird. Falls Sie mit dem Geschmack nicht zufrieden sind, können Sie jetzt noch Veränderungen vornehmen – später haben Sie diese Gelegenheit nicht mehr.

| **8. DEN DARM AUFZIEHEN** | Zwei Stunden bevor der Darm gefüllt wird, muss er gewässert werden. Beim Entwirren des Darmknäuels ist Geduld gefragt. Machen Sie es sich leichter und kürzen Sie die Därme auf eine übersichtliche Länge von fünf Metern (den Rest können Sie weiterhin im Kühlschrank aufbewahren). Legen Sie die Darmenden über die Kante der Schüssel, dann müssen Sie die Enden nicht lange suchen. Jetzt ziehen Sie ein Darmstück auf das Füllrohr (das ganze Stück – also in der gesamten Länge) und lassen etwa 5 cm überstehen. Dieses Endstück sollten Sie zuknoten. Das erste Ende der Wurst ist nun fertig, aber das schwerste Stück Arbeit liegt noch vor Ihnen.

| **9. DAS BRÄT MUSS IN DEN FÜLLER** | Spülen Sie die Kammer Ihres Wurstfüllers mit warmem Wasser aus. Als Nächstes kommt das Brät hinein. Formen Sie Kugeln in der Größe eines Tennisballs und werfen Sie diese nacheinander mit Schmackes in die Kammer. So verhindern Sie, dass sich Luftkammern bilden. Dann verschließen Sie den Wurstfüller und drehen die Kurbel sachte und gleichmäßig, bis das Wurstbrät an der Öffnung des Füllrohrs zu sehen ist.

| **10. DAS BRÄT SOLL IN DEN DARM** | Ab jetzt sollten Sie zu zweit sein – das erleichtert die Arbeit enorm. Einer von Ihnen, der Füller-Mann, bedient die Kurbel des Füllers und drückt so das Brät in den Darm. Der andere, wir nennen ihn den Darm-Mann, drückt das Ende

des Darms mit Daumen und Zeigefinger fest zusammen und zieht den Darm gefühlvoll vom Füllrohr, im selben Tempo, in dem das Brät in den Darm hineingleitet. Füllen Sie ihn gleichmäßig, nicht zu prall (sonst reißt der Darm) und nicht zu locker (sonst entstehen Luftblasen). Falls sich trotzdem Luftblasen im Darm bilden, stechen Sie sie mit einer Stecknadel auf – das kann Schlimmeres verhindern. Die ganze Aktion geschieht in einem Rutsch. Ist das ganze Brät im Darm, liegt fürs Erste eine einzige, mehrere Meter lange Wurst vor Ihnen.

| **11. DAS ABDREHEN** | Es gibt auch hier keine feste Regel: Die Länge Ihrer Wurstkreationen bestimmen alleine Sie. Auch müssen nicht alle Würste gleich lang sein. Wenn es Ihnen Freude bereiten sollte, ein Sortiment an Orgelpfeifen zu haben, bitte. Verschaffen Sie an den Trennstellen links und rechts durch vorsichtiges Drücken mit Daumen und Zeigefinger den zukünftigen Würsten ein wenig Platz und drehen Sie sie mit beiden Händen einige Male um die eigene Achse – eine gleichmäßige Bewegung wie beim Seilspringen ist hier gefragt. Wenn die erste Wurst abgedreht ist, drücken Sie die nächste ab, aber erst die übernächste drehen Sie wieder in dieselbe Richtung wie die erste ab. Wie Seilspringen erfordert auch dieser Vorgang einige Übung. Bleiben Sie geduldig. Auch wenn der Darm platzt, lassen Sie sich nicht aus der Ruhe bringen. Retten Sie die bisherige Wurstkette, indem Sie diese am Ende verknoten. Entfernen Sie am anderen Ende überschüssiges Brät und machen Sie einfach weiter. Es geht schließlich nicht darum, die längste zusammenhängende Würstchenkette zu bekommen, sondern wohlgeformte Einzelwürste.

| **12. DIE WÜRSTE VORBRÜHEN** | Falls Sie rohe Bratwürste auf den Grill bringen möchten, können Sie diesen Schritt überspringen. Falls Ihre Grillwurst jedoch länger haltbar sein soll, lesen Sie bitte weiter. Brühen Sie die Würste in 75 Grad heißem und gesalzenem Wasser vor. Durch das Salz bleibt der Geschmack in der Wurst und wandert nicht ins heiße Wasser ab. Nach ca. 15 Minuten können die Würste aus dem Topf – und sollten gleich aus zwei Gründen ein Eisbad nehmen: Erstens werden sie dann abgeschreckt und zweitens behalten sie so ihre Farbe.

062

ZWEI WIRKLICH GUTE WÜRSTE

Salsiccia und Schweinsbratwurst eignen sich gut für den Grill und gelingen auch Anfängern. Die benötigte Kräutermischung ist simpel herzustellen. Erst wenn Sie geübter sind, sollten Sie beginnen, zu variieren. Am besten führen Sie Buch über Ihre eigenen Mischungen; nur so werden Sie Schritt für Schritt zum Wurstprofi.

| **SALSICCIA** | Wie im vorherigen Abschnitt *Selbst wursten* beschrieben, säubern Sie zunächst Fleisch und Speck, zerkleinern alles und stellen es in das Gefrierfach. Wenn das Fleisch angefroren ist, bestreuen Sie es mit Salz und jagen es durch die grobe Lochscheibe des Fleischwolfs. Geben Sie die Gewürze und das Wasser zum Brät, und kneten Sie alles so lange, bis es gut bindet. Braten Sie ein Stück Brät in einer Pfanne, und kosten Sie es vor; würzen Sie Ihr Brät gegebenenfalls nach. Wenn Sie mit dem Geschmack zufrieden sind, befüllen Sie den Darm damit und drehen Würste von ca. 10 cm Länge ab. Bis zum Grillen sollten die fertigen Würste einige Stunden ruhen. Bei niedriger Temperatur auf einer Zwei-Zonen-Glut grillen. **1,5 kg mageres Schweinefleisch** > **500 g Schweinespeck** > **5 m Schweinedarm, Kaliber 30/32** > **35 g Salz** > **100 g Wasser** > **6 g schwarzer Pfeffer, zerstoßen** > **4 g Fenchelsamen, zerstoßen** > Ergibt 2 kg Wurstmasse beziehungsweise 24 Stück

| **SCHWEINSBRATWÜRSTE** | Die gesäuberten und gekühlten Fleischstücke durch eine feine Lochscheibe wolfen und mit den restlichen Zutaten vermischen. Das Fleischbrät abschmecken, in den Darm abfüllen und Würste von circa 12 cm abbinden. Die Würste etwa 10 Minuten in 70 Grad heißem Salzwasser vorbrühen und dann in Eiswasser abschrecken. Die Bratwürste sind auf dem Grill bei mittlerer direkter Hitze in wenigen Minuten fertig. **1,4 kg Schweineschulter** > **600 g Schweinebauch** > **8 m Lammdarm, Kaliber 18/20** > **36 g Salz** > **100 ml Milch** > **6 g schwarzer Pfeffer** > **2,5 g getrockneter Majoran, gerebelt** > **1,2 g Piment, gemahlen** > **0,8 g Muskatnuss, gemahlen** > **0,6 g Zimt, gemahlen** > **Schale von einer Zitrone** > Ergibt 2 kg Wurstmasse beziehungsweise 35 Stück

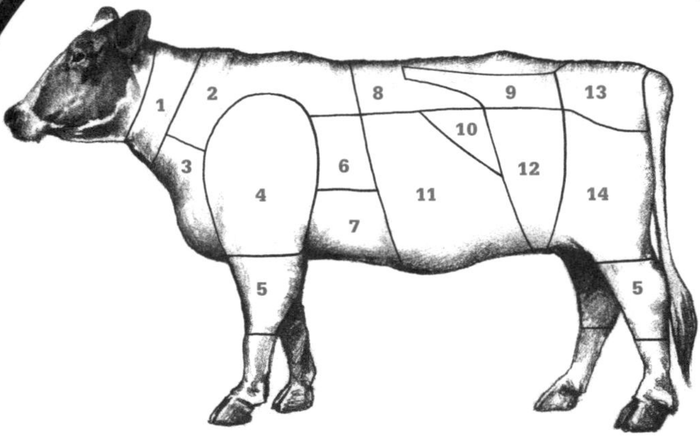

1 Hals **2** Fehlrippe/Hochrippe **3** Brust **4** Bug **5** Bein
6 Querrippe **7** Brustkern **8** Roastbeef **9** Filet
10 Bürgermeisterstück **11** Dünnung **12** Kugel
13 Hüfte **14** Ober-/Unterschale

RIND

063 SICH AM RINDERMARKT AUSKENNEN

Man könnte viele Rinderrassen sehr ausführlich beschreiben, denn es gibt eine unglaubliche Zahl an Züchtungen, Kreuzungen und wiederentdeckten Gattungen. Aber – wir haben nun mal ein speziell ausgerichtetes Interesse: Wir wollen wissen, welche Rasse uns das beste Fleisch schenkt. An Milchkühen sind wir nicht interessiert, also konzentrieren wir uns auf reine Fleischrassen. Charolais, Limousin, Razza Piemontese, Chianina, Fassone, Galloway, Highland Cattle, Hereford, Welsh Black, Dexter, Bison; die einheimischen Simmentaler und Pommersches Rind, Wagyu natürlich – alles wohlklingende Namen.

Wie immer aber gilt: Die Rasse ist wesentlich weniger entscheidend, als man Ihnen oftmals einzureden versuchen wird. > Wenn es um Fleisch geht, ist es viel wichtiger, auf dessen Herkunft zu achten, als auf den Familiennamen. Rinder, die in Würde aufwachsen und sterben durften, geben nun einmal besseres Fleisch als industriell aufgezogene und verarbeitete Tiere. Auch kommt es natürlich darauf an, wie gut und lange das Fleisch am Knochen reifen durfte, sowie auf das Setzen des richtigen Schnitts und die dadurch entstandenen Fleischstücke.

Dennoch: Rindfleisch hat keine heterogene Qualität – es gibt sehr wohl Unterschiede, zum Beispiel in der Fleischstruktur. So haben wir uns also entschlossen, eine Auswahl zu treffen und Rassen näher zu beschreiben, die Sie, bevor es an den Grill geht, beim Einkauf in die engere Wahl nehmen könnten. Am besten erkundigen Sie sich auch nach Züchtern in Ihrer näheren Umgebung.

| **SIMMENTALER RIND** | Das Simmentaler Rind ist das bekannteste Rindvieh Deutschlands. Über ein Viertel aller heimischen Rinder sind Simmentaler. Ursprünglich kommen die Simmentaler aus der Schweiz, und zwar, wie der Name es nahelegt, aus dem Simmental im Berner Oberland. Ihr Fleisch ist zuverlässig gut, sein Geschmack ist würzigherb. Stammt das Rind aus einer vertrauenswürdigen Zucht, können Sie nichts falsch machen.

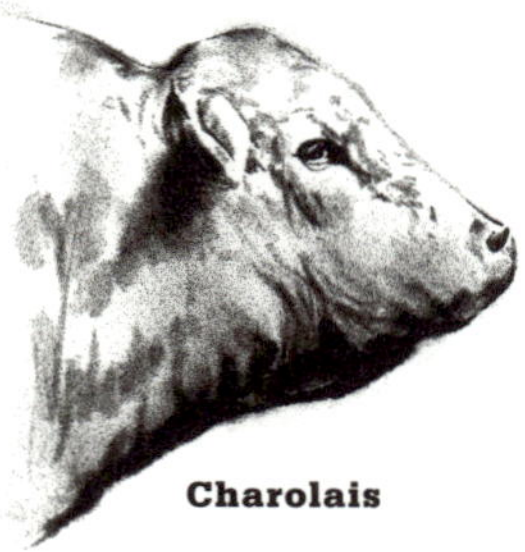

Charolais

Limousin

Galloway

Angus

| **POMMERSCHES RIND** | Das Pommersche Rind, eine Rasse aus der Familie der Schwarzbunten, grast seit über 500 Jahren auch in Deutschland. Das Fleisch entwickelt seine beste Qualität, wenn es mindestens vier Wochen nach traditioneller Methode gereift ist. Das gilt allerdings für andere Rassen auch – schlechter wird es nie. Gut gereift schmeckt es vollmundig, nussig und recht würzig.

| **CHAROLAIS** | Das Charolais stammt aus Frankreich, ist aber inzwischen überall auf der Welt zu Hause. Es ist kräftig, steht auf kurzen Beinen und weist viel Fleisch- und Muskelmasse auf. Sein hellrotes Fleisch ist fettarm, zart und aromatisch. Seine zwischen den Muskelfasern eingelagerten Fettäderchen ergeben eine feine Struktur und machen das Fleisch saftig und angenehm weich.

| **LIMOUSIN** | Das Fleisch ist feinfasrig und reich an Omega-3-Linolenfettsäuren. In der Bio-Landwirtschaft ist es als Fleischvieh beliebt,

da es sich schnell und unkompliziert vermehrt – nicht im Labor, sondern auf der Weide. Wie bei allen anderen Tieren auch, sollten Sie sich informieren, ob das Tier im Freilauf aufgewachsen ist, sich nur von ungespritzten Gräsern ernähren konnte und nicht mit Antibiotika behandelt wurde.

| **CHIANINA** | Vom Chianina-Rind, das hauptsächlich in der Toskana weidet, stammt das berühmte, für den Grill hervorragend geeignete „Bistecca alla Fiorentina". Die Chianini sind nicht mehr nur in Italien anzufinden. Dabei reisen sie eigentlich ungern: Schon wenn sie nur auf eine andere Weide verpflanzt werden oder in fremde Hände gelangen, reagieren sie gereizt. Auch ihr Fleisch verliert dann an Qualität – eine perfide Methode, sich zu rächen.

| **GALLOWAY** | Das schottische Hochlandrind wird weltweit erfolgreich gezüchtet. Sein Fleisch findet immer mehr Liebhaber. Es ist kurzfaserig, leicht marmoriert, cholesterinarm und voll im Geschmack. Wird dem Tier Zeit gegeben, langsam zu wachsen, entwickelt es noch höhere Qualität. Ein bisschen Salz – das reicht zum Würzen.

| **HEREFORD-RIND** | Es stammt aus Herefordshire in England, hat sich aber mittlerweile zu einem der beliebtesten Fleischrinder der Welt entwickelt, das nicht nur in Europa, sondern vermehrt auch in Süd- und Nordamerika gezüchtet wird. Sein fein marmoriertes Fleisch ähnelt im Geschmack dem des Aberdeen Angus, dem anderen berühmten britischen Rind, ist aber weniger fettreich. In der Haltung ist das Tier anspruchsloser, umgänglicher und weniger aggressiv.

| **ANGUS** | Vor allem in der Kreuzung als Deutsches Angus (mit Fleckvieh) und als Wangus (mit Wagyu-Rindern) bleibt das Fleisch beliebt. Das reinrassige Aberdeen Angus lässt sich dagegen immer schwerer an den Mann bringen. Die Tiere sind frühreif, und ihr Fleisch verfettet schnell.

| **DEXTER** | Sie haben ein Häuschen auf dem Land erworben und träumen von einem Leben als Züchter, haben aber nur wenig Fläche

zur Verfügung? Fangen Sie klein an. Das Dexter-Rind ist – im Vergleich zu anderen Rassen – recht niedlich. Auch ausgewachsen wiegen die Tiere nur um die 300 Kilogramm. Die Rasse eignet sich hervorragend als Haustier; früher wurde sie oft als einziges Tier auf einem kleinen Hof gehalten. Eine Dexter-Kuh gibt mehr Milch, als eine sechsköpfige Familie trinken oder zu Milchprodukten verarbeiten kann. Wird sie einmal im Jahr gedeckt und kalbt, reicht das (wenn Sie es übers Herz bringen, das Kalb schlachten zu lassen) für die Selbstversorgung mit Fleisch.

| **WAGYU** | Das Wagyu ist das vielleicht berühmteste Rind der Welt. Zumindest ist es das teuerste. Um keinen Wiederkäuer ranken sich mehr Mythen. Es soll mit Bier ernährt und mit Reiswein eingesprüht werden, im Stall laufe morgens Mozart und abends Beethoven, sagt man. Es wird angeblich massiert und geknuddelt. Wie es aber wirklich lebt, weiß keiner so genau.

Die Tatsache, dass das Wagyu seine Heimat Japan bis Mitte der 70er-Jahre nicht verlassen durfte und auch heute noch strengen Exportverboten unterliegt, macht es für Züchter auf anderen Kontinenten interessant. Sind Spermien im Umlauf, werden sie wie Diamanten gehandelt. > Ein Wagyu-Rind, das in der Region Kobe aufgezogen, gemästet und geschlachtet wurde, darf den Namen Kobe-Rind tragen. Es wird so exklusiv vermarktet wie Champagner, der nur aus der Champagne stammen darf. Nur: Es ist noch teurer. Ein ausgewachsenes Kobe-Rind wird sechsstellig gehandelt – einen gebrauchten Ferrari gibt es günstiger. Der Verkauf eines einzigen Tieres kann eine Züchterfamilie in Kobe ein Jahr lang ernähren. Wenn Sie sich einmal ein Steak von einem Wagyu leisten, wird Ihnen – neben seinem außergewöhnlichen Geschmack (es zergeht auf der Zunge wie Karamell) – besonders seine feine Marmorierung auffallen.

| **BISON** | Bisonfleisch ist zart, fettarm und im Vergleich zu Wagyu günstig. Es stammt von deutschen Züchtern oder aus Amerika, wo der Medienunternehmer Ted Turner (CNN) die größten Herden der Welt über seine Felder treiben lässt.

EINIGE SCHNITTMUSTER

Kennen Sie den? Kommt ein Mann zum Metzger und sagt: „Ich hätte gerne ein Steak." Die Pointe? Keine. Was da nämlich wie ein schlechter Witz anfängt, ist leider keiner. Es ist die schreckliche Wahrheit. Kein Mann käme je auf die seltsame Idee, zu einem Autohändler zu sagen: „Hallo, ich hätte gerne ein Auto." Im Autohaus weiß er genau, was er will – vom Sitzbezug bis zum Soundsystem. Aber beim Metzger? Da nimmt er es nicht so genau: Steak ist Steak. > Das Wort „Steak" stammt aus dem Altnordischen – einer Sprache, in der sich die Wikinger unterhielten. Wenn einer der Krieger einen Braten roch, dann nannte er ihn „Steik". Die Wikinger sind ausgestorben, das Steak hat überlebt.

Steak bezeichnet heute aber keinen Braten mehr, sondern eine quer zur Wirbelsäule geschnittene Fleischscheibe. Doch da beginnt schon das Problem. Jedes Land hat seine eigenen ganz speziellen Fleischschnitte: Eine Fleischscheibe aus England hat einen anderen Namen und eine andere Größe und Form als eine amerikanische. Was es noch komplizierter macht: In den USA, dem Mutterland dessen, was wir uns heute unter „Steak" vorstellen, gibt es mehr als 500 unterschiedliche Bezeichnungen und Schnitte. Ein Steak kann vom Thun-, Hai- oder Schwertfisch stammen, es kann als Schweinesteak oder Lammsteak auf dem Teller landen. In der Regel aber bezeichnet es eine Fleischscheibe aus dem Rind – weshalb es auch in diesem Kapitel gelandet ist.

FLANK STEAK: Stammt aus dem unteren Rippenbereich. Wird auch „London Broil Steak" genannt. Fest, wenig Fett. Ist nicht teuer, da es durch seinen geringen Fettanteil relativ wenig Geschmack mitbringt. Weil es so fettarm ist, kann die Zubereitung auch schnell misslingen, wenn mit zu viel Hitze gearbeitet wird. Besser ist es, mit niedriger Temperatur zu grillen. In Deutschland kennt man das Flank auch als „Rinderlappen" oder „Hose", in Frankreich als „Bavette Flanchet". In Argentinien wird ein Flank als „Matambre" (Hungertöter) serviert: Es wird eingerollt, mit Gemüse, Ei und Kräutern gefüllt und wie eine Roulade gebunden. HANGING TENDER:

Liegt im unteren Bauchbereich, hängt am Zwerchfell. Es ist fest und hat in der Mitte eine dicke Sehne, die entfernt werden muss. Das „Hanger" heißt in Deutschland „Nierenzapfen" oder „Kronfleisch", in Italien „Lombatello" und in Frankreich „Onglet". PORTERHOUSE: Ähnelt dem T-Bone. Wird auch aus dem flachen Roastbeef geschnitten. Im Unterschied zum T-Bone hat das Porterhouse jedoch höheren Filet- und geringeren Roastbeefanteil. Das „Bistecca alla Fiorentina" ist das in Europa bekannteste Porterhouse. Das Steak ist riesengroß: Wenn Sie beim Fleischer ein richtiges Porterhouse bekommen, sollte es locker für drei Personen reichen. RIB EYE STEAK: Ein Stück aus der Hochrippe. Die Hochrippe liegt vor dem Roastbeef und dem Nacken, zwischen achter und zwölfter Rippe. In Frankreich kennt man ein Zwischenrippenstück als „Entrecôte", allerdings werden die Fleischschnitte dort auch ganz anders gesetzt als in Amerika. Heißt „Eye", weil man einen Fettkern erkennen kann, der an ein Auge erinnert. SIRLOIN: Aus dem hinteren Ende des Roastbeefs. Ähnelt dem Porterhouse, ist aber noch größer und schwerer: Bis zu zwei Kilogramm können auf den Grill kommen. Das Monster ist zwar mager, aber dennoch kräftig. SKIRT STEAK: Nichts für Anfänger. Kommt aus dem Zwerchfell, ist fest, manchmal sogar fast schon zäh – aber: es hat eine grobe Maserung und nicht nur deshalb einen wunderbaren Geschmack, wenn es gelingt. T-BONE: Kommt aus dem ganzen Roastbeef. Der Klassiker der Steakhouseküche heißt T-Bone, weil der Knochen ein „T" bildet, das Roastbeef- und Filetanteil trennt. TENDERLOIN: Kennt man in Deutschland als Filet. Kommt aus der Lende. Hat keinen Knochen, keine Wirbel, kaum Fett. Mager, zart, teuer und überschätzt.

065 EIN STEAK GRILLEN

Das perfekte Steak ist zart und saftig. Wer nach Perfektion verlangt, ist schon beim Einkauf aufmerksam. Bestehen Sie auf einem schönen Stück, einem Rib Eye zum Beispiel, und achten Sie darauf, dass es dick genug ist und eine schöne, von Fettpolstern durchzogene Maserung hat. Zwei bis 3 cm dick sollte ein ordentliches Steak schon sein. > Nehmen Sie sich Zeit: Ein Steak kauft man nicht, packt es zu Hause aus und wirft es auf den Grill, sondern es bedarf sorgfältiger Planung. Kaufen Sie frühzeitig ein, und legen Sie Ihr Steak für zwei Tage und zwei Nächte in den Kühlschrank, ausgepackt wohlgemerkt, auf einen kleinen Rost – so, dass es auch von unten Luft bekommt. Es reift nun noch ein wenig nach, trocknet ein bisschen an und entwickelt noch mehr Geschmack.

Die Vorbereitung ist damit aber noch immer nicht abgeschlossen. Wie gesagt, wir reden hier schließlich von Perfektion. Bevor das Steak auf den heißen Grill kommt, sollte es Raumtemperatur annehmen dürfen. Nehmen Sie es also rechtzeitig vor dem Grillen aus dem Kühlschrank.

| **JETZT GEHT'S ENDLICH LOS** | Der Grill ist heiß. Sogar so richtig heiß. Salzen Sie das Steak. Verwenden Sie aber zu diesem Zeitpunkt keinen Pfeffer. Bei großer Hitze verbrennt Pfeffer sofort – pfeffern Sie also lieber später oder gar nicht. Ein Pfeffersteak ist auch nicht das, was Sie sich wünschen. Sie wollen ja den reinen Geschmack von Fleisch erleben.

Kommt das Steak dann auf den heißen Rost, dürfen Sie das Wunder der Maillard-Reaktion erleben, wenn Proteine und Zucker reagieren und dem Steak eine wunderschöne braune Kruste geben – und im Inneren die Säfte schützen, die für den Geschmack sorgen. Immer wieder versucht man Ihnen einzureden, ein Steak müsse von jeder Seite fünf bis sechs Minuten gebraten werden und dürfe dabei nur einmal gewendet werden – das ist natürlich völliger Unfug. Wenden Sie das Steak ruhigen Gewissens alle 20 Sekunden, nur so bekommt es in regelmäßigem Rhythmus von unten starke Hitze, kühlt aber auf der Oberseite nicht schon wieder aus. Außerdem gart es so im Inneren nicht einseitig zu stark, sondern gleichmäßig durch.

Um zu testen, welchen Gargrad Ihr Steak erreicht hat, verwenden Sie ein Thermometer und messen die Kerntemperatur (siehe Tabelle auf

Seite 127) oder machen den Daumentest (vgl. Gartest, Seite 146). Auf keinen Fall dürfen Sie das Steak vom Grill nehmen und in der Mitte durchschneiden: So gehen alle Fleischsäfte verloren – für immer.

| **GEDULD IST DIE TUGEND DER GLÜCKLICHEN** | Reißen Sie sich zusammen. Nur weil Ihr Steak den Grill verlassen hat, ist es noch lange nicht fertig. Gönnen Sie ihm ein wenig Ruhe – wenigstens fünf Minuten. Die Fleischsäfte können sich neu sammeln und gerecht verteilen. Das Fleisch bleibt dann saftig. Ein Steak, das direkt vom Rost kommt, ist so sensibel, dass schon der erste Schnitt mit dem Messer und der erste Druck mit der Gabel ihm alle Säfte entziehen würden.

| **DER PERFEKTE GARGRAD** | In Deutschland wird Steakessen häufig mit einer Mutprobe verwechselt. Da Frauen sich an Wagnis-Spielen nicht beteiligen wollen, haben sie sich angewöhnt, alles grundsätzlich „durch" zu bestellen, während Männer Fleisch gerne roh essen und es „blutig" nennen – auch, wenn es sich nur um Fleischsaft und nicht um Blut handelt. Die englischen und französischen Bezeichnungen haben ein wenig mehr Stil.

DER PERFEKTE GARGRAD EINES GUTEN STEAKS

Extra-rare oder **Blue | bleu:** eindeutig rot und kalt (46–49 Grad) **Rare | saignant:** weich, mit kaltem, rotem Kern in der Mitte (52–55 Grad) **Medium rare | à point:** fester, mit warmem rotem Kern in der Mitte (55–60 Grad) **Medium | demi-anglais:** fest und rosa (60–65 Grad) **Medium well | cuit:** fest, nur noch ein wenig rosa Färbung in der Mitte (65–69 Grad) **Well done | bien cuit:** fest, überall graubraun durchgefärbt (71–100 Grad)

| **DER DAUMENTEST** | Ein Drucktest an der eigenen (lebendigen) Hand kann einen Eindruck darüber vermitteln, in welchem Garzustand sich das (tote) Fleisch eines Tieres befindet. Je weiter Sie den Daumen kreuzen, desto fester wird Ihr Daumenballen.

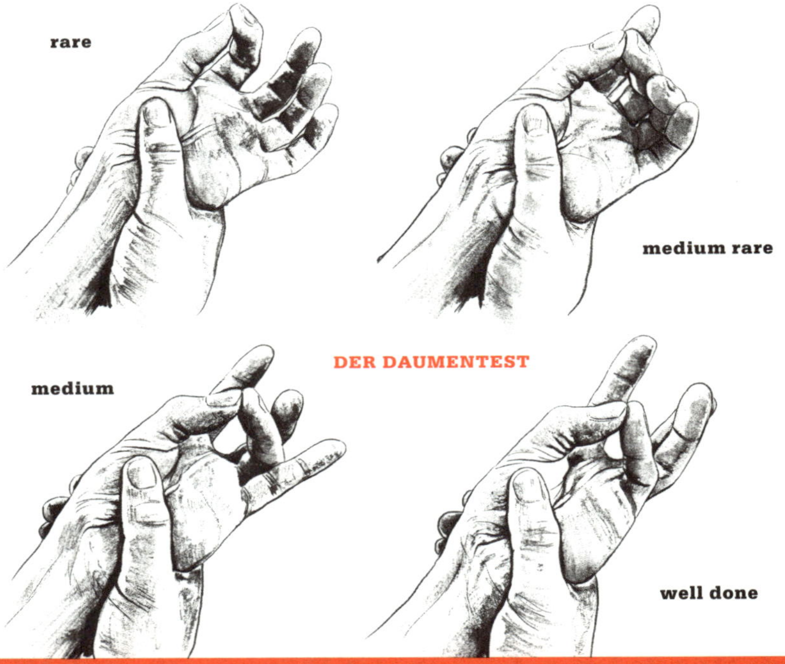

DER DAUMENTEST

066 EINEN BURGER BRATEN

Gebratenes Hackfleisch zwischen zwei Brötchenhälften zu packen ist einfach. Kompliziert ist es, herauszufinden, wer eigentlich auf diese geniale Idee kam. Wieso heißt das Gericht Hamburger? Handelt es sich um eine britische Burg aus Schinken? Um eine hanseatische Erfindung? Um ehrlich zu sein, gibt es nicht nur den einen Erfinder – der Hamburger hat viele Väter. > Der Vorläufer des berühmten Fleisch-Patties war ein Klops aus rohem Rinderhack, behauptet eine der vielen Legenden. Die Grundidee dazu stamme angeblich von wilden mongolischen Reiterkriegern. Um möglichst viel Reiten und Erobern zu können, fielen deren Essenspausen spartanisch aus. Vor dem Ritt packten sie rohe Rindfleischstücke unter ihre Sättel, wo diese durch das immerwährende Auf und Ab mürbe wurden und nach einer Eroberung roh verspeist werden konnten. Die Mongolen aßen das „Sattel-Fleisch" auch im 13. Jahrhundert bei der Invasion Moskaus. Russische Köche verändern das Gericht durch die Zugaben von rohen Zwiebeln, Gewürzen und rohem Ei. Von nun an hieß es „Steak Tartar(e)", weil man die Mongolen in Russland Tartaren nannte. > Im 17. Jahrhundert gelangte das Gericht über den Seeweg auch nach Deutschland, in den damals schon bedeutsamen Hafen von Hamburg. Hier veränderte ein Unbekannter erneut die Rezeptur, gab Brotkrumen und Gewürze zum Hack und briet es. > Abermals über den Seeweg gelangte der nun gebratene Fleischklops im späten 18. Jahrhundert in die USA. Hier wurde das Gericht als „Hamburg Steak" berühmt. > Wer Anfang des 20. Jahrhunderts allerdings als Erster auf die Idee mit dem Brötchen kam, ist historisch nicht belegt.

Aber auch, wenn man sich nicht an geschichtliche Fakten halten kann, ist doch eines Fakt: Gegen einen guten Burger ist nichts einzuwenden – egal, wer nun die geniale Idee dazu hatte.

| **DIE RICHTIGE BASIS** | Zunächst gilt, wie so oft: Es braucht zwar nicht viel, aber: Beste Zutaten sind die Voraussetzung für ein gutes Gericht.

| **DAS FLEISCH** | Kaufen Sie nach Möglichkeit kein abgepacktes Hackfleisch – weder reines Rinderhackfleisch noch gemischtes Hack. Dieses enthält schlicht zu wenig Fett. Gehen Sie zum Metzger und fragen Sie ihn nach einem Stück Rinderschulter mit 20 Prozent Fettanteil. Falls zu wenig Fett an der Schulter ist, lassen Sie sich zusätzlich noch ein wenig Schweinespeck einpacken. Falls Sie einen eigenen Fleischwolf besitzen, drehen Sie das Fleisch zu Hause – und zwar möglichst kurz vor Ihrer Burger-Party – durch. Falls Sie keinen Wolf zu Ihrer Küchenausstattung zählen, lassen Sie den Metzger ran.

| **DIE GEWÜRZE** | Übertreiben Sie es nicht. Würzen Sie das kalte, frisch gewolfte Hackfleisch, bevor Sie es in Form bringen, nur mit Salz, Pfeffer, etwas Senf oder Worcestersauce und einer fein geriebe-

nen Zwiebel. So fügen Sie der Fleischmasse etwas mehr Feuchtigkeit und Geschmack bei. Experimente, die Sie für geschmacklich explosiv halten, heben Sie sich lieber für die Burgersaucen auf. Kneten Sie Ihr Hack nicht intensiv durch, als ob es sich um Hefeteig handelte, sondern gehen Sie lieber sachte und vorsichtig vor und verteilen Sie die Gewürze unter Zuhilfenahme von zwei Gabeln.

| **DIE PATTIES FORMEN** | Patties, wie man die Burgerrohlinge nennt, lassen sich in kaltem Zustand am besten formen. Spülen Sie Ihre Hände zuvor mit kaltem Wasser ab. Je früher Sie aus dem gewürzten Hack Patties formen, desto stabiler bleiben diese. Greifen Sie sich beherzt eine Handvoll Hack, rollen Sie es in den Händen und drücken Sie es zwischen Ihren Handflächen platt, bis es gleichmäßig dick ist (zwischen 1½ und 2 cm) und der Patty einen Durchmesser von etwa 10 cm aufweist.

Grundsätzlich sollte der Patty etwas größer als das Brötchen sein, weil sich das Fleisch beim Braten zusammenziehen wird. Fertiggestellte Patties stellen Sie anschließend nochmals kalt – so beugen Sie einem späteren Auseinanderfallen vor.

| **AUF DEN GRILL** | Wenn Ihr Grill die richtige Temperatur hat (bei direkter Hitze zwischen 200 und 280 Grad), holen Sie die Patties aus dem Kühlschrank und legen sie auf den geölten Rost. Drücken Sie die Burgerrohlinge während des Garprozesses nicht mit dem Wender nach unten – dadurch würde nur der wohlschmeckende Fleischsaft aus dem Burger und ins Feuer gepresst. Wenn die Seite des Patties braun ist und an seiner Oberfläche einige Tropfen Saft austreten, ist es Zeit zu wenden – in der Regel sollte das nach etwa vier Minuten der Fall sein. Falls das Fleisch jedoch noch hartnäckig am Rost festklebt, warten Sie ruhig noch einen Moment. Ist der richtige Augenblick erreicht, lässt sich der Burger ganz leicht vom Rost lösen. Jetzt dauert es nur noch vier weitere Minuten, bis der Fleischklops perfekt gegart ist. Er ist dann in seinem Inneren noch immer leicht rosa – man nennt das „rare“. Falls dieser wunderbare, halbrohe Zustand der Patties Ihnen oder Ihren Gästen nicht ganz geheuer

ist, können Sie die Burger auch bei niedriger Temperatur am Rand des Grills parken und auf diese Weise ganz durchbraten. > Noch ein wichtiger Hinweis: Ihr Rost ist kein Strandabschnitt auf Mallorca. Überfüllen Sie ihn also nicht mit Grillgut: Lassen Sie immer etwa 30 Prozent der Fläche frei, um darauf fertige Patties warmhalten zu können. Auch kann die Freifläche zur Rettungsinsel werden: Sollten Ihre Burger Feuer fangen, können sie hier gut in Sicherheit gebracht werden.

Wenn Sie aus einem Ham- einen Cheeseburger machen möchten, legen Sie nach dem ersten Wenden eine Käsescheibe auf das Fleisch. Nur wenn der Patty noch auf dem Grill durchgart, kann der Käse anschmelzen und sein Aroma voll entfalten.

| **DAS BRÖTCHEN** | Im Idealfall stellen Sie Ihre Burger-Brötchen ebenfalls selbst her – allerdings natürlich nicht direkt am Grill, sondern schon früher. Ein Rezept finden Sie im Kapitel „Brot & Gemüse" auf Seite 242. Aber zur Not tut es auch ein gekauftes Burger Bun sowie jede andere Brotsorte. Bestreichen Sie beide Hälften auf der Innenseite mit Butter oder Öl und legen Sie diese ein bis zwei Minuten auf den Grill. So ist ein geschmackvoller, knuspriger Crunch garantiert, der im Zusammenspiel mit Saucen, Belag und Patty zu einem insgesamt stimmigen Burger führt.

| **DIE GARNITUR** | Seien Sie einfallsreich. Selbstverständlich macht man mit Salatblättern, Tomatenscheiben, Zwiebeln und Essiggurken nichts falsch. Aber mit Avocadoscheiben, Sprossen, Fenchel, Krautsalat oder gegrilltem Spinat macht man um einiges mehr richtig. Auch exotische Früchte wie Mango, Papaya oder Ananas können, gefühlvoll dosiert, zu einem besonderen Aroma beitragen.

| **DIE SAUCEN** | Auch hier gilt: Selbstgemachtes schlägt Fertigsauce. Ketchup, Mayonnaise und Senf passen immer, aber eine fruchtige Guacamole, ein feines Cranberry-Chutney oder die selbstgemachte Wasabi-Mayonnaise machen aus einem einfachen Burger einen ganz speziellen. Fünf einfach gute Saucen finden Sie auf Seite 236.

EIN BEEF BRISKET SMOKEN

Grillart .... Smoker/Kugelgrill
Hitze ...... indirekt, niedrige Temperatur
Kerntemperatur .... 85 Grad
Grilldauer .... ca. 10 Stunden

Mit Kurzgebratenem kennen Sie sich nun aus. Steaks und Burger haben Sie im Griff. Erfreut konnten Sie feststellen, dass beide Klassiker immer besser werden, je weniger Aufhebens um sie gemacht wird. Steaks und Burger sind ein puristisches Vergnügen. > Im Vergleich dazu ist das, was wir jetzt vorhaben, eher aufwändig. Aber es lohnt sich: Das Original Beef Brisket, so wie es in Texas serviert wird, werden Sie zwar nicht genießen können, denn – wir hatten es bereits mehrfach erwähnt – die amerikanischen Schnitte und Fleischqualitäten sind hierzulande kaum zu bekommen. Wirklich schlimm ist das aber nicht. Es ist sogar von Vorteil: Wenn Sie ein ordentliches Stück Rinderbrust aus artgerechter Tierhaltung kaufen, werden Sie auch am German Brisket mehr Freude haben als an jedem anderen Rinderbraten, an den Sie sich zuvor gewagt haben. > Es liegt allerdings ganz an Ihnen – an Ihrer Geduld, Ihrer Disziplin und an ein paar einfachen Tricks, die bei der Zubereitung zu beachten wären.

| ZUTATEN | **2–2,5 kg Rinderbrust oder Brustkern (ohne Knochen), auf einer Seite von Fett umgeben > 1 EL Pfeffer, grob gemahlen > 1 EL Meersalz > 1 EL Rohrzucker > 1 TL Chilipulver > 1 TL Zwiebelpulver > 1 TL Fenchelsamen > 2 TL Senfpulver > 2 kleine getrocknete Peperoncini** > Hauptgang für 4 Personen

| ZUBEREITUNG | Alle Gewürze im Mörser vermischen und fein mahlen. > Die Rinderbrust nur dann von Fett befreien, wenn die Fettschicht wirklich sehr dick ist. Eine gute Auflage muss erhalten bleiben – also halten Sie sich zurück: Entfernen Sie zu viel Fett, kommt das einem Todesurteil für den Geschmack gleich. > Reiben Sie die Rinderbrust mit etwas Olivenöl ein und tragen Sie dann den im Mörser gemixten Dry-Rub-Cocktail auf. Einige Grillmeister schwören ja auf Senf als Haftschicht, doch wir bevorzugen Öl. > Geben Sie das Fleisch in einen Plastikbeutel und legen Sie ihn in den Kühlschrank. Wann immer gerubbt oder mariniert wird, folgt darauf eine Ruhe-

phase; mehr dazu finden Sie in den Kapiteln *Gewürze* (Seite 210) und *Marinaden & Saucen* (Seite 226). Reiben Sie das Fleisch abends ein und gönnen Sie ihm eine ausgiebige Nachtruhe. Weiter geht es erst am nächsten Morgen.

| DER ZEITPLAN | **Vorabend 20 Uhr** Dry Rub mörsern, Fleisch einreiben, in den Kühlschrank legen. **Grilltag 09 Uhr** Das Fleisch aus dem Kühlschrank nehmen. **09:30 Uhr** Den Smoker (oder Kugelgrill) auf Temperatur bringen (circa 110 Grad). **10:00 Uhr** Das Fleisch kommt auf den Grill. **13:30 Uhr** Das Fleisch erreicht eine Kerntemperatur von 65 Grad. **18:30 Uhr** Das Fleisch erreicht eine Kerntemperatur von 85 Grad. Vom Grill nehmen, in Alufolie wickeln und 1½ Stunden ruhen lassen. **20:00 Uhr** Es wird serviert.

| DIE ARBEIT AM GRILL | Orientieren Sie sich am Zeitplan und an der Temperaturentwicklung. Mehr ist nicht zu tun. Achten Sie darauf, dass die Temperatur im Grill 100 Grad nicht unterschreitet. Gegebenenfalls müssen Sie Brennstoff nachlegen.

| DIE ZWEI WICHTIGSTEN TRICKS | Das Holz ist von entscheidender Bedeutung: Buche ist gut, Eiche ist besser, Kirsche am besten. > Das Thermometer: Haben Sie noch kein ordentliches Hitzemessgerät, das Kern- und Raumtemperatur nach außen übertragen kann? Legen Sie sich eines zu. Je öfter Sie den Grill öffnen müssen, desto größer ist die Gefahr, die gewünschten Kerntemperaturen nicht zu erreichen.

DER BRAUMEISTER EMPFIEHLT: Beim Steak geht es um den unverfälschten, puren Geschmack von Fleisch. So passt nur ein einfaches Bier – Helles, Lager oder Export –, das sich nicht in den Vordergrund drängt. Dunkles wäre zu dominant. > Ähnliches gilt für den Burger. Gut dazu schmeckt auch ein nicht allzu hopfenbetontes Pils wie das „Pilsner Urquell". > Zum Braten aus dem Smoker gesellt sich das Bamberger Rauchbier „Schlenkerla" ganz ausgezeichnet. Es wird mit über Buchenrauch gedarrtem Malz gebraut.

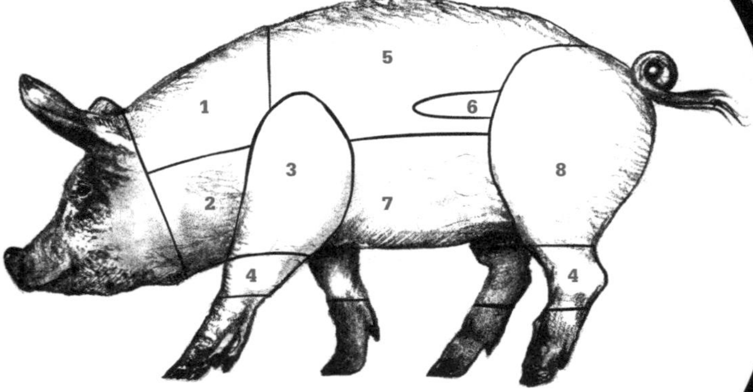

1 Nacken **2** Brust/Dicke Rippe **3** Schulter/Bug

4 Haxe **5** Rücken/Kotelett **6** Filet

7 Bauch **8** Hüfte/Schinken

SCHWEIN

068 EINEM SCHWEIN DIE EHRE RETTEN

„Nein, Mann. Ich esse kein Schwein!", sagt der eine Auftragskiller zum anderen. „Ein Schwein schläft und vögelt in seiner eigenen Scheiße. Das ist ein schmutziges Tier. Ich esse nichts, was nicht genug Verstand hat, sich aus seinen Fäkalien zu erheben." > Die zwei Gangster, die da gemütlich in einem typisch amerikanischen Diner sitzen und Butter auf Pancakes streichen, haben sich so richtig in die Haare gekriegt. Dass sie sich dabei ausgerechnet über Schweinefleisch streiten müssen, verlangt das Drehbuch. Beide Charaktere sind nämlich Erfindungen des Regisseurs und Autors Quentin Tarantino, und der Film heißt „Pulp Fiction". Der Dialog ist also fiktiv, die Figuren überzeichnet – aus dem Leben gegriffen ist ihr Gespräch allerdings sehr wohl. Schweine haben keine Lobby, dafür aber viele Feinde.

Wäre der bibeltreue Wanderprediger und Vollblutgangster Realität und seine Handfeuerwaffe echt, würde es einigen Mut erfordern, ihm zu widersprechen. Aber gut, erstens haben wir nichts zu befürchten und zweitens liegen uns ein paar Beweise für das Gegenteil vor. Schweine sind weder schmutzig noch dumm. Schweine sind sogar ziemlich hygienische Tiere. Die These, die gemeinen Borstentiere würden Schlafzimmer, Esszimmer und Toilette freiwillig zusammenlegen, ist nicht haltbar. > Wenn Schweine auf einer Weide genug Auslauf haben, trennen sie diese einzelnen Bereiche selbstverständlich und sehr exakt voneinander. Nur Schweine, die in Gefangenschaft und auf engstem Raum gehalten werden, verhalten sich gezwungenermaßen unhygienisch. Aber mal ehrlich: Wer würde, wenn er sein Leben in einer engen Box fristen muss, in der er sich nicht mal um die eigene Achse drehen kann, die Hygiene über den Überlebenskampf stellen? Nicht die Schweine spielen verrückt, sondern wir Menschen. Schuld an dem Elend ist der, der Tiere unter solch unwürdigen Bedingungen hält.

Auch das für Schweine typische Im-Schlamm-Wälzen ist kein unhygienisches Verhalten. Der so auf die Haut aufgetragene Schlamm ist das reinste Wellnessprogramm. Angriffe von Parasiten und Blutsaugern werden mit seiner Hilfe abgewehrt: Die Schlammschicht wirkt wie ein Panzer. Außerdem besitzen Schweine keine Schweißdrüsen zur Regelung der Körpertemperatur. An heißen Tagen verschaffen sie sich durch das Bad in der Suhle Abkühlung und schützen sich auf diese Weise vor einem Sonnenbrand.

Weitere Argumente zur Ehrenrettung des Schweins gefällig? Bitte: Schweine sind intelligente Tiere, die ihr Spiegelbild erkennen und mehr Kommandos als Hunde lernen können. Auch verfügen sie über einen exzellenten Geruchssinn. Sie sind wunderbare Haustiere und, ach ja, noch was: Tiergerecht geschlachtet und richtig zubereitet schmecken sie saugut.

069 ZARTE RIPPCHEN RÖSTEN

Es gibt doch kaum etwas Schöneres, als Fleisch direkt vom Knochen abzunagen. Besonders, wenn es nicht hart und faserig ist, sondern sich sanft vom Gebein löst. Das hat nicht nur haptische Gründe: Fleisch in Knochennähe weist einen besonders intensiven Geschmack auf. Nun sind schon Lammrippchen oder die Rippenbögen vom Rind ziemlich delikat, doch Schweinerippen schlagen alles. Sie landen besonders häufig auf dem Grill. Ihr guter Geschmack ist in handlicher Größe konfektioniert, was sehr praktisch ist. Auch wenn die Anzahl der Rippenbögen beim Schwein von Rasse zu Rasse variiert, so findet doch jedes Rippchen auf einem herkömmlichen Kugelgrill Platz.

Haben Sie Gäste zum Grillabend eingeladen und großspurig Spare Ribs angekündigt, sollten Sie allerdings frühzeitig beim Metzger Ihres Vertrauens eine Vorbestellung hinterlassen. Im regulären Sortiment sind die begehrten Rippchen – besonders außerhalb der Sommermonate – nämlich meist nicht vorrätig.

| **ZUR FLEISCHKUNDE** | Bevor es an den Rost geht, wollen wir aber noch einen Moment an der Fleischtheke verweilen. Es ist schließlich so: Die Geschichte der Spare Ribs ist eine Geschichte voller Missver-

ständnisse. Beeindruckt von den wohlklingenden amerikanischen Bezeichnungen, die einem überall um die Ohren gehauen werden, bestellt auch der deutschsprachige Grillinteressierte immer häufiger „Baby Back Ribs“ oder „Rip Tips“ und fragt am Ende gar nach einem „St. Louis Cut“ beziehungsweise nach „Side Ribs“. Beim heimischen Fleischer erntet er dann meist Häme oder Unverständnis und ergattert vielleicht sogar ein völlig undefinierbares Stück Fleisch, jedoch so gut wie nie das gewünschte Rippchen. Was nicht am Unwillen des Fleischers liegt, sondern an den landesspezifischen Unterschieden der Fleischzuschnitte. Es ist an der Zeit, Ordnung ins Chaos zu bringen.

Im Amerikanischen unterteilt man den Rippenbogen des Schweins – von oben beginnend – in „Baby Back Ribs“ (das sind die Teile der Rippe, die nah an der Wirbelsäule und der Lende liegen), den „St. Louis Cut“ (der mittlere, gerade Teil der Rippen) und „Rib Tips“ (die

American Rib Cuts
Querschnitt

1 Baby backs
2 St. Louis cut
3 Rib tips
2+3 Spare Ribs

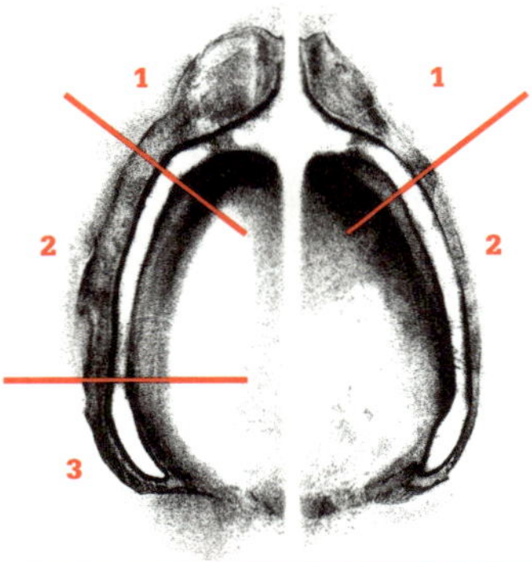

Deutsche Rippchen
Querschnitt

1 Kotelett-Rippchen
2 Spare Ribs
Deutsche Spare Ribs haben deutlich weniger Fleisch auf der Rippe.

unteren Enden der Rippen, die in der Nähe des Bauches liegen). Die beiden letztgenannten Teile ergeben, wenn man sie in einem Stück erhält, die „Spare Ribs“ (wörtlich: der „Rippenspeer“). > Wer hierzulande einen amerikanischen Metzger findet, hat Glück gehabt; alle anderen sollten die hier üblichen Begriffe verwenden: „Einmal Kotelettrippchen am Strang“ wäre die sinngemäße deutsche Übertragung für Baby Back Ribs. Wenn Sie einfach nur „Spare Ribs“ bestellen, verkauft man Ihnen Schälrippe, Bauchrippe oder Leitern, also lediglich den Mittelteil der Rippen – einen Schnitt, der in etwa mit dem „St. Louis Cut“ vergleichbar ist. Die „Rib Tips“, also die Enden der Rippenbögen, bekommen Sie nur zu Gesicht, wenn Sie „Schweinebauch“ ordern – denn dort halten diese sich versteckt. Bei Verständigungsschwierigkeiten hilft bloß eine ausführliche Beschreibung der gewünschten Fleischteile.

| **DIE VORBEREITUNG** | Wenn Sie das Stück Ihrer Wahl in Händen halten, sollten Sie es zunächst abwaschen, abtrocknen, mit einem scharfen Messer von überschüssigem Fett befreien und das Silberhäutchen auf der Knochenseite entfernen. Zu diesem Zweck legen Sie das Fleisch mit der Knochenseite nach oben vor sich hin und fahren mit einem Messer zwischen die dünne Membran und den Knochen. Nun können Sie die dünne Haut in der Regel mit den Händen greifen und in einem Stück von den Rippen abziehen. > Als Nächstes reiben Sie die Rippen von allen Seiten mit einem Dry Rub Ihrer Wahl ein, wickeln sie in Frischhaltefolie und legen sie für mindestens eine Stunde in den Kühlschrank.

| **AM GRILL** | Bereiten Sie den Grill mit einer Zwei-Zonen-Glut für indirektes Grillen bei 110 Grad vor. Benutzen Sie unbedingt Briketts – sie halten die Temperatur am längsten. Geben Sie eine Handvoll Räucherchips Ihrer Wahl auf die Glut. Jetzt legen Sie die Rippen mit der Fleischseite nach oben auf die kältere Seite des Grills, schließen den Deckel und blättern eine gute Weile weiter in diesem Buch. > Falls nach einer halben Stunde kein Rauch mehr aufsteigt, fügen Sie eine weitere Handvoll Räucherchips hinzu. > Überwachen Sie regelmäßig die Temperatur Ihres Grills. Lassen Sie dabei aber den Deckel nie zu lange geöffnet – die Temperatur sinkt schnell. Genaue Zeitangaben sind hier fehl am Platz, hängen sie doch zum Beispiel von der Dicke der Rippchen, den Wetterbedingungen und Ihrem Grillmodell ab. Nach spätestens fünf Stunden sollten Sie den Gargrad aber das erste Mal testen. Heben Sie den Rippenbogen mit Ihrer Grillzange vom Rost und bewegen Sie ihn vorsichtig nach oben und unten – las-

sen Sie ihn sozusagen schwingen. Wenn das Fleisch dabei leicht bricht und bereits die Knochen zum Vorschein kommen, sind Ihre Rippen so gut wie fertig. > Bestreichen Sie beide Seiten mit Glasur. Legen Sie die Rippchen dann für maximal fünf Minuten direkt über die Glut und wenden Sie sie vorsichtig. Bleiben Sie beim Finishing unbedingt am Grill. So eine Glasur verbrennt schnell. > Eine Warnung zum Schluss: Auch wenn Ihnen immer wieder dazu geraten wird, garen Sie die Rippchen nicht in kochendem Wasser vor. Dieser gut gemeinte Rat hilft nicht wirklich weiter. Die Ribs mögen im Anschluss auf dem Grill zwar schneller garen, verlieren aber im Rahmen der Vorgarmethode eindeutig an Geschmack.

070 WILDSCHWEIN MIT GRANTN

Grillart	Smoker/Kugelgrill
Hitze	indirekt, mittlere Temperatur
Kerntemperatur	62 Grad
Grilldauer	30 Minuten

Wildschweinfleisch weist viele Mineralstoffe und wenig Fett auf. Es ist nur unwesentlich teurer als Schwein aus artgerechter Haltung – und die Chancen stehen ziemlich gut, dass das Wildschwein auch wirklich artgerecht aufgewachsen ist, denn es hat, nun ja, wild gelebt. Es ist davon auszugehen, dass es auch in freier Wildbahn erlegt worden ist.

| ZUTATEN | **500 g Wildschweinfilet** > **Olivenöl** > Für den Dry Rub: **1 EL Meersalz** > **½ EL schwarzer Pfeffer, frisch gemahlen** > **½ EL rosa Pfeffer, ganz** > **1 EL weißer Zucker** > **1 TL Kreuzkümmel** > **1 Lorbeerblatt** > **2 Kardamomkapseln** > **2 Wacholderbeeren** > Für die Glasur: **1 kleine Schale „Zeifner Grantn-Glasur" (vgl. Kapitel „Gewürze", Seite 216)** > Vorspeise für 4 Personen

| ZUBEREITUNG | Alle Zutaten für den Rub im Mörser miteinander vermischen. Wenn Sie die Kardamomkapseln, die Wacholderbeeren und den rosa Pfeffer vorher ohne Ölzugabe in einer kleinen Pfanne anrösten, entwickeln sie einen feinen Duft und geben besser ihr Aroma ab. > Das Wildschweinfilet bleibt am Stück. Es wird gewa-

schen, mit Küchenpapier trocken getupft und pariert – das heißt, von überflüssigem Fett, Sehnen und Häuten befreit. > Reiben Sie das Filet mit dem Dry Rub ein, verpacken Sie es luftdicht in einen Gefrierbeutel und legen Sie es mindestens zwei Stunden lang in den Kühlschrank. > Etwa eine Stunde, bevor serviert werden soll, müssen Sie den Grill vorbereiten. Sie werden indirekt auf einer Zwei-Zonen-Glut aus Holzkohle grillen. Im Garraum Ihres Grills oder Smokers sollte mittlere Hitze von etwa 130 Grad herrschen. > Platzieren Sie Ihr Filet über der kälteren Zone des Grills und schließen Sie den Deckel. Wenn das Fleisch eine Kerntemperatur von circa 62 Grad erreicht hat (das dürfte ungefähr eine halbe Stunde dauern), nehmen Sie es noch einmal kurz vom Grill. Mit einem Pinsel können Sie die auf Seite 216 beschriebene Glasur auftragen. Die darin enthaltenen Preiselbeeren (Österreichisch: Grantn, siehe Seite 216) passen hervorragend zum Geschmack des Wildes. Geben Sie das Filet jetzt für einige wenige Minuten direkt über die Glut, bis die Glasur leicht Blasen wirft. Ist das Filet fertig, kann es in Scheiben geschnitten werden – allerdings erst, nachdem Sie es in Alufolie gewickelt noch etwa zehn Minuten bei Zimmertemperatur haben ruhen lassen.

DER BRAUMEISTER EMPFIEHLT: **Beim Grillklassiker „Spare Ribs" sind Experimente fehl am Platz. Bleiben Sie beim Hellen. Es ist ein relativ einfaches Gericht, das nach leicht verständlichen Bieren ruft. Suchen Sie nach Alternativen, dürfen Sie auch mal einen hellen Bock probieren – zum Beispiel ein Osterbier, wie es bei Forst in Südtirol gebraut wird. Wenn durch den Rub eine ausgeprägte Würze durchschmeckt, passt aber auch ein volumiges Bier. Ein dunkles Weizen etwa, das durch die obergärige Hefe auch noch Frucht hinzu gäbe. > Zum Wildschwein passt ein dunkler Bock oder ein Stout von Guinness. Perfekt wäre ein „Chocolat Porter" von Fullers oder Meantime Of London, die Schokoladenmalz verwenden. Kräftige, stärkere Biere, die eine Note leichter Röstaromen tragen, sind zu Wild stets ideal. Ich selbst serviere auch gerne Honig-Bier zu Wild – denn Süße passt auch immer gut.** ....

1 Brust **2** Flügel

3 Oberkeule **4** Unterkeule

GEFLÜGEL

071

EIN HÄHNCHEN TEILEN

Das Brathähnchen gehört zu den größten Herausforderungen am Grill – nur nimmt es leider trotzdem kaum ein Grillmeister ernst. Das hat zur Folge, dass es kein Gericht gibt, das so oft falsch behandelt wird und verbrannt oder roh auf dem Teller landet. > Das Problem: Das Fleisch der Hähnchenbrust trocknet aus, sobald bei zu großer Hitze gegrillt wird. So behandeltes Fleisch schmeckt nicht. Reduziert man jedoch die Hitze, wird es nicht gar, was noch schlimmere Folgen haben kann – für die Gesundheit.

Das wunderbare Brathähnchen aus der Hühnerbraterei dreht sich geduldig bei minimaler Geschwindigkeit auf einem Drehspieß und wird so überall gleichmäßig und zuverlässig gut gegrillt. Am Gartengrill lässt sich dieser Vorgang nicht kopieren – außer man hat eine aufwändige Vorrichtung, die den Spieß elektrisch dreht. Doch so ein Drehspieß ist teuer. Außerdem verdirbt der Umbau zur Rotisserie einem Grill den Charakter. > Als vor einigen Jahren die inzwischen hundertfach publizierte Idee aufkam, Hähnchen auf einer Bierdose zu rösten, schien eine Lösung gefunden worden zu sein, die doppelt Sinn ergibt: Das Huhn bekommt von allen Seiten Hitze, und das Bier aus der Dose (die unter dem Huhn platziert, so viel muss man zugeben, recht lustig aussieht) aromatisiert das Fleisch zusätzlich. Aber: Das ist alles Quatsch.

| **SCHLUSS MIT DEM DOSENHUHN** | Lassen Sie eine Bierdose dort, wo sie hingehört – in Ihrer Hand. In der Bauchhöhle eines Huhns hat sie nichts verloren: Das ist hühnchenverachtend und unappetitlich. Es ist an der Zeit, dem ganzen Gerede vom „Beer Butt Chicken“ den Mund zu verbieten. > Bierdosen sind eine zwar halbwegs hygienische Verpackung, aber beileibe kein Lebensmittel. Wie soll es gesund sein, eine Dose bis zu einer halben Stunde im Feuer stehen zu lassen und alles, was sich an Metall löst, direkt an das Huhn weiterzugeben? > Ein aufrecht auf einer Dose stehendes Huhn wird zwar von außen rundum schön gebräunt – aber an die Innenseite gelangt kaum Hitze. Mit der Bierdose wird es wie eine Flasche Wein verkorkt. > Ein

Huhn benötigt niedrige Temperaturen – sonst wird das Fleisch trocken. Wie soll das Bier aus der Dose dann noch Aroma abgeben können? Das Bier müsste kochen, um zu verdampfen. Aber probieren Sie es ruhig aus und stellen Sie die Dose mal auf die Waage: Nach einer halben Stunde auf dem Grill ist immer noch genauso viel Bier in der Dose wie zu Beginn. > Wie um alles in der Welt soll das Dosenhähnchen vom Grill genommen werden? An der heißen Dose? Eine gefährliche Konstruktion. Dass die Haut mit dem Dosenrand verklebt, macht es nicht einfacher. > Es gibt bessere Wege zum perfekten Grillhähnchen. „Brining“ (siehe Seite 229) kann ein ganzes Hähnchen vor dem Austrocknen schützen. Auch hilft, es zu zerlegen.

| **DAS AUFRECHTE HUHN** | Aufrecht zu grillen – das muss man dem Dosenhuhn-Rezept lassen – ist eine echt gute Idee. Verzichten Sie auf die Dose und platzieren Sie das (mit frischen Kräutern gefüllte) Huhn stattdessen auf einem Grillständer. Der hat den zusätzlichen Vorteil, dass das wohlschmeckende Fett in einer Auffangschale gesammelt wird.

| **DAS BUTTERFLY CHICKEN** | Der Schmetterlingsschnitt ermöglicht es auf wunderbare Weise, das Fleisch eines Huhns gleichmäßiger durchgaren zu können. > Alles, was Sie brauchen, ist eine hochwertige Geflügelschere, Ihr Kochmesser und ein bisschen Übung. Legen Sie das Huhn auf den Bauch, mit dem Heck nach unten aufs Schneidebrett. Setzen Sie die Schere rechts vom Rückgrat an und schneiden Sie vom Bürzel bis zum Hals. Den Bürzel können Sie dabei gut als Haltegriff verwenden. Wiederholen Sie den Schnitt links vom Rückgrat und entnehmen Sie dieses komplett. Drehen Sie das nach oben geöffnete Huhn nun so, dass der Hals vorne liegt. Ein kleiner weißer Punkt vorne in der Mitte, da, wo das Brustbein beginnt, fällt Ihnen auf. Durchtrennen Sie das Gewebe über ihm in der Mitte und fahren Sie jetzt kräftig mit einem Finger rechts und links des Brustbeins entlang. Mit ein bisschen Druck (so, als ob Sie das Huhn aufklappen wollten) lässt sich das Brustbein lösen und ist nun leicht zu entfernen. Sie können das Huhn jetzt von überschüssigen Fettlappen befreien, es säubern und abtrocknen. Die Auflagefläche des Hähn-

chens wird durch diese Methode enorm vergrößert – das Fleisch liegt fast flach auf dem Grill. Viele Grilleure schwören darauf, das so aufgeklappte Hühnchen in ein Fischgitter zu klemmen – auf diese Weise lässt es sich problemlos wenden.

| **DER HALBE HAHN** | Die einfachste Methode, um ein gutes Grillergebnis zu erzielen, ist es, aus einem ganzen Huhn zwei halbe zu machen. Ein ganzes Huhn hat eine Form wie ein American Football. Es wird Ihnen nie gelingen, große Teile seiner Oberfläche flach auf dem Rost zu platzieren. Daher kann es nur punktuell gegart werden. Wird es dagegen vorher halbiert, ist die Verteilung viel gleichmäßiger und das Hühnchenfleisch kommt flach auf den Rost. > Die Kerntemperatur von Geflügel sollte 80 Grad nicht überschreiten: Setzen Sie Ihr Fleischthermometer ein und nutzen Sie die Möglichkeiten der Zwei-Zonen-Glut.

| **IN EINZELTEILEN** | Die besten Ergebnisse erzielen Sie allerdings, wenn Sie das Huhn gleich in einzelne Teile zerlegen: Flügel, Schenkel, Brust. Auf der Zwei-Zonen-Glut wird zunächst geduldig auf der indirekten Seite gegrillt, bis im Inneren des Fleisches die erwünschte Temperatur erreicht ist und es noch saftig ist. Dann wandern die Stücke auf die direkte Seite, um eine knusprige Haut zu bekommen. Spätestens jetzt werden Sie feststellen, dass es sich gelohnt hat, den Mythos vom köstlichen Dosenhuhn zu beerdigen.

072 EIER IN DER SCHALE LASSEN

Das Ei – seine Bauweise ist ein Wunder der Natur. Es dürfte das einzige Lebensmittel sein, das den Topf, in dem es sich zubereiten lässt, gleich selbst mitbringt. Egal, in welcher Größe und aus welchem Nest es auch immer entnommen wurde (ob es sich also um ein Wachtel-, ein Hühner- oder ein Straußenei handelt) – die architektonisch-kulinarische Sensation ist immer dieselbe: Das Ei lässt sich in der eigenen Schale kochen. Nicht in Wasser, nicht am Herd – nein! Ohne Wasser. Ohne Topf. Einfach nur am Grill.

3 Minuten **6 Minuten** **45 Minuten**

Am dickeren Ende (dort, wo sich die Luftblase befindet) pieksen Sie, wie Sie es vom ordinären Eierkochen am heimischen Herd gewohnt sind, ein Loch hinein. Stellen Sie das Ei mit einem Handschuh oder der Zange möglichst aufrecht in die Glut. Achten Sie darauf, dass es stabil steht und belassen Sie es, sollte es sich um ein Hühnerei handeln, für sechs Minuten dort. Aus dem frischen wird ein gekochtes Ei. Ein Wachtelei übrigens ist schon nach dreieinhalb Minuten hart gekocht, ein Straußenei erst nach ungefähr 45 Minuten.

Auf mögliche Komplikationen bei diesem recht einfachen Rezept müssen wir allerdings hinweisen, alles andere wäre unfair – dem Ei und Ihnen gegenüber. So eine Eierschale kann zwar einiges ab. Einen feuerfesten Panzer aus Asbest aber hat sie auch nicht. Nun ist nicht jeder Grill gleich gemütlich. Man muss schon darauf achten, welche Hitze der Brennstoff noch abgibt.

Holzkohlen glühen bekanntlich heißer als Briketts. Haben sie noch vor wenigen Momenten Fleischstücken eine schöne Kruste verpassen können, ist die Glut noch zu heiß. Legen Sie das Ei nicht direkt in die Kohlen, hier überlebt die Schale nicht. Es empfiehlt sich, das Ei auf einen niedrig eingestellten Rost zu legen.

073 EIN HÜHNERHAUS BAUEN

Keine Frage: Das beste Huhn stammt aus der eigenen Zucht. Nur hat die Sache einen entscheidenden Haken: Um ein Huhn, mit dem man persönlich bekannt ist, seit es aus dem Ei geschlüpft ist, ohne Gewissensbisse und moralische Bedenken auf einen Schlachtblock legen zu können, braucht man entweder ein dickes Fell oder sehr viel Hunger. > Beginnen wir lieber friedliebend und harmlos: Fangen wir erst einmal an, dem Huhn ein Haus zu bauen.

| **EINEN HÜHNERSTALL BAUEN** | Ein Huhn, das glücklich werden soll, braucht ein gepflegtes Zuhause – einen schönen Stall, keine Geflügel-Villa zwar, aber doch ein solides Heim. > Eine tiergerechte Unterkunft zu bauen ist nicht schwer, aber gut: Manche Männer scheitern selbst am Wechsel einer Glühbirne.

| **DIE VERMASSUNG** | Die Größe des Hühnerstalls wird von der Anzahl der Hühner bestimmt. > Er muss beileibe nicht so groß sein, dass Großmütter darin Motorrad fahren könnten, aber ein wenig Freiraum tut auch Hühnern gut. Der Stall darf aussehen wie ein kleines Gartenhäuschen. Wer ihn nicht von Anfang an selbst bauen will, kann sich also auch im Baumarkt ein Gartenhaus (fertig oder im Bausatz) kaufen und es hühnergerecht umgestalten. Wichtig ist, das Hühnerhaus ungefähr 30 cm hoch auf Stelzen zu setzen, um es vor Feuchtigkeit zu schützen. Hühnerleiter und Eingang können wie bei einem richtigen Stall angebaut werden.

| **WIE GROSS SOLL ER DENN NUN SEIN, IHR ERSTER EIGENER HÜHNERSTALL?** | Es wäre doch mehr als verwunderlich, wenn es hierzu nicht eine klare Regelung des Gesetzgebers gäbe. > Nachzuschlagen ist sie in der „Legehennenverordnung“, die es folgendermaßen formuliert: „Die Haltung von Legehennen ist, parallel zur Boden- und Freilandhaltung, auch in tiergerechten Kleinvolieren zuzulassen. Diese neuen Haltungseinrichtungen sehen eine Gesamtmindestfläche von 2,5 m², eine Mindesthöhe von 60 cm in der Front, eine Mindestfläche von 800 cm²/Tier bzw. 900 cm²/Tier ab 2 kg

Lebendgewicht (in den bisher üblichen Käfigen 550 cm^2/Tier) sowie Legenest, Sitzstange, Einstreubereich und Einrichtungen zum Krallenabrieb vor." Es lässt sich einfacher ausdrücken:

RICHTWERTE FÜR DIE STALLGRÖSSE

ANZAHL/HÜHNER:	FLÄCHE/QUADRATMETER:
Bis zu sieben Hühner	mindestens 2
Fensterfläche	mindestens 0,4
Bis zu zehn Hühner	mindestens 3
Fensterfläche	mindestens 0,6
Bis zu 15 Hühner	mindestens 5
Fensterfläche	mindestens 1
Bis zu 25 Hühner	mindestens 8
Fensterfläche	mindestens 1,5

Bei der Errechnung des Platzbedarfs spielt auch die Wahl der Hühnerrasse eine Rolle. Einige Rassen brauchen mehr Platz als andere. Auch haben einige mehr Freude an Bewegung. Steht wirklich wenig Platz zur Verfügung, sollten Sie über Zwerghühner nachdenken.

| **WÄRME** | Im Inneren Ihres Hühnerstalls sollte die Temperatur nicht bis an den Gefrierpunkt sinken – ungefähr fünf Grad plus sollten nicht unterschritten werden. Der Stall sollte also entweder entsprechend gedämmt sein oder so weit in der Nähe Ihres Wohnhauses (oder der anderen Stallungen) stehen, dass er ein bisschen Wärme abbekommt. Sollten Sie in einer Gegend wohnen, in der harte Winter die Regel sind, müssen Sie unter Umständen sogar über eine Stallheizung nachdenken (oder Sie holen die Hühner, so, wie es früher gang und gäbe war, über Nacht ins Haus).

| **LICHT** | Im Sommer reicht ein Fenster, das ausreichend Tageslicht in den Stall lässt. Im Winter muss die Lichtversorgung durch elektrische Beleuchtung ergänzt werden.

| **LÜFTUNG** | Frischluft im Hühnerstall ist wichtig. Im Sommer reicht es, wenn das Fenster durch ein Gitter ersetzt wird; im Winter muss immer mal wieder stoßgelüftet werden. Am einfachsten geht das, wenn sich das Dach des Stalls abheben lässt. Berücksichtigen Sie das bereits beim Bau. Wenn die Größe Ihrer Hühnerzucht überschaubar ist, ergibt es durchaus Sinn, den Stall von vornherein nicht so hoch zu planen.

| **EIN-/AUSGANG** | Eine Hühnerklappe, die über eine Treppe mit der Freilauffläche verbunden ist, muss sich mindestens 30 cm über dem Niveau des Außenbereichs befinden. So lässt sich verhindern, dass die Hühner ständig die Einstreu aus dem Stall mit ins Freie befördern.

| **SICHERHEIT** | Marder oder Füchse, die bekanntesten Hühnerdiebe, haben schon so manche Zucht ausgerottet. Türen und Treppen müssen sich nachts so schließen lassen, dass der Stall sicher vor Eindringlingen geschützt ist. Es gibt automatische Systeme, die mithilfe von Zeitschaltuhren die Schotten zu einer bestimmten Uhrzeit dichtmachen. Der Einsatz dieser Systeme ist aber nur dann notwendig, wenn Sie nicht in der Lage sind, sich täglich um Ihre Tiere zu kümmern.

| **DIE FUTTERSTELLE** | Hühner sind auch nur Menschen. Sie wollen essen und trinken. Also benötigt der Stall einen Wasser- und einen Futtertrog. Beide Tröge müssen leicht erhöht errichtet werden, also auf Füßen stehen oder an einer Stange hängen. Einstreu vom Boden darf nämlich auf keinen Fall ins Futter oder Wasser gelangen – umgekehrt ist es dagegen kein Problem. Fällt ein Futterkorn auf den Boden, wird das Huhn es geschickt aufpicken.

| **DER FREILAUF** | Ein gesundes Huhn (und Gesundheit ist das, was Sie Ihrem Huhn wünschen) verbringt viel Zeit im Freien. Eigentlich muss es sogar in der Lage sein, sich dort selbst zu ernähren und Futter zu finden. Es ist robust, vor Krankheiten ohne aufwändige medizinische Unterstützung gefeit und weiß sich vor Fressfeinden zu

schützen. Allerdings ist die Suche nach einem Rassehuhn von solch hoher Robustheit schwer geworden. Es gibt diese Hühner nur noch auf Nachfrage bei einigen wenigen Bauern, die sich auf die Zucht alter Rassen in Kleinstkulturen spezialisiert haben. Warum? Weil sie nur so viel Eier legen, wie sie lustig sind – nicht mehr als 150 bis 180 in guten Jahren. Die Industrie hat auch hier reagiert und gezüchtet, gekreuzt und selektiert – und das „Hybridhuhn" erfunden. Die Folge: Selbst auf den Tiermärkten werden fast nur noch Hybridhühner angeboten. Hybridhühner sind auf Legeleistung (300 Eier im Jahr und mehr) hochgetrimmte Monster aus künstlicher Befruchtung. Für Freilandhaltung sind sie kaum geeignet, sie brauchen große Mengen Industriefutter, künstliche Beleuchtung und sind selbst nicht mehr imstande, sich auf natürlichem Wege fortzupflanzen. Das Hybridhuhn ist von der ständigen Fresserei so erschöpft, dass an Nachmittags-Sex mit einem Hahn nicht mehr zu denken ist.

| **DAS SCHLAFGEMACH** | Hühner schlafen im Sitzen. Diesbezüglich unterscheidet sie nichts von einem Bundestagsabgeordneten. Allerdings: Ein Huhn fühlt sich wohl, wenn als Ruhe- und Schlafplatz eine Sitzstange im Stall montiert wird. Das kann zum Beispiel ein einfacher Holzstab aus dem Baumarkt mit einem Durchmesser von 4–6 cm sein. Die Sitzstange sollte nicht direkt über dem Stallboden montiert werden, da die Einstreu nicht durch Ausscheidungen verschmutzt werden darf. Ja, die Hühner nutzen ihre Sitzstange nicht nur zur Meditation, sondern auch als Donnerbalken. Eine stabile Sperrholzplatte, mit Teerpappe beklebt oder haltbar lackiert, wird als Kotbrett unter der Stange montiert und muss so groß sein, dass der Boden vor Verunreinigung sicher ist.

| **DIE AUSLEGEWARE** | Ein Stall muss eine großzügige Einstreu aus Sand, Erde, Heu oder Stroh erhalten. Die Einstreu benötigen die Hühner zum Scharren und für die Körperpflege – das Sandbad.

| **DAS NEST** | Ohne Nest kein Ei. So einfach ist das. Dabei sind Hühner äußerst genügsame Tiere: Bis zu fünf Hühner können sich ein Nest teilen. Sie haben aber auch nichts gegen ein wenig mehr Platz.

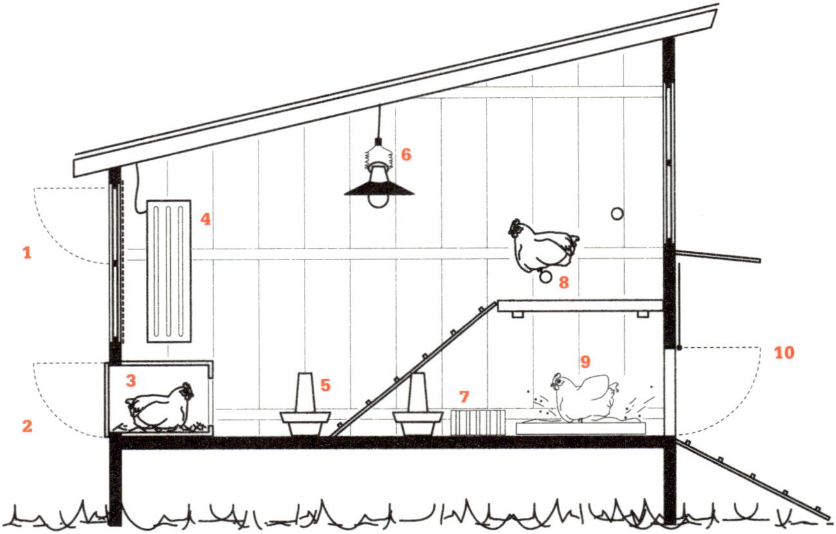

1 **klappbares Fenster mit Gitter** **2** **Nestklappe** **3** **Nester** **4** **Heizung**
5 **Futter- und Wassertrog** **6** **Stallbeleuchtung** **7** **Krallenabrieb**
8 **Sitzstangen über Kotbrett** **9** **Sandbad** **10** **Hühnerklappe mit Hühnerleiter**

Ein Nest muss nicht aufwändig gezimmert und mit Intarsien oder Stuck geschmückt werden. Im Prinzip reicht eine kleine Holzkiste in der Größe eines Bierträgers. Wichtig ist, dass das Nest mit Stroh gefüllt wird und die Außenwände der Kiste so hoch sind, dass es im Inneren des Nestes dunkel und gemütlich wird. Damit das Huhn beim Erstbezug sofort erkennt, dass es sich bei Ihrer Bastelarbeit um ein Nest handelt, legen Sie ein paar Gips-Eier mit hinein. Geschickte Bastler bauen auch Nestklappen ein, die einen Zugriff von außen auf die Eier ermöglichen. Es tut der Hygiene in der Beziehung zwischen Huhn und Halter ganz gut, wenn das Huhn nicht weiß, dass Sie ihm so unverfroren sein Produkt klauen.

074

SELBER HÜHNER SCHLACHTEN

Der Schlachtung eines Huhns beizuwohnen, hat schon aus einigen überzeugten Fleischessern Vegetarier gemacht. Dabei ist die Hausschlachtung von Nutztieren aus eigener Züchtung bei Weitem weniger barbarisch als die Fließbandtötung in der Geflügelzucht. Selbst artgerecht und tierwürdig zu schlachten, kann das Bewusstsein für den richtigen Umgang mit Fleisch schärfen. Wenn Sie nicht nur für den eigenen Haushalt schlachten, müssen Sie einen Beweis über die Befähigung erbringen. Sind Sie als Landwirt, Veterinär, Fleischer, Tierwirt oder -pfleger ausgebildet oder haben Sie Tiermedizin studiert, entfällt diese Anforderung. Wenn nicht, müssen Sie eine Schlachterlaubnis beim Veterinäramt einholen, zu deren Erteilung eine theoretische und/oder praktische Sachkundeprüfung abgelegt werden muss.

| **WANN IST ES SO WEIT?** | Hühner, die aus Altersgründen keine Eier mehr legen, sollten geschlachtet werden – außer, Sie haben unendlich viel Platz für Ihre Zucht. > Bringen zu viele Hähne Unruhe und Stress ins Gehege, nervt das nicht nur die ganze Nachbarschaft, sondern auch die gesamte Herde. Dann darf – und muss sogar – unter den männlichen Herdenmitgliedern ausgedünnt werden. > Bevor ausgediente Legehennen entfernt werden, sollte für Junghennen gesorgt sein, die ihren Platz einnehmen können. Bleibt die Gruppenstärke innerhalb eines Zuchtstamms gleich, ist das für alle Tiere beruhigend. > Bedenken Sie: Das Schlachten ist eine persönliche Angelegenheit zwischen Ihnen und dem Huhn. Die Herde sollte nichts davon spitzkriegen. Nach Möglichkeit haben Sie das zu schlachtende Tier in den frühen Morgenstunden geschickt von der Herde separiert, beherzt zugegriffen und es zum Beispiel unter Ihrer Jacke versteckt – auch, um ihm selbst nicht unnötig viel Angst zu machen.

| **DIE SCHLACHTUNG** | Auf dem Schlachtplatz ist bereits alles angerichtet: Ein Hackklotz, ein Beil, ein Knüppel, ein Eimer, ein scharfes Messer und eine Schüssel mit heißem Wasser stehen beziehungsweise liegen bereit. > Nun muss alles möglichst schnell gehen – das sollte das gute Tier Ihnen schon wert sein. Zuerst muss das Tier be-

täubt werden. Das ist gesetzlich so vorgeschrieben, erleichtert aber auch den eigentlichen Schlachtvorgang. Während Großvater früher betäubte, indem er dem Huhn mit einer schnellen kreisförmigen Bewegung seines Arms das Blut in den Kopf steigen ließ („das Hühnerkarussell"), macht man das heute mit einem gezielten Knüppelhieb auf den Hinterkopf. > Auf dem Hackklotz wird der Hals lang gezogen; dann wird der Kopf mit einem Beil vom Körper getrennt. > Halten Sie den Körper des Huhns so lange senkrecht über den Eimer, bis es vollständig ausgeblutet ist.

| **DAS GERUPFTE HUHN** | Die ersten Federn werden sofort nach dem Ausbluten entfernt: Rückenfedern in Kopfrichtung, Bauchfedern in Schwanzrichtung und Bein-, Hals- sowie Flügelfedern in Wuchsrichtung. Einfacher geht es – vor allem, was die kleineren Federn und Härchen anbelangt – wenn das Huhn vorher in einen Eimer mit heißem Wasser getaucht wurde. Allerdings ist dann auch die Haut sensibler und reißt leichter ein; es muss also sehr vorsichtig gearbeitet werden. > Um die letzten kleinen Härchen zu rupfen, hat jeder Hühnerzüchter seine eigene Methode: Manche kommen gut mit einem Messer zurecht; andere brennen die Härchen mit einem langen Streichholz ab und sind dabei ähnlich geschickt wie ein orientalischer Friseur bei der Bartpflege.

| **DIE AUSNAHME** | Ein Huhn richtig auszunehmen ist um einiges komplizierter als das Entweiden eines Fisches. Einen Fisch nimmt man mehr oder weniger mit einem einzigen Handgriff aus, nachdem man ihn auf der Unterseite geöffnet hat. Ein Huhn aber wird von oben (hier entfernt man Speise- und Luftröhre) und unten (Organe, Magen und Darm) ausgenommen. Darüber hinaus sollten an den Beinen Sehnen und Bänder entnommen werden. Ohne Anleitung eines erfahrenen Kollegen wird Ihnen das schwerlich gelingen. Allerdings wollen Sie das gerupfte Huhn ja auch nicht sich selbst überlassen. Jetzt noch zum Metzger oder Lohnschlachter zu gehen, halten Sie für übertrieben? Gut, dann greifen Sie zu einem scharfen Messer, machen einen Schnitt am Nacken des Huhns hoch zum Hals und entfernen den Halswirbel. Mit zwei Fingern lösen Sie die Eingeweide von oben.

Wollen Sie auch den Hals verwenden, müssen Sie den Kropf mit Wasser säubern und Luft- und Speiseröhre mit einem Ruck nach oben entfernen. Unten schneiden Sie kreisförmig um den After, ohne die Gedärme zu verletzen, und hoch bis zum Brustbein. Jetzt lassen sich die Gedärme mitsamt dem After entnehmen. Mit etwas Geschick und einem tiefen Griff entfernen Sie in einem Rutsch auch Magen, Leber, Galle, Herz und Lunge. Wir können uns nur wiederholen: Es ist komplizierter, als es klingt, und beim ersten Mal kann immer etwas schiefgehen. Die Galle zum Beispiel darf nicht verletzt werden, da ihre Flüssigkeit das Fleisch ungenießbar machen würde. Da hilft auch das Auswaschen am Ende nichts mehr.

075 HÜHNERBRUST IM TEIGMANTEL

Grillart	Kugelgrill
Hitze	indirekt, hohe Temperatur
Kerntemperatur	72 Grad
Grilldauer	30 Minuten

Ein Huhn im Teigmantel in einem Grill zu backen, mag unüblich erscheinen – es ist aber möglich, falls der Grill einen Deckel hat. Verwendet man Blätterteig als Mantel – statt einen Brot- oder Salzteigmantel – kann die Hülle sogar mitgegessen werden.

| ZUTATEN | **4 Hühnerbrüstchen (à 150 g) > Salz, Pfeffer, Paprikapulver, Zitronenthymian (gemörsert) > 1 Fertigblätterteig aus dem Kühlregal > 8 Scheiben roher Schinken (zum Beispiel San Daniele) oder Bresaola > 1 Ei >** Vorspeise für 4 Personen

| ZUBEREITUNG | Ein Kugelgrill ist, wenn der Deckel geschlossen bleibt, auch als Backofen zu verwenden. Um die Backzeit zu verkürzen, wird die Hühnerbrust aus diesem Rezept allerdings nicht roh mit Blätterteig ummantelt, sondern vorher scharf angebraten. > Im Kugelgrill glüht Holzkohle. Diese sorgt für ausreichend Hitze. Sobald alle Kohlen mit einer weißen Schicht bedeckt sind, werden die gesalzenen Brüstchen (ohne Haut) auf dem eingeölten Rost von beiden Seiten bei direkter Hitze scharf angebraten, bis sie eine schöne, dunkle Farbe haben. Vom Grill nehmen. > Jetzt verwandeln Sie Ihren Kugel-

grill in einen Umluft-Backofen. > Die heißen Kohlen (nicht zu wenig!) werden nach rechts und links geschoben, so dass in der Mitte Platz für eine Aluschale ist. Man kann auch einen Pizzastein in den Grill setzen oder eine Reine – das bleibt Ihnen überlassen. Schließen Sie den Deckel und beobachten Sie die Temperatur. Im Inneren des Grills sollten 200 Grad erreicht werden – werden es mehr, verkürzen Sie die Backzeit, sind es weniger, geben Sie ein paar Minuten zu.

Die abgekühlten Brüstchen in der Zwischenzeit mit Paprika, Pfeffer, Thymian (falls Sie sogar Zitronenthymian finden können, verwenden Sie diesen, zu Huhn passt die Gewürzpflanze bestens) und noch etwas Salz einreiben. Mit Schinken oder Bresaola umwickeln. Beide Wurstsorten dürften nie direkt auf den Grill – im Mantel sind sie erlaubt. > Legen Sie den Blätterteig aus und schneiden Sie ihn in acht rechteckige Stücke. Platzieren Sie jeweils eine Hühnerbrust in die Mitte eines Stückes, verwenden Sie ein zweites Stück Blätterteig als Deckel und formen Sie ein Päckchen. Tragen Sie das Ei als Klebstoff mit einem Pinsel auf – es dichtet ab und schützt die Päckchen. > Legen Sie die fertigen Pakete in die eingeölte Aluschale (oder auf den Pizzastein) und achten Sie darauf, dass keine Kohle mit in die Schale rutscht. Öffnen Sie den Deckel hierzu nur kurz – je nach Außentemperatur kühlt der Grill innen sonst zu schnell aus. Für die nächsten 30 Minuten sollte der Deckel geschlossen bleiben. Sorgen Sie dafür, dass die Luftschlitze unten und oben an Ihrem Kugelgrill leicht geöffnet sind, sonst bekommt die Kohle zu wenig Sauerstoff und verliert an Heizkraft.

076

PLATTE ZITRONEN-WACHTELN

Grillart	Kugelgrill
Hitze	indirekt, mittlere Temperatur
Kerntemperatur	70 Grad
Grilldauer	30 Minuten

Eine Wachtel erwarten die meisten Männer wohl eher auf edlem Porzellan als Zwischengang in einem Sternerestaurant – oder aber als unflätige Bemerkung gegenüber einer älteren Dame in einem UFA-Spielfilm mit Hans Albers. Dabei ist die Wachtel nur unwesentlich kostspieliger als gutes Hähnchenfleisch – und ausgezeichnet für den Grill geeignet. Die Wachtel gehört zur Gattung des Wildgeflügels und ist deren kleinste Variante. Bei einem Gewicht von etwa 90 g hat sie ideale Portionsgröße. Ihr Fleisch schmeckt zart und aromatisch und weist nur einen geringen Fettanteil auf. Wachteln, die in den Verkauf gelangen, stammen meist nicht aus Wildbeständen, sondern aus halbwilden Züchtungen in Freigehegen.

| **ZUTATEN** | **8 Wachteln** > **Zitronenmarinade (Seite 231)** > Hauptgang für 4 Personen

| **ZUBEREITUNG** | Die Wachteln sollten per Schmetterlingsschnitt (vgl. Abschnitt *Ein Hähnchen teilen,* Seite 162 ff.) zerwirkt (d.h. fachmännisch zerlegt) werden. Entnehmen Sie Wirbelsäule und Brustbein und klappen Sie den Körper flach auf. Legen Sie die Vögel für vier Stunden in der Zitronenmarinade ein. Platzieren Sie die Wachteln bei mittlerer Hitze mit der Hautseite nach oben auf dem Grill und schließen Sie den Deckel. Eine Handvoll Räucherchips mit süßlicher Note verfeinert das Aroma. Nach etwa 25 bis 30 Minuten sind die Wachteln gar. Legen Sie die Hühnervögel noch kurz mit der Hautseite nach unten direkt über die Kohle, bis die Haut eine knusprige Kruste gebildet hat.

DER BRAUMEISTER EMPFIEHLT: Der perfekte Begleiter jedes Geflügels ist Weizenbier. Es ist spritzig, fruchtig und leicht. Verschiedene Sorten werden von unterschiedlichsten Aromen dominiert, beim „Unertl" merkt man Banane, beim „Flötzinger" aus Rosenheim kommt die Gewürznelke durch. Durch den höheren Kohlensäuregehalt ist Weizen auch der beste Durstlöscher. Wer Huhn isst, weil er Kalorien sparen will, dem empfehle ich alkoholfreies Weißbier, gut ist das von Paulaner. > Zu den Wachteln, die stark nach Zitrone schmecken, darf man etwas wagen: Ein Witbier oder Blanche aus Holland und Belgien, ein „Hoegarden" zum Beispiel, das mit Orangenschalen und Koriander gebraut wird, rundet ab.

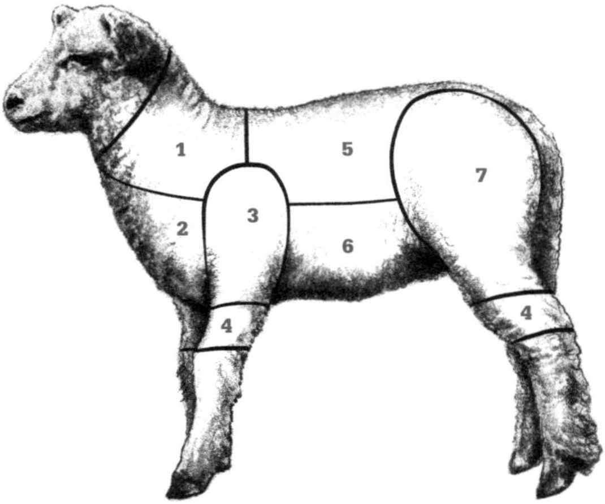

1 Hals/Nacken **2** Brust

3 Schulter/Bug **4** Haxe **5** Rücken

6 Bauch/Dünnung **7** Keule

LAMM

077 VON MENSCHEN UND LÄMMERN

Die innige Beziehung des Menschen zum Schaf hat eine lange Tradition. Die ersten Wildtiere wurden schon 12 000 v. Chr. domestiziert. > Als „Lamm Gottes“ symbolisiert das Lamm Jesus Christus, als Osterlamm dessen Auferstehung. Auch drehen sich viele Sprichwörter um Schafe: Ob man „mit dem Kopf durch die Wand“, „ungeschoren davonkommen“ oder als „Wolf im Schafspelz“ auftreten will. Doch neben einer kulturellen hat das Schaf auch eine wichtige kulinarische Bedeutung. In Neuseeland, wo auf jeden Menschen mehr als zehn Schafe kommen, lebt man vom Export in alle Welt und beherrscht den Markt. Neuseeländische Schafe sind so begehrt, dass die Kiwiproduktion darüber vernachlässigt wurde und man sich dort von Italien und der Volksrepublik China überholen lassen musste.

| **LAMM** | Bis zum Alter von sechs Monaten gilt ein Schaf als Lamm. Als Milchlamm wird es bezeichnet, wenn das Tier so jung ist, dass es noch nicht von der Muttermilch auf Gras umstiegen ist. Sein Fleisch ist hellrosa, hat kaum Fett und eine zarte Konsistenz. Sein Geschmack ist bekömmlich und gefällig. In Deutschland kommen in der Regel beim Fleischer nur Lämmer in den Verkauf. So sind Sie vor Überraschungen gefeit. Am besten für den Grill eignen sich Schlegel oder Keule, Brustspitz, Hals und Lammrücken.

| **MASTLAMM** | Es ist maximal ein Jahr alt und wurde mit Spezialfutter gemästet. Das Fleisch ist rosa bis hellrot. Anders als nicht gemästete Tiere erreicht es ein stattliches Gewicht: Bei der Schlachtung kann es bis 24 Kilogramm Körpergewicht auf die Waage bringen.

| **JUNGSCHAF** | Es kann schon älter sein, vielleicht hat es sogar schon zwei Jahre auf dem Buckel. Weil es aber nicht in der Zucht eingesetzt worden ist, nennt man es immer noch Jungschaf. Sein Fleisch ist zart, hellrot und von angenehm wenig Fett durchzogen.

| **HAMMEL** | Ein bereits als Lamm kastriertes Schaf nennt man Hammel. Sein Fleisch kann bereits dunkelrot gefärbt und stark mar-

moriert sein. Es hat einen kräftigen Geschmack und manchmal ist es leider auch schon ein wenig zäh. Will man es positiv ausdrücken, darf man es auch elastisch nennen.

| **BOCK** | Das nicht kastrierte männliche Schaf, das älter als ein Jahr ist und in der Zucht eingesetzt wird. Sein Fleisch kann schon recht streng sein im Geschmack, und möglicherweise müssen Sie sehr geduldig kauen. Es kann aber auch passieren, dass Ihnen schon bei der Zubereitung ein starker Geschlechtsgeruch, den das Fleisch von sich gibt, den Appetit verdorben hat.

078 GESPICKTE LAMMKOTELETTS

Grillart	alle direkten Grills
Hitze	direkt, hohe Temperatur
Kerntemperatur	80 Grad
Grilldauer	5 Minuten

Die heute kaum noch gebräuchliche Technik des Spickens widerspricht eigentlich unserer Überzeugung, aber beim Lammkotelett machen wir gerne eine Ausnahme.

| **ZUTATEN** | **12 Lammkoteletts** > **Saft einer Zitrone** > **50 ml kretisches Olivenöl** > **6 Knoblauchzehen** > **einige Zweige frischer Oregano** > **einige Zweige frischer Rosmarin** > **Salz und Pfeffer** > Hauptgang für 4 Personen

| **ZUBEREITUNG** | Die Knoblauchzehen vierteln. Wenn Sie einigermaßen geübt im Umgang mit dem Messer und mathematisch versiert sind, sollten Sie nun 24 Viertel vor sich liegen haben – zwei für jedes Kotelett. Schneiden Sie jeweils zwei Kerben in jedes Fleischstück und spicken es mit zwei Knoblauchvierteln. Zitronensaft, Kräuter und Öl mischen und in einen großen Gefrierbeutel geben. Die Koteletts hineinlegen und für einige Stunden im Kühlschrank den Geschmack der Marinade aufnehmen lassen. Die Koteletts sollten nicht mehr vor Marinade triefen, damit beim Grillen keine Flüssigkeit in die Glut tropft. > Nach fünf Minuten (mehrfach wenden!) sind sie gar und in ihrem Inneren noch zartrosa.

079 SICH ALS SCHÄFER VERKLEIDEN

Um Schafe nicht einfach nur zu bewachen, sondern besonders gut zu hüten, braucht ein Schäfer zwei Dinge: einen ordentlichen Hirtenstab und einen zuverlässigen Hütehund. Beides lässt sich kaufen. Das heißt: Sie könnten sich als Schafhirte verkleiden. Man wird Sie trotzdem erkennen.

| **DER STAB DES DIRIGENTEN** | Ein Hirtenstab sieht harmlos aus. Dabei könnte er durchaus aus der Forschungs- und Entwicklungsabteilung des britischen Geheimdienstes stammen und die Erfindung dreister Tüftler sein – so raffiniert ist er. Der Stab ist ein Multifunktionstool mit zahlreichen überraschenden Features. Nur: Ein Spion wird nichts damit anzufangen wissen, weil nur ein echter Schäfer weiß, was man alles damit machen kann. Ein guter Hirtenstab wird aus nur einem einzigen Stück Holz, das mindestens ein Jahr lang getrocknet wurde, hergestellt. Haselnussholz eignet sich besonders gut, da es sehr stabil und trotzdem leicht ist.

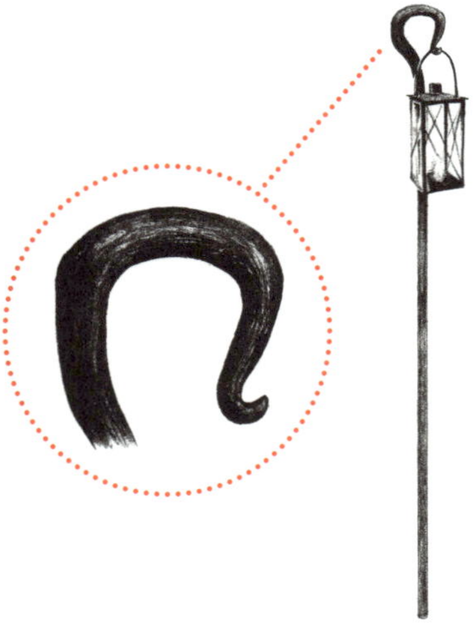

Multifunktionstool Hirtenstab

Der Stab reicht seinem Besitzer fast bis zum Kinn – er unterstützt ihn so auch beim Gehen durch unwegsames Gelände. Aber erst der gebogene Handgriff hat es wirklich in sich. Er hilft dem Schäfer, widerspenstige Schafe einzufangen und zu kontrollieren. Mit dem Stab um den Hals gibt es für das Tier kein Entrinnen mehr: Es lässt sich dann einfach, weiterhin mit dem Hirtenstab fixiert, in die richtige Richtung dirigieren. Trägt der Schäfer den Stab über der Schulter, dient der Handgriff (nach oben gedreht) als Kleiderhaken für Jacke oder Hut. Wird es dunkel, rammt der Schäfer seinen Stab in den Boden und nutzt den kleinen, nach außen gewandten Haken, um eine Laterne daran aufzuhängen.

| **DER BESTE FREUND DES HIRTEN** | Border Collies sind intelligent, robust und werden seit über 500 Jahren erfolgreich von Schäfern zur Überwachung und zum Zusammentreiben ihrer Herden eingesetzt. Das Schafhüten steckt dem Border Collie im Blut. Dennoch: Falls Sie vorhaben, sich einen Hütehund zuzulegen, achten Sie darauf, dass auch schon seine Eltern „gearbeitet" haben. Die Bewerbung eines Hundes ohne entsprechenden familiären Background sollten Sie ignorieren. Er ist für den Job ungeeignet. > Um dem Hund bei der Arbeit mitteilen zu können, was zu tun ist, müssen Sie mit ihm kommunizieren können. Mit den üblichen Kommandos wie „Platz!", „Sitz!" oder „Gib Pfote!" werden Sie es als Schäfer nicht weit bringen. Damit Sie der Hund auch bei Wind, schlechtem Wetter und über größere Distanzen hinweg versteht, benötigen Sie zudem eine spezielle Pfeife. Einzelne mit diesem Blasinstrument eingeübte Tonfolgen oder Melodien verraten Ihrem Assistenten auf vier Pfoten, was ansteht. > Die gängigen Pfeifkommandos für Hütehunde sind: „Vor!" – also ein Zugehen auf die Herde – und zwar unterteilt in die Kommandos „Schnelles Vor!" und „Langsames Vor!", „Stopp!" und „Stopp kombiniert mit Platz!", „Im Urzeigersinn die Schafe umkreisen!", „Gegen den Uhrzeigersinn die Schafe umkreisen!" und schließlich der Ruf „Zurück zu mir!" Welche Tonfolgen was bedeuten, können Sie beim Einüben der Befehle selbst entscheiden. Wichtig ist nur, dass Sie und der Hund die gleiche Sprache sprechen.

080 DEM HUND DEN REST GEBEN

Um einem wissbegierigen Hütehund das Erlernen von Kommandos noch schmackhafter zu machen, wird man um ein Leckerli hin und wieder nicht herum kommen. Der kluge Schäfer verfüttert dabei selbstverständlich keine Fleischreste vom Grill. Der ungeschulte Hundehalter tut dies leider allzu oft. Deshalb finden sich mit Beginn der Grillsaison regelmäßig auch beim Tierarzt mehr Patienten ein, als ihm lieb ist. Besonders an einem Montag (dem Tag, der im Kalender auf den „Grillsonntag" folgt) herrscht oft Hochbetrieb. > Fleisch vom Grill lockt nicht nur Menschen gefährlich nah ans Feuer, auch Haustiere werden vom Geruch des Grillguts angelockt und schier verrückt. Ein Tier ist dabei ähnlich unvorsichtig und schwer von der Wurst abzuhalten wie ein Betrunkener oder ein Kind. Nur: Was Betrunkene und Kinder laut Volksmund haben, hat ein Tier leider nicht – einen Schutzengel. > Pfoten und Schnauzen verbrennen schneller, als man bellen kann, wenn der Hunger lockt. Als Hunde- oder Katzenhalter die Schwere einer Verbrennung beim Tier (dem Tier mit der Verbrennung, nicht dem auf dem Rost) einzuschätzen, ist reichlich kompliziert. So makaber es ist: Nur, wenn auch ordentlich Fell mit abgefackelt wurde, kann sich der Halter überhaupt ein annäherndes Urteil über den Grad der Verletzung erlauben. > Also gilt: Wenn's richtig gezischt hat und das Haustier ganz offensichtlich nicht simuliert, sondern leidet, muss man mit ihm zum Tierarzt fahren. Das Einzige, was Sie selbst tun können (denn das hat noch jede Verbrennung beruhigt), ist, die betroffenen Stellen mit viel kaltem Wasser oder einer kalten Kompresse aus dem Gefrierfach zu kühlen. Viel Spaß beim Anlegen! Freiwillig hat noch kein Tier eine Kompresse getragen ... Auf keinen Fall sollte man eine Wund- oder Brandsalbe aus dem Arzneischrank des Badezimmers verabreichen. Was beim Menschen wundervoll funktioniert, ist für Tiere ungeeignet. Haustiere sind recht wählerisch, was Medikamente angeht.

| **DÜRFEN TIERE ÜBERHAUPT MITESSEN?** | Die ästhetische Entscheidung darüber, ob man einen Hund oder eine Katze mit an der Tafel duldet, muss jede Grillgesellschaft selbst treffen. Gesundheitlich gesehen gibt es allerdings klare Regeln. Rohes Fleisch ist ok. > Von rohem Geflügel und Schwein (auch Wildschwein) allerdings ist dringend abzuraten. Bei Geflügel besteht Gefahr vor Salmonellen und über Schweinefleisch können Aujeszky-Viren übertragen werden, die „Pseudowut" (ugs.) auslösen können. Die Krankheit ist nicht auf den Menschen übertragbar. Bei Tieren ist sie dagegen unheilbar und führt rasch zum Tod. > Roh heißt übrigens roh. Mariniertes ist schon nicht mehr roh, selbst wenn es plötzlich blutiger aussieht als jemals zuvor. Das Öl, das in den meisten Marinaden verwendet wird, kann beim Tier zu Durchfall führen – das wollen Sie doch nicht, oder? Gewürze dagegen können problemlos verfüttert werden, sofern es sich

um kleine Mengen handelt. Eine Ausnahme bilden Zwiebelgewächse. Knoblauch zum Beispiel kann, wenn er in großen Mengen verabreicht wird, bei Hund oder Katze eine giftige Reaktion hervorrufen. Tödlich ist die toxische Dosis auch schon in geringen Mengen: Ein Hund beispielsweise verzeiht es schon dann nicht mehr, wenn er in kurzer Zeit pro Kilogramm Körpergewicht fünf Gramm Zwiebeln zu sich genommen hat – schon eine einzige Zwiebel kann einem Dackel gefährlich werden.

Was Knochen anbelangt, sollte man ebenfalls vorsichtig sein. > Auch hier lautet die Empfehlung: roh (mit Einschränkungen) ja, gegrillt nein. Übriggebliebene Knochen und Tellerreste sind für Hunden und Katzen also leider tabu. Kleine Knochensplitter könnten die Mundschleimhaut und den Darm verletzen. Man muss sich die Splitter wie kleine Nägel vorstellen, die sich von innen in den Darm bohren. > Außerdem sind Knochen (wenn sie ohne Fleisch und ohne das sie umgebende Muskelgewebe serviert werden) schwer verdaulich. Sie verfestigen den Kot und führen so zu einer schmerzhaften Verstopfung. > Hat ein Hund doch vom Grill genascht und viele Knochen verschlungen (was vor allem dann passiert sein könnte, wenn Sie versucht haben, sie ihm wegzunehmen – das mag er nämlich gar nicht), kann der Tierarzt die Symptome mit Medikamenten lindern und dem Tier einen Einlauf verpassen. > Sollte beim Tier eine einfache Verstopfung vorliegen, gibt es ein Hausmittel: Verabreichen Sie Paraffin-Öl und zwar 0,5 ml pro Kilo Körpergewicht. Das Lösen der Verstopfung ist kein schöner Anblick für den Menschen, aber erleichternd für das Tier.

081 LAMM-MINZ-KEBAB IM FLADEN

Grillart .... alle direkten Grills
Hitze .... direkt, hohe Temperatur
Kerntemperatur .... 75 Grad
Grilldauer .... 8 Minuten

Egal, ob man Kebab, Köfte, Kefta oder Kafte dazu sagt, die würzige Lamm-Hackmischung vom Spieß schmeckt immer hervorragend. Das Kebab, also das Grillen am Spieß, stammt ursprünglich aus dem mittleren Osten, eroberte aber schnell die ganze Welt. Frisches Fladenbrot vom Grill, frische Minze und Joghurt passen zu diesem Gericht einfach am besten.

| ZUTATEN | **500 g Lammhack (Schulter oder Nacken) > 1 rote Zwiebel, fein gehackt > 50 g Petersilie, fein gehackt > 10 g frische Pfefferminze, fein gehackt > 1 TL Zimt > 1 TL Chilipulver > 2 EL Zitronensaft > Salz, Pfeffer, Zucker zum Abschmecken** > Hauptgang für 4 Personen

| ZUBEREITUNG | Falls Sie selbst wolfen, sind Schulter oder Nacken die richtige Wahl; Sie können aber auch gekauftes Hackfleisch verwenden. Waschen Sie Ihre Hände mit kaltem Wasser. Wie beim Wursten werden nun alle Zutaten in einer Schüssel miteinander vermengt. Kneten Sie, bis alles eine gute Bindung erreicht hat. Teilen Sie die Fleischmasse in vier Portionen und formen Sie feste, längliche Würste (jede etwa 20 cm lang und 3 cm dick). Stecken Sie einen Spieß in die Mitte und drücken Sie das Fleisch gut zusammen. Fangen Sie am oberen Ende der Spieße an und arbeiten Sie sich nach unten. Wenn die Würste kompakt geformt sind, verlieren sie später kein Fleisch über der Glut. Nach 6 bis 8 Minuten Grillzeit über direkter, hoher Hitze sind die Spieße durch. Wenden Sie die Spieße regelmäßig, damit sie nicht anbrennen. Im Idealfall haben Sie zuvor bereits frisches Fladenbrot gebacken und können mit diesem als handlichem Schutzmantel das Fleisch komplett vom Spieß ziehen. Geben Sie nach Belieben Salz, Pfeffer, Zwiebel- oder Tomatenscheiben und einen Esslöffel Joghurt dazu. > Wer keinen Teller schmutzig machen will, klappt das Fladenbrot zusammen und isst direkt aus der Hand.

082 LAMMBRATEN AUS DEM ERDLOCH

Grillart	Erdloch
Hitze	indirekt, niedrige Temperatur
Kerntemperatur	85 Grad
Grilldauer	4–5 Stunden

Es klingt ein wenig nach einfacher kulinarischer Gartenarbeit, doch wer plant, ein ganzes Lamm im Erdloch zuzubereiten, hat sich ordentlich was vorgenommen. Damit es nicht zu herben Enttäuschungen kommt, empfehlen wir, sich langsam an das Grillen unter der Erde heranzutasten. Beginnen Sie mit einem Huhn. Erst, wenn Sie das Erdlochgrillen wirklich beherrschen, dürfen Sie sich an ein Lamm wagen.

| ZUTATEN | **Lamm (ca. 15 kg) > 500 ml Olivenöl > 1 Bund Rosmarin > 1 Bund Estragon > 4 Zitronen > 10 Knoblauchzehen > Bananenblätter zum Einwickeln > Simon and Garfunkel Rub (S. 212)** > Hauptgang für ein schönes Sommerfest

| ZUBEREITUNG | Heben Sie an einem regenfreien Tag ein ausreichend großes Erdloch aus (siehe *Ein Erdloch ausheben*, S. 61 f.). Auf dem Boden entzünden Sie ein großes Feuer aus Harthölzern, die das gesamte Loch ausfüllen sollten. Füllen Sie die Bauchhöhle des Lamms mit Olivenöl, Kräutern und Knoblauch. Reiben Sie das Lamm außen mit dem Rub ein. Nun umwickeln Sie das Tier komplett mit Bananenblättern (im Asia Shop erhältlich). Schnüren Sie das Paket mit nassem Küchengarn gut zusammen. Das Feuer im Loch sollte sich mittlerweile in eine schöne Glut verwandelt haben. Entfernen Sie mit einer Schaufel ein Drittel der Glut. Den Rest verteilen Sie gleichmäßig über die gesamte Fläche. Heben Sie das Lamm auf die Glut, geben Sie die Reste der Glut oben auf das Paket und schließen Sie das Erdloch mit dem Aushub. Wenn Sie alles richtig gemacht haben, dampft nichts, lediglich die Erde über der Glut erwärmt sich. Ein Tier von etwa 15 Kilogramm sollte nach viereinhalb Stunden gar sein. Graben Sie das heiße Paket mit Handschuhen vorsichtig aus, wickeln Sie das Lamm aus und portionieren Sie es nach Bedarf.

DER BRAUMEISTER EMPFIEHLT: Zum Lammbraten passt ein kräftiger Weizenbock mit starken Malzaromen. Zu den Koteletts ein bayerisches Dunkles. > Zu Lamm-Minz-Kebab ein „Newcastle Brown Ale“ – oder ein Trappistenbier mit Kandiszucker – dessen Süße gut zur Minze passt.

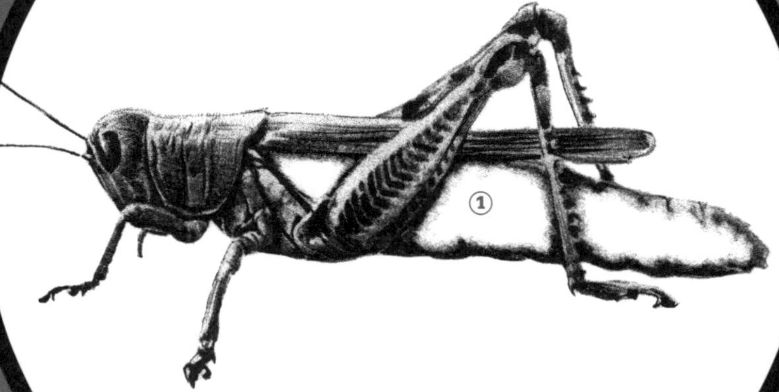

1 Filet

INSEKTEN

083 SELBST INSEKTEN ZÜCHTEN

Manche mögen's heiß: Die Wüstenheuschrecke zum Beispiel fühlt sich erst ab 35 Grad so richtig wohl. Wanderheuschrecken sind da ein bisschen genügsamer. Schon bei 30 Grad sind sie munter und mitunter auch in der Laune, für Nachwuchs zu sorgen – denn darum geht es dem Heuschreckenzüchter ja schließlich. In unseren Breitengraden werden übrigens mehr Heuschrecken gezüchtet, als man gemeinhin denkt. Allerdings landen fast alle Bestände an deutschen Eigenzuchtinsekten in Terrarien, wo Schlangen, Warane und Bartagaven schon auf ihr Lebendfutter warten. > Mit dem veränderten Bewusstsein für nachhaltige Ernährung hat sich jedoch auch das Image der Insekten als Nahrungslieferant für den Menschen verbessert. Schon jetzt ernähren sich über 80 Prozent der Weltbevölkerung regelmäßig von Grillen, Würmern und Heuschrecken. Die Tiere sind nähr- und ballaststoffreich, und ihre Aufzucht weist eine weitaus bessere Ökobilanz auf, als das zum Beispiel bei Rind der Fall ist.

| **DIE WOHNZIMMERZUCHT** | Zur Unterbringung eignen sich verschiedene Behältnisse: ein Terrarium, eine mittelgroße Plastikkiste, ein umgebauter Unterschrank oder ein engmaschiger Käfig. Zwei Dinge sollten allerdings bedacht werden: Das zukünftige Heuschreckenzuhause muss gut durchlüftet sein, zugleich aber auch eine konstant hohe Temperatur halten können. Auch wichtig: Zur Zucht muss mindestens ein Stall mit zwei „Zimmern" zur Verfügung stehen. Spätestens dann, wenn die Grillen Eier legen, muss die Brut von den Eltern getrennt werden, sonst kommt es zu hässlichen kannibalistischen Szenen. Rechnen Sie mit einem Flächenbedarf von 150 x 50 x 50 cm. Sorgen Sie dafür, dass ein Teil der Seite und ein Teil des Deckels so durchlässig mit Flies bedeckt ist, dass Luft zirkulieren kann. Bauen Sie in der Decke zwei bis drei Lampen ein (gerne 60-Watt-Glühbirnen). Es kommt ganz darauf an, wie viel Fläche beleuchtet und erwärmt werden muss. Sie werden nicht umhinkommen, vor der Anschaffung der Zuchttiere mehrere Testreihen mit dem Thermometer ablaufen zu lassen. Planen Sie Ihr Zuchtgelände nicht zu weitläufig. Die Energiekosten machen das Vorhaben sonst schnell allzu kostspielig. Was

die Innenarchitektur Ihrer Zucht anbelangt, haben Sie freie Wahl: Ein größerer Ast als Gestaltungselement kann dem Raum Struktur geben.

Den Heuschrecken aber ist das Design schnuppe – sie erwarten als Ausstattung lediglich ein paar Eierkartons, unter denen sie sich verstecken und zum Häuten zurückziehen können. Als besonders praktisch hat es sich erwiesen, wenn der Boden des Terrariums aus einem engmaschigen Gitter besteht – dann können die Exkremente in eine darunterliegende Schublade fallen, die leicht zu reinigen ist.

| **MÄNNCHEN UND WEIBCHEN BESORGEN** | In einem gut sortierten Aufzuchtbetrieb für Lebendfutter oder in einer großen Zoohandlung können Sie den Stamm Ihrer zukünftigen Zucht erwerben: Verlangen Sie nach „subadulten Tieren" – es gibt sie in Einheiten von 25, 50 oder 100 Stück. Eine gerechte und gleichmäßige Geschlechterverteilung ist von Vorteil.

Zur Aufzucht benötigen die Tiere Weizenkeimlinge und Weizenkleie. Weizenkeimlinge, die sich problemlos selbst ziehen lassen, versorgen die Tiere mit ausreichend Flüssigkeit. Sie müssen also nicht extra eine Wasserstelle einplanen. Stellen Sie einfach die Keimlinge im Setzbett in das Terrarium. Weizenkleie, die es in Bio-Qualität im Reformhaus gibt, stillt den Hunger der Heuschrecken und wird am einfachsten in einem weiteren Eierkarton serviert. Häufig wird dazu geraten, Obst und Salat zuzufüttern. Das ist jedoch gefährlich. Vor allem Salat tut den Insekten gar nicht gut und lässt sie an Durchfall erkranken. Einmal pro Woche kann zur Nahrungsergänzung etwas Trester, der beim Saftpressen entsteht, zugegeben werden. > Wenn die Tiere geschlechtsreif (adult) sind, beginnen sie sich zu vermehren. Die Weibchen legen Eierpakete ab – es wird spannend.

| **DAS RICHTIGE NEST** | Die Eierpakete müssen sofort nach der Eiablage separiert und in einem Nest untergebracht werden. Es sollte aus einem feuchten, aber nicht nassen Torf- und Sandgemisch bestehen, das in einer mindestens 13 cm tiefen Schale (mit feinen Löchern am Boden) angesetzt ist. Nach etwa 14 Tagen schlüpfen die

Larven. Bis aus ihnen adulte Heuschrecken werden, durchlaufen sie fünf Larven- und Nymphenstadien, von denen jedes durch eine Häutung abgeschlossen wird. Das dauert ca. 50 Tage.

| **DER SCHLACHTTAG** | Wie jedes andere Lebewesen auch, das zur Ernährung eines Menschen geschlachtet werden soll, hat auch die Heuschrecke einen Tod in Würde verdient. > Zwei Tage vor der Schlachtung sollten Sie der gesamten Zucht die Futtermittel entziehen, dann sind die Tiere sauber und entleert. Entnehmen Sie nur die Menge an Tieren, die Sie essen möchten und legen Sie diese für einige Stunden ins Tiefkühlfach. Die anderen können wieder gefüttert werden. Die entnommenen Kaltblüter fallen durch die drastische Temperatursenkung in einen sanften Schlaf ohne Wiederkehr. Noch im gefrorenen Zustand lassen sich die Unterbeine und Flügelpaare entfernen, die nicht mitgegessen werden können. Sie schmecken holzig und sind nur schwer zu schlucken. Vor allem die Widerhaken an den Beinen können Ihnen gefährlich werden. > Am einfachsten geht das „Filetieren", indem man den Kopf der Heuschrecke zwischen Daumen und Zeigefinger einer Hand nimmt und dann mit dem Daumen und Zeigefinger der anderen Hand nach dem Flügelpaar und anschließend nach dem Beinpaar greift und mit einem kurzen Ruck daran zieht.

084 HEUSCHRECKEN AM SPIESS

Grillart .... **alle direkten Grills**
Hitze .... **direkt, mittlere Temperatur**
Kerntemperatur .... **k. A.**
Grilldauer .... **2 Minuten**

Wenn die Tiere aufgetaut sind, können sie vorbereitet werden. Sollten sie noch nicht von ihren Beinen und Flügeln befreit sein, ist es jetzt höchste Zeit. Das funktioniert allerdings wie gesagt besser, wenn die Tiere noch gefroren sind. Jetzt besteht die Gefahr, dass beim Ausreißen wertvolles Fleisch mitentfernt wird. > Der Kopf der Heuschrecke muss nicht entfernt werden. Sein Chitinpanzer ist zwar etwas härter, aber immer noch weitaus weniger fest, als Sie wohl befürchten. Aber vielleicht ist Ihnen ja wohler, wenn Sie dem Tier nicht von Angesicht zu Angesicht begegnen müssen – besonders, wenn es sich um Ihre erste Begegnung handelt. > In Asien und Afrika werden Heuschrecken meist in heißem Fett frittiert oder in Teig ausgebacken. Wir aber wollen sie auf dem Grill rösten, was genauso gut funktioniert. > Auf einen dünnen Edelstahlspieß, der den Tieren längs durch den Rückenpanzer gestoßen wird, passen drei Heuschrecken. Es reicht, die Heuschrecken mit ein wenig Öl zu bestreichen, dann dürfen sie bei mittlerer, direkter Hitze über das Feuer gehalten werden. Sie sind schon nach ungefähr zwei Minuten fertig gegart. Haben sie eine rötliche Färbung angenommen, sind sie knusprig. Bleiben sie jedoch zu lange über dem Feuer, werden sie trocken wie ein staubiger Erdnussflip. > Selbstverständlich lassen sich auch Heuschrecken durch eine Marinade noch veredeln.

| ZUTATEN | **24 aufgetaute Heuschrecken** > **½ feste Ananas, in Würfel geschnitten** > Für die Marinade: **1 Bund Minze** > **2 Knoblauchzehen** > **100 ml Weißwein** > **1 Schuss Sojasauce** > **4 EL Sonnenblumenöl** > **½ EL Sesamöl** > **einige dünne Scheiben frischer Ingwer** > Hauptgang für 4 Personen

| ZUBEREITUNG | Alle Zutaten für die Marinade in einen wiederverschließbaren Plastikbeutel geben und miteinander vermengen. Das geht ganz einfach, indem man die Tüte vorsichtig schüttelt. Die Heuschrecken dazugeben und den Beutel für mindestens acht Stunden in den Kühlschrank legen. Jeweils zwei Tiere auf einen Spieß stecken; davor, dahinter und in die Mitte kommt ein Ananaswürfel. Jeweils drei Spieße ergeben eine Portion.

DER BRAUMEISTER EMPFIEHLT: Aus England kommt ein Ingwer-Bier (Ginger Beer), das gut zum Gericht passt. Ich würde auch empfehlen, eine Berliner Weiße selbst anzusetzen; allerdings nicht mit Himbeer- oder Waldmeister-, sondern mit Holundersirup. Die Frucht bleibt angenehm im Hintergrund. Wer, weil es kulturell stimmig erscheint, asiatisch trinken will, probiert Singha Beer aus Thailand oder das extrem trockene Kirin aus Japan.

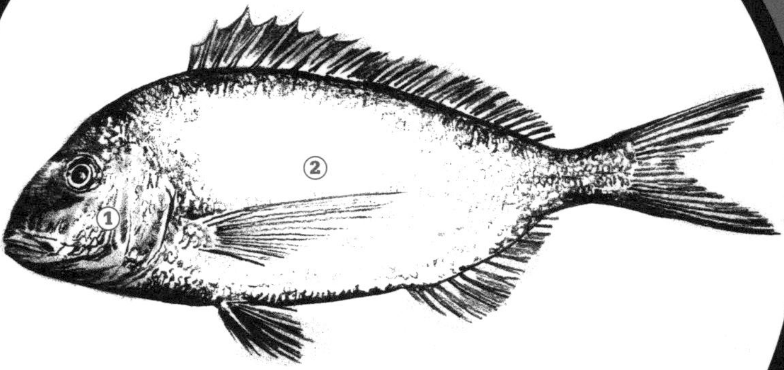

1 Bäckchen 2 Filet

FISCH

085 FRISCHEN FISCH BEURTEILEN

Der frischeste Fisch lässt sich durch die Brille betrachten – bei einem entspannten Tauchgang. Hier sind sich Laie und Profi einig: Was da umherschwimmt, dürfte unverdorben sein. Hat ein Fisch seinen natürlichen Lebensraum aber einmal verlassen, fällt es schon schwerer, des Fisches Frische zu beurteilen. > Dabei ist das eigentlich gar nicht so kompliziert. Prägt man sich ein paar Dinge ein (fünf Dinge, um genau zu sein), lässt sich auch die Frische eines Fisches an der Ladentheke einigermaßen zuverlässig beurteilen.

| **TEST 1: DAS SCHUPPENKLEID** | Ist der Fisch noch nicht entschuppt, können Sie sein Kleid einem Blicktest unterziehen. Sind die Schuppen fest, glänzend, wohlgeformt und nicht brüchig und matt wie ein Fingernagel nach der Nagelbettentzündung, ist das ein gutes Zeichen. Falls die Schuppen sogar noch von einer dünnen, durchsichtigen Schleimschicht umgeben sind, geht es kaum frischer.

| **TEST 2: DAS FLEISCH** | Im Alter lässt die Spannkraft nach. Das gilt für alle Lebewesen. Fisch, der bereits ein Alter erreicht hat, das ihn zum Verzehr ungeeignet macht, hinterlässt beim Drucktest tiefe Dellen. Finger weg – gönnen Sie dem Fisch seine letzte Ruhe. Ersparen Sie ihm die Aufregung am Grill.

| **TEST 3: DER BLICK** | Sehen Sie dem Fisch tief in die Augen. Ist sein Blick trüb und wässrig, sind Linse und Pupille nicht mehr in klaren Umrissen im Glaskörper erkennbar? Dann, ja dann hat er seine Augen schon vor viel zu langer Zeit geschlossen – nur bildlich gesprochen natürlich. Fische haben keine Augenlider. Vorgewölbt, glänzend tiefschwarz und klar sollten die Augen aussehen, wenn der Fisch frisch ist.

| **TEST 4: DIE KIEMENFARBE** | Heben Sie die Kiemen an (oder bitten Sie den Fischhändler, Hand anzulegen). Ist das, was Sie dort erblicken, nicht mehr in gesundes Rot oder Rosé getaucht, sondern tendiert sogar schon fast zu grün, gelb oder braun, am Ende gar mit

flockigem Schleim darauf und keiner klaren Struktur? Schlecht. Es ist eine Weile her, dass Blut diesen Körper durchströmt hat. Eine ganze Weile zu lang sogar.

| **TEST 5: DER GERUCH** | Für diesen Test braucht man doch eine gewisse Übung. Im Allgemeinen wird zwar gerne behauptet, frischer Fisch rieche nur nach Meer und nicht nach Fisch, aber, ganz ehrlich: Erzählen Sie das mal einem frisch gefangenen Hecht. Noch an der Angel kämpfend, den Köder oder Blinker noch im Maul, gerade erst gelandet, riecht dieser Räuber schon so intensiv nach Fisch, dass man ihn vor Schreck am liebsten sofort wieder vom Haken lassen würde. Man muss also unterscheiden lernen. Kein Fisch riecht wie der andere. Seefisch riecht meist intensiver als Süßwasserfisch. Sie glauben, der Fisch stinke vom Kopf her? Nun ja, vielmehr ist es so: Der Geruch ist am besten an den Kiemen oder in der Bauchhöhle festzustellen. > Haben Sie ein einziges Mal den Geruch eines verdorbenen Fisches in der Nase gehabt, wird die Note Ihre Erinnerung nie wieder verlassen.

NACH DEM GERUCH URTEILEN

Fisch riecht (nach):	Zustand:
Salzwasser, Teich, Algen	sehr frisch
neutral, Gras, sauberer Hafen, eben irgendwie frisch	frisch
säuerlich, fruchtig, Gemüse	noch essbar
faulig, unangenehm fischig, nach Kohl, es stinkt	ungenießbar

086 EINEN FISCH FLACHLEGEN

Es könnte sein, dass Sie beim Begriff „Planking“ zunächst an ein Internet-Phänomen denken. Davon haben Sie doch schon gehört? Eine Person legt sich, gerne an einem öffentlichen Ort, steif wie ein Brett, eben einer Planke gleich, mit dem Gesicht nach unten hin, macht davon ein

Beweisfoto und stellt es ins Netz. 2009 wurde man erstmals auf das seltsame Treiben aufmerksam und seitdem überbieten sich die „Planker“ in der Auswahl ihrer Planking-Orte. Früher gereichte es schon zum Spektakel, sich flach in eine volle U-Bahn zu legen. Heute reicht das Spektrum vom Planking-Anfänger auf dem Fahrradsattel bis hin zum Todesmutigen, der elegant auf einer Laterne über einer vierspurigen Autobahn balanciert.

Falls Sie sich nun – davon angespornt – flach auf Ihren Grill legen wollen, nur zu. Wir würden uns zwar über die Zusendung eines Beweisfotos freuen, empfehlen aber eher, einen Fisch auf die Planke zu legen und auf diese Weise zuzubereiten. > Das schonende Garen auf der Planke hat im Gegensatz zum Internet-Planking Sinn und schmeckt auch besser. Durch die zarten Raucharomen des Holzes nimmt der Fisch eine besondere Note an, behält aber dennoch sein Eigenaroma, da sein Saft nicht in die Glut tropfen kann. Und so funktioniert es:

Zunächst wählen Sie ein passendes Holzbrett. Es sollte unbehandelt und nicht zu harzig sein. Sie möchten weder, dass ihr Fisch nach Lösungsmittel schmeckt, noch dass Harz in die Glut tropft. Durch die Holzart bestimmen Sie auch die Note des Zusatzaromas. Zeder wird einen anderen Geschmack entfalten als Kirschholz. > Wo bekommen Sie so eine Planke her? Nun, zum einen aus dem Grill-Fachhandel, damit fährt man am sichersten. Leider ist das auf Dauer ziemlich teuer. Falls Sie gute Beziehungen zu einem Holzfachhändler haben, können Sie dort eine passende Planke bestellen. Wenn Sie ihm Ihr Vorhaben schildern, wird er vermutlich irritiert bis hysterisch lachen, denn für die meisten Holzhändler mag es verschwenderisch anmuten, kostbares Holz einfach so zu verfeuern, aber gut, das soll nicht Ihre Sorge sein. Wichtig ist, dass das Holz absolut unbehandelt ist, also bitte nichts aus dem Baumarkt kaufen oder von dubiosen Holzdealern aus der Bahnhofsgegend besorgen lassen.

Vorsicht: Oft sieht ein Brett unbehandelt aus, wurde aber unsichtbar gegen Schädlinge oder Fäulnis imprägniert. > Achten Sie auf folgende Maße: Das Brett sollte ca. 1,5 cm Dicke nicht überschreiten, denn sonst kommt zu wenig Hitze an den Fisch. Die Abmessung der Planke (30 x 15 cm bis 40 x 20 cm sind ideal) ist variabel und hängt von der Größe Ihres Rostes ab. > Legen Sie die Planke in ein ausreichend großes, mit Wasser gefülltes Gefäß. Gut eignen sich Backbleche oder Fettwannen aus dem Ofen. Beschweren Sie das Holz, damit es vollständig mit Flüssigkeit bedeckt ist. Mindestens zwei Stunden sollte sich das Holz vollsaugen können; wenn Sie es länger einweichen, schadet das nicht. Falls Sie noch weitere Aromanoten hinzufügen möchten, können Sie das Brett anstatt in Wasser auch in Alkoholhaltigem – Whiskey, Rum oder Wein – wässern.

Nun bereiten Sie Ihren Fisch vor. Feste Fischsorten wie Seewolf oder Dorade (aber auch Zander und Forelle) eignen sich am besten, da sie beim Servieren nicht zerfallen. Der Fisch sollte gründlich gewaschen und mit Küchenpapier abgetrocknet werden. Sie können fürs Planking wahlweise Fischfilets oder ganzen Fisch verwenden. Je nach Gusto dürfen Sie den Fisch auch marinieren.

Platzieren Sie Fischfilets mit der Hautseite nach unten auf die gewässerte Planke. Haben Sie sich für einen ganzen Fisch entschieden, dürfen Sie sich eine Seite aussuchen. Zwischen Holz und Fisch kommt ein Bett aus Kräutern, und auf die Oberseite des Fisches dürfen Orangen- oder Zitronenscheiben. > Der so geplankte Fisch wird auf den Rost eines auf mittlere Hitze vorgeheizten Kugelgrills gelegt, dessen Deckel verschlossen wird (ca. 200 Grad). > Zur Garzeit zuverlässige Angaben zu machen, ist nicht ganz leicht: Ein dünnes Filet kann schon nach ein paar Minuten gar sein, ein stattlicher Loup de Mer muss unter Umständen weit über eine halbe Stunde auf dem Grill verbringen. Haben Sie einen ganzen Fisch auf der Planke liegen, machen Sie den Rückenflossen-Test. Lässt sie sich ohne Anstrengung aus dem Fleisch entfernen, ist der Fisch gar.

Den fertigen Fisch servieren Sie direkt auf der Planke. Das ist nicht nur praktisch, sondern sieht auch noch gut aus. Eine feuerfeste Unterlage hilft, Rußflecken zu vermeiden.

Nach dem Gebrauch spülen Sie Ihre Planke beidseitig mit heißem Wasser ab und lassen sie an der Luft trocknen. Gut gereinigt und pfleglich behandelt, kann die Planke mehrmals verwendet werden.

087 DEN FISCH IN DIE ZEITUNG BRINGEN

Hach, die Fernsehköche. Stets geht ihnen alles so ungeheuer leicht von der Hand. Einen Fisch in einer Zeitung zuzubereiten beispielsweise, stellt für sie keine besondere Herausforderung dar. Doch der Showeffekt dabei ist groß. Wasch, tupf, falt, bind, grill, fertig. Den in eine Zeitung gewickelten Fisch haben diese Zirkusköche auch deswegen fast alle im Repertoire. > Immer, wenn die Grillsaison beginnt, holen sie das Rezept und den dazugehörigen Auftritt aufs Neue aus der Schublade – und wieder und wieder schaut man ihn sich gerne an. Sieht ja auch gut aus, sogar ohne Schmuckschleife. Aber ist dieser Zeitungsfisch eine Erfindung der Fernsehköche? Mitnichten. Wahrscheinlich, so ist zu vermuten, wird Fisch sogar schon in einer Zeitung gegrillt, seit es Zeitungen gibt – also ungefähr seit Beginn des 17. Jahrhunderts. Die Einfachheit der Idee ist geradezu genial. Aber wie immer gilt auch hier: Ist eine Anleitung scheinbar besonders anspruchslos, tun sich plötzlich ein paar Stolperfallen auf, die den Weg etwas holprig machen, wenn man sich selbst an die Umsetzung wagt. Fehltritte bei der Zubereitung werden allerdings nicht verziehen. Brennt die Zeitung ab, ergibt sich der nackte Fisch dem Feuer. Ist sie dagegen zu trocken und verklebt mit der Fischhaut, ist die ganze Simplizität dieser herrlichen Verpackungsidee für die Katz – und der Fisch auch.

| SIE BENÖTIGEN: | 4 Doppelseiten aus Ihrer Tageszeitung > **Gewürze:** Meersalz, Pfeffer aus der Mühle > **Kräuter:** Petersilie, Basilikum oder Kerbel – aber auch Dill, Oregano, Rosmarin oder Majoran > **Des Weiteren:** Knoblauch, Ingwer, unbehandelte Zitronen > **Als Fisch besonders gut geeignet:** Lachs oder Forelle

Alle Rezepte, die sich bereits bei der Zubereitung von Fisch in der Küche bewährt haben, können auch in der Zeitung gelingen. > Variieren Sie die Zubereitung ganz nach Ihrem Geschmack; alle hier enthaltenen Angaben sind nur eine Anregung.

| **DAS PÄCKCHEN SCHNÜREN:** | Einen großen Bogen Zeitung auf der Arbeitsfläche ausbreiten und einmal falten – so, dass eine doppelte Lage Papier ausliegt. Die mit eher weniger Bildern bedruckten Bögen der Tageszeitung eignen sich hier besser, da sie weniger Farbe und Druckerschwärze zu verlieren drohen. Wirtschaft, Stellenanzeigen, Wohnungsmarkt: Diese überregionalen Mantelteile sind perfekt.

Den Fisch, eine schöne Forelle von ungefähr 1000 Gramm zum Beispiel, unter fließendem, kaltem Wasser auswaschen (dabei darauf achten, dass alle Eingeweide, besonders die Niere – die noch oft als schwarzer Streifen hartnäckig am Rückgrat festsitzt – entfernt werden) und mit Küchenpapier trocken tupfen. > Eine Zitrone in Scheiben schneiden und daraus in der Mitte des Zeitungspapiers ein hübsches Lager für die Forelle bereiten. Auch ein Drittel der Kräuter wird hier ausgelegt. Erst jetzt die mit Meersalz und frischem Pfeffer eingeriebene Forelle auf das Kräuter- und Zitronenbett geben. Die Bauchhöhle des Fisches wurde zuvor mit in Scheiben geschnittenem Knoblauch und Ingwer, ein paar weiteren Zitronenscheiben und dem zweiten Drittel der Kräuter gefüllt. Auf die Oberseite kommen das letzte Drittel Zitronenscheiben und wiederum ein paar Kräuter. Zum Schluss noch einen guten Schuss Olivenöl über den Fisch träufeln.

Die Zeitung nun so um den Fisch wickeln, dass das Paket gut schließt, die beiden äußeren Enden einschlagen und alles sorgfältig mit Küchengarn festschnüren (am besten einmal längs und vier- bis fünfmal quer) – wie ein richtiges Paket eben. Die Zeitung gut wässern, entweder unter dem Wasserhahn oder in einem Wasserbad. Sie sollte ordentlich nass sein, darf also gerne ein paar Minuten einweichen. > Ist das Paket so groß, dass es nicht der Länge nach auf den Grillrost passt, kann es unter Verwendung von Küchengarn zu einem Bogen gespannt werden. > Auf dem Grill bleibt das Paket bei ungefähr 200 Grad so lange liegen, bis das Zeitungspapier schwarz

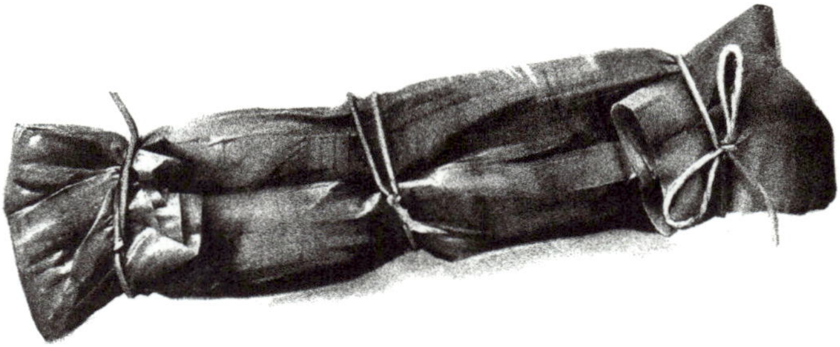

Fisch im Feuilleton

wird. Das kann eine Viertelstunde dauern, manchmal auch etwas länger.

| **DER TRICK BEI DER ZUBEREITUNG:** | Dank seines (geölten) Bettes aus Kräutern und Zitronen kommt der Fisch nicht direkt mit dem Papier in Kontakt. Ist er allerdings nicht anständig gebettet, kann das Papier untrennbar mit der Fischhaut verkleben. Was ziemlich unansehnlich wird. Aber: Der Fisch wird Ihnen bestimmt gelingen. Wir sind da recht zuversichtlich.

088 FISCH ELEGANT ZERLEGEN

Ganz egal, ob der Fisch von der Planke oder aus der Zeitung kommt: Irgendwann ist er gar und fertig zum Verzehr. Für viele Männer am Grill beginnt allerdings erst jetzt die wahre Herausforderung. Erstaunlich oft kann man auf privaten Grillabenden, aber auch in Restaurants, Menschen beobachten, die einen Fisch behandeln wie ein Wurstbrot: Sie schneiden sich einfach mal ein Stück ab und schieben es sich in den Mund – um anschließend minutenlang mit einer Serviette als Sichtschutz und den Fingern im Mundraum nach Gräten zu suchen und vor sich hin zu fluchen. Eine kleine Sezierschule an dieser Stelle soll diesbezüglich Abhilfe schaffen und möchte Sie daran erinnern, dass man auch einem toten Fisch durchaus noch mit Respekt begegnen kann.

| **SCHRITT 1: DIE WAHL DER WAFFEN** | Legen Sie sich ein Fischbesteck zu. Das ist zwar nicht dringend notwendig, zugegeben, aber ein solches Besteck erleichtert die Arbeit doch um einiges. Mit einem normalen Messer könnten Sie aus Versehen dünne Gräten verletzen und durchtrennen – und das möchten Sie ja nicht. Ein Fischmesser dagegen ist recht stumpf, erledigt aber trotzdem zuverlässig die Aufgaben, die ihm gestellt werden. Eine Fischgabel ist breiter und flacher als eine herkömmliche und so eine ausgezeichnete Ergänzung Ihres Werkzeugs.

| **SCHRITT 2: DIE BÄCKCHEN** | Sie sind besonders schmackhaft und gelten als Delikatesse. Allerdings sind sie nicht jedermanns Sache: Oft werden sie links liegengelassen, meist von denen, die sich auch nicht viel aus Innereien machen. Bäckchen aber sind keine Monster, vor denen Sie sich scheuen müssten. Probieren Sie es einfach aus. Vielleicht wagen Sie sich ja nur deshalb nicht an die Bäckchen, weil Sie ihre genaue Lage nicht verorten können. Es ist aber ganz einfach: Sie liegen direkt unter dem Auge und sind auch ohne Navigationsgerät leicht zu finden. Mit der Messerspitze lassen sie sich locker aushebeln. Liegt Ihnen immer noch nichts an Bäckchen, dürfen Sie diesen ersten Schritt selbstverständlich überspringen.

| **SCHRITT 3: FLOSSEN WEG!** | Rücken- und Bauchflossen lassen sich relativ leicht vom Körper trennen, sogar mit dem vergleichsweise stumpfen Fischmesser. Mit den Flossen entfernen Sie kleinere Gräten; danach lässt sich der ganze Fisch einfacher weiterbearbeiten. Einige entfernen jetzt auch gleich die Schwanzflosse – wir empfehlen allerdings, diese vorerst nicht vom Körper zu trennen. Als Not-Haltegriff und Orientierungshilfe wird sie bei den weiteren Schritten nützlich sein.

| **SCHRITT 4: SEZIEREN, BITTE!** | Jetzt wird's chirurgisch. Zwei Schnitte sollten Sie beherrschen: Der wichtigste führt die Seitenlinie

des Fisches entlang – von der Mitte des Kiemenlappens bis hin zur Mitte der Schwanzflosse (beziehungsweise dorthin, wo die Schwanzflosse einmal war). Schneiden Sie vorsichtig, aber bestimmt, von Kopf bis Fuß. Es gilt, bei diesem Schnitt mit dem Messer bis zur Gräte, aber

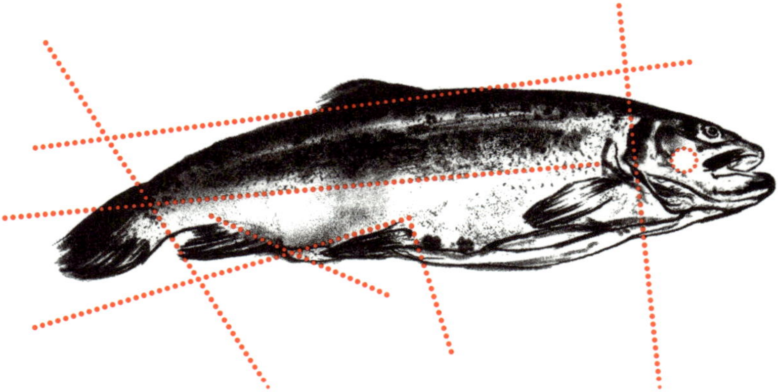

Folgen Sie dem Schnittmuster

nicht tiefer durchzudringen. Der andere Schnitt führt das Rückgrat entlang. Vorsicht, auch hier sind Gräten! Wenn Sie den Schnitt aber korrekt ausführen, können Sie all diese Gräten zuverlässig vom Filet trennen.

| **SCHRITT 5: HAUT AB!** | Nichts spricht generell dagegen, die Haut mitzuessen. Gerade dann, wenn sie schön knusprig geraten ist. Wollen Sie Ihren Fisch dennoch enthäuten, dann versuchen Sie Folgendes: Halten Sie den Fisch am Kopfende mit der Gabel fest, indem Sie seinen Kopf sanft auf den Teller drücken. Mit dem Fischmesser lässt sich jetzt die Haut in Richtung Schwanzflosse ab- und aufrollen. Nun kann die Haut zur Seite und die Filets liegen frei. Um sie von den Gräten zu trennen, fahren Sie mit Ihrem Besteck sanft zwischen Filet und Gräte und heben das nun grätenfreie Fleisch ab.

| SCHRITT 6: NUN ZUR ZWEITEN HÄLFTE! | Sind die beiden oberen Viertel des Filets verteilt oder -speist, können Sie das gesamte Fischskelett samt Kopf abheben und auf dem Resteteller platzieren. Heben Sie die Schwanzflosse vorsichtig ab, fahren Sie mit dem Messer unter die Flosse, um die unteren Filets zu lösen und ziehen Sie das ganze Skelett langsam ab. Mit dem Messer in der Rechten und der Gabel in der Linken können Sie das Fischskelett, das nun aussieht wie aus dem klassischen Comicheft, gut transportieren. Ran an die unteren beiden Viertel!

089 DEN GERUCH BESEITIGEN

Wer gerne Fisch am Grill verarbeitet, sollte kein Problem damit haben, ihn in die Hände zu nehmen. > Am Rost gilt schließlich das Gesetz der Wildnis: Ausgeprägte Röstaromen und der Geruch von intensiven Gewürzen gehören nun einmal zum Grillerlebnis. Hier wird richtig zugepackt. Streicht jedoch abends im Bett, fern der Wildnis, eine von Ruß verschmierte und noch nach Fisch miefende Männerpranke einer Frau sanft über das Gesicht, bricht das jedes Gesetz der Liebe und wird mit sofortigem Entzug derselben bestraft. Zwischen Grillnachmittag und romantischem Abend zu zweit sollte also unbedingt eine Behandlung im heimischen Badezimmer anberaumt werden, die Ihren Händen und dem sensiblen Geruchssinn Ihrer Partnerin gleichermaßen Gutes tun wird.

| GRUNDREINIGUNG | Wenn Sie am Grill alles richtig gemacht haben, wurden Ihre Hände extrem beansprucht: Sie haben Kräuter geschnitten, Fleisch gerubbed, Fisch filetiert, Garzeiten mit den Daumen getestet, Feuer mit den Händen angefacht und am Ende auch mit ihnen gegessen. Hartnäckigen groben Dreck, wie Ruß, Fett oder eingetrocknete Saucenreste, werden Sie nicht mit herkömmlicher Flüssigseife los. Was Sie brauchen, ist eine anständige Waschpaste. Es gibt die einfache Methode (Sie besorgen sich eine im Baumarkt) und die richtige (Sie mischen sich Ihre eigene). Wie die Paste angewendet wird, erklärt sich fast von selbst: auf die Hände auftragen, mit etwas Wasser vermengen, Wasserhahn zudrehen und ordentlich schrubben. Eingetrocknete Handwaschpaste können Sie übrigens auch mit etwas Wasser wieder funktionsfähig machen.

| **HANDWASCHPASTE SELBST HERSTELLEN** | Vermischen Sie Sägemehl, Schmierseife und Wasser. Trocknen Sie die so entstandene Paste und füllen Sie die Mischung in ein wiederverschließbares Gefäß, ein Weckglas oder eine Tupperdose zum Beispiel.

| **GERÜCHE LOSWERDEN** | Es gibt richtig hartnäckige Gegner: Den intensiven und penetranten Geruch von Zwiebeln, Knoblauch oder Fisch etwa werden Sie beim Händewaschen mit normaler Seife schwerer los als einen Straßenhund, dem Sie ein Leckerli vom Grill zugeworfen haben. > Originelle Gegenmittel finden sich im Internet zuhauf: Das Waschen der Hände mit gekochten Kartoffeln, kaltem Kaffeesatz oder sogar Zahnpasta wird empfohlen. Wir raten jedoch davon ab. Es geht auch einfacher: Reiben Sie Ihre übelriechenden Finger einfach am nächsten verfügbaren Stück Edelstahl. Sie müssen keine der als Sensation angepriesenen Edelstahlseifen erwerben, die in den Haushaltswarenabteilungen der Warenhäuser teuer angeboten werden. Ein einfacher Suppenlöffel aus der Besteckschublade oder der Wasserhahn Ihrer Mischbatterie reichen zu diesem Zweck völlig aus. Einfach eine Weile die Hände gründlich unter fließend kaltes Wasser halten, danach am Stahl abreiben – und alle unangenehmen Gerüche werden neutralisiert.

| **SIE BADEN IHRE HÄNDE DARIN** | Im Anschluss an die Reinigung erneuert eine pflegende Fettcreme den natürlichen Säureschutzmantel der Haut und macht sie wieder sanft und geschmeidig. Klingt wie aus der Werbung, ist aber wahr. > Wenn Sie Ihre Hände derart behandelt haben, steht einem romantischen Abend nichts mehr im Wege – zumindest keine üblen Gerüche.

| **AUF NUMMER SICHER GEHEN** | Sie haben Ihre Duschwanne mit Anti-Rutsch-Klebefischen gesichert und schalten Ihr Mobiltelefon im Auto aus? Gut, dann sind Sie ein Sicherheitsfanatiker. Auch für

Sie haben wir einen Tipp: Tragen Sie schon beim Schneiden der Kräuter und Zwiebeln, beim Auspressen von Knoblauch, beim Füllen von Fisch und beim Marinieren mit Gewürzmischungen Plastikhandschuhe. Einmalhandschuhe aus Latex gibt es im Hunderterpack schon ab 5,90 Euro.

090 GEFÜLLTE CALAMARI

Grillart .... **alle direkten Grills**
Hitze .... **direkt, mittlere Temperatur**
Kerntemperatur .... **62 Grad**
Grilldauer .... **5–10 Minuten**

Tintenfische, diese weichen, vielarmigen Dinger, bieten einem Mann die wunderbare Gelegenheit, endlich zu beweisen, wie hart er wirklich ist. > Kauft er sie nämlich nicht fertig ausgenommen im Supermarkt, sondern ganz frisch (noch mit Kopf und Innereien) beim Fischhändler, muss er erst durch eine Prüfung für Magen und Gemüt. Aber so schwer ist das Ausnehmen eigentlich gar nicht: Im ersten Schritt entfernen Sie Kopf, Tentakel und alle Innereien in einem Stück und mit einem kräftigen Ruck aus dem Körper. Fahren Sie dann mit zwei Fingern ins Innere des Tubus (dorthin, wo das durchsichtige Rückgrat sitzt), lösen Sie es mit leichtem Druck und ziehen Sie es heraus. Jetzt können Sie den Tubus schälen: Mit dem Fingernagel lässt sich die rötliche Haut auf der Außenseite einritzen und anschließend abziehen – zurück bleibt der saubere, weiße Körper. > Schneiden Sie als Nächstes die Tentakel vom bereits entfernten Kopfteil ab und entfernen Sie zuletzt den kleinen weißen Muskel am Ansatz der Fangarme. Einmal auf links gedreht, springt er locker heraus und lässt sich ganz einfach entnehmen. Die klein geschnittenen Tentakel kommen später mit in die Füllung.

| ZUTATEN | **4 große Calamari à 250 g (15 cm) oder 16 kleine Calamaretti à 50 bis 70 g (10 cm)** > Für die Füllung: **1 trockenes Brötchen, klein geschnitten** > **150 g Feta (Schafskäse)** > **100 g Zucchini** > **100 g Kirschtomaten** > **1 TL Kumin (Kreuzkümmel), gemahlen** > **1 Knoblauchzehe, ausgepresst** > **Schale einer Zitrone** > **1 Handvoll Kräuter (Petersilie, Basilikum, Koriander – klein geschnitten)** > **1 kleine mil-**

de Chilischote, klein gehackt > **2 EL Olivenöl** > **Salz und Pfeffer** > Hauptgang für 4 Personen

| **ZUBEREITUNG** | Waschen Sie die Tuben unter fließend kaltem Wasser und trocknen Sie sie mit Küchenpapier. Raspeln Sie die Zucchini im Gemüsehobel und bestreuen Sie sie mit etwas Salz, damit sie Flüssigkeit abgeben. Drücken Sie die Zucchini gut aus. Schneiden Sie die Kirschtomaten möglichst klein. Mischen Sie Tomaten und Zucchini mit allen anderen Zutaten (auch mit den klein geschnittenen Tentakeln) zu einer Füllung und kneten Sie diese gut durch. Geben Sie die Füllung in die Tuben und lassen Sie diese kurz ruhen. Damit sie problemlos gewendet werden können, ohne ihre Füllung zu verlieren, sollten die Tuben mit kleinen Rouladenspießen oder Zahnstochern gesichert sein. > Die (nicht zu fest) gefüllten Tuben werden mit etwas Olivenöl eingerieben und kommen nun bei mittlerer Hitze auf den Grill – nur kurz, je nach Größe für fünf bis zehn Minuten.

091 PANIERTER SEETEUFEL AM SPIESS

Grillart	Alle direkten Grills
Hitze	direkt, hohe Temperatur
Kerntemperatur	63 Grad
Grilldauer	5–10 Minuten

Ein Seeteufel hat festes weißes Fleisch. Es eignet sich ideal, um es am Spieß auf dem Grill zuzubereiten. Das Stück, was Ihnen von den meisten Fischhändlern in die Tüte gepackt wird, stammt übrigens vom Schwanzteil des ansonsten etwas gewöhnungsbedürftig schmeckenden Fischs. > Falls Sie keinen Seeteufel bekommen können, dann eignen sich auch Schwertfisch oder Red Snapper.

| **ZUTATEN** | **6 EL selbstgemachte Semmelbrösel** > **1 TL Salz** > **1 EL frischer Rosmarin** > **1 TL Thymian** > **2 Knoblauchzehen** > **400 g Seeteufel (Medaillon oder Kotelett)** > **Olivenöl** > Vorspeise für 4 Personen

| **ZUBEREITUNG** | Beginnen Sie mit der Panade. Bitte verwenden Sie kein fertiges Paniermehl (das ist viel feiner gemahlen, als Ihnen

lieb ist), sondern zerkleinern Sie einfach hartes Weißbrot oder alte Brötchen. Am leichtesten geht das mit einem Mixer oder einer Handreibe. Sollten Sie angestaute Aggressionen abbauen müssen, können Sie auch einige Weißbrotstückchen in ein Küchenhandtuch geben, es zuknoten und kräftig auf die Arbeitsplatte schleudern. Das macht auch Krümel. Vermischen Sie die Brösel mit dem Salz. Jetzt zerstoßen Sie in einem Mörser Rosmarin, Thymian und Knoblauch. Schließlich geben Sie 2 bis 3 Esslöffel Olivenöl zu den Gewürzen. Das so entstandene Gewürzöl mischen Sie unter die Brösel. > Waschen Sie den Fisch und tupfen Sie ihn trocken. Teilen Sie den Seeteufel in etwa 3 cm breite und 10 cm lange Streifen. Die einzelnen Stücke wenden Sie in der Panade und geben sie auf einen Spieß. Bei 200 Grad, die direkt über der Glut herrschen sollten, benötigt jede Seite nicht mehr als drei Minuten. > Die Panade verfeinert den Geschmack und gibt dem Fisch einen schönen Crunch, außerdem verhindert sie ein Anbrennen des Fisches am Rost.

DER BRAUMEISTER EMPFIEHLT: Gefüllten Calamari sind eine komplexe Geschichte, die kräftige Aromen fordert, wie sie zum Beispiel in starken obergärigen belgischen Bieren stecken. Gut dazu passen würde aber auch ein hopfengestopftes Pils. Den Begriff „hopfengestopft" muss man erklären: Hierbei wird Hopfen erst während der Lagerung des Bieres zugegeben. Dadurch gibt er keine Bitterstoffe ab, sondern nur das reine Hopfenaroma. Seit geraumer Zeit wird außerdem in deutschen, meist kleineren Brauereien auch ganz hervorragendes Pale Ale gebraut (zum Beispiel bei Ratsherrn in Hamburg), das relativ trocken ist, eine kupferartige, helle Farbe hat und einen leichten Geschmack nach Beeren und Zitrusfrüchten. > Zum Seeteufel muss man sich nicht verbiegen: Da passt ein klassisches, trockenes Pils. Wer etwas Exotisches servieren will, besorgt sich ein Kriek oder ein anderes Fruchtlambic, das mit Kirsche oder Himbeer zweitgegärt wird. Der Geschmack ist allerdings speziell, man muss das mögen und darf nicht zu viel davon trinken – auch deshalb, weil es recht sauer ist. ....

GEWÜRZE

092

DER DREH MIT DEN DRY RUBS

Wenn man den Begriff aus dem Englischen wörtlich ins Deutsche übersetzt, handelt es sich bei Dry Rubs um trockene Massagen. > Diese Anwendung kann Grillfleisch veredeln, ehe es auf den Rost kommt – selbst, wenn kein ausgebildeter Physiotherapeut Hand anlegt. Ein Dry Rub besteht vorwiegend aus getrockneten oder pulverisierten Gewürzen – oder aus einer Mischung von beidem. Massiert wird, um das Grillgut mit Geschmack anzureichern, um eine schmackhafte Kruste zu erhalten und um eine ansprechende Textur und Farbe zu erreichen, die auf dem Rost vollendet wird.

Dry Rubs gibt es als Fertigmischung im Handel. Besser ist es aber, wie so oft, sie selbst herzustellen – was auch nicht wesentlich komplizierter ist, als eine Salzmühle zu befüllen. Wer sich die Mühe macht, weiß, was drin ist und muss keine unerwünschten Zusätze oder Geschmacksverstärker fürchten. > Einen Dry Rub können Sie auf Vorrat produzieren und in Einmachgläsern aufbewahren. Falls die Mischung mal klumpt, verspricht die gleiche Aktion wie beim Lösen von verklumptem Salz Rettung: Schütteln Sie das Glas kräftig oder geben Sie ein Paar Reiskörner zur Mischung, die die entstehende Feuchtigkeit absorbieren können.

| **DRY RUB – DIE ZUTATEN** | Natürlich orientiert sich die Rezeptur eines Rubs am Lebensmittel, das damit eingerieben werden soll. Zu Lamm passen Rosmarin und Knoblauch, zu Huhn Senfpulver, zu Rind Salbei. > Die Grundregel lautet: Jeder Rub verlangt nach einer Komposition aus drei Komponenten: Salz, Zucker und Schärfe. Das Salz bringt das Fleisch zum „Schwitzen“. Der Zucker verbindet sich mit der Feuchtigkeit an der Oberfläche, er kann unter der Hitze des Grills karamellisieren und so zu einer schönen Kruste beitragen. Schärfe ist am Grill immer angebracht, ob sie nun mild (wie im Paprikapulver), raffiniert (wie im Ingwer) oder feurig (wie im Chili) ausfällt. Gewürze mit einer starken Farbigkeit (Paprika, Curry, Safran) würzen nicht nur, sie verleihen dem Endprodukt darüber hinaus auch ein appetitliches Aussehen. Weitere für Rubs geeignete Gewürze sind

zum Beispiel Zwiebelpulver, Cayennepfeffer, Thymian, Oregano und Basilikum. > Für die Herstellung eines Rubs verwenden Sie entweder Gewürze in Pulverform – oder Sie mörsern die getrockneten Gewürze einfach selbst; dann haben Sie eine bessere Kontrolle über die Konsistenzen der einzelnen Zutaten. > Denken Sie beim Abschmecken daran, dass der aufgetragene Rub später weit weniger intensiv schmecken wird, als eine Fingerspitze eines kräftigen puren Rubs vermuten lässt. > Experimentieren Sie mit Ihren Lieblingsgewürzen und führen Sie Buch über Ihre Ergebnisse und Erfahrungen. So können Sie die Mischung stets weiter optimieren. Langfristig werden Sie Ihren ganz persönlichen Dry Rub entwickeln.

| **DER DALMATINER-RUB** | Weiß ist er und schwarz – ganz wie der intelligente Hund aus Kroatien: der einfachste Rub der Welt. Er besteht aus Salz, Zucker und schwarzem Pfeffer – sonst nichts.

| **DER MEMPHIS RUB** | Im amerikanischen Memphis ist es Sitte, Grillfleisch ganz ohne Sauce zu servieren. Der ganze Geschmack steckt hier im Rub. Unsere Mischung ergibt ca. 200 Gramm. Zerkleinern Sie zunächst folgende Zutaten im Mörser: **1 EL Thymian** > **1 EL Oregano** > **2 EL Selleriesamen** > Vermischen Sie diese mit folgenden restlichen Zutaten: **3 EL Salz** > **1 EL brauner Zucker** > **4 EL Paprika, scharf** > **2 EL Knoblauchpulver** > **2 EL Zwiebelpulver** > **2 EL mildes Chilipulver** > **2 EL schwarzer Pfeffer** > **1 EL Kumin** > **1 EL Senfpulver** > **1 EL Koriander, gemahlen** > **1 EL Piment, gemahlen**

| **DER FINGER LICKIN' RUB** | Seinen besonderen Kick bekommt dieser Rub durch den Limettenabrieb. Er passt ideal zu Hähnchen. Unsere Mischung ergibt ca. 100 Gramm. **4 EL brauner Zucker** > **1 EL Salz** > **1 EL Knoblauchpulver** > **1 EL Zwiebelpulver** > **1 EL Thymianpulver** > **1 EL Paprikapulver** > **1 TL Cayennepfeffer** > **1 TL schwarzer Pfeffer** > **1 TL Kumin, gemahlen** > **Zesten von einer Limette**

| **DER KARAOKE-RUB** | Dieser Rub verleiht jedem Fleisch eine milde asiatische Note. Auch wenn Musik drin steckt, ist seine Schärfe nicht zu dominant. Unsere Mischung ergibt ca. 50 Gramm. **2 EL Zucker** >

1 EL Salz > 1 EL Zitronengraspulver > 1 EL Knoblauch > 1 EL Koriander > 1 EL Ingwer > 1 EL schwarzer Pfeffer > 1 EL Piment > 1 TL bengalischer Pfeffer

| **DER MAGIC DUST** | Der Name ist Programm. Der Rub hat magische Schärfe und passt gut zu Ribs, Steak oder auch zu Popcorn und Kartoffeln. Unsere Mischung ergibt 250 Gramm. **10 EL scharfes Paprikapulver > 2 EL Cayennepfeffer > 2 EL Salz > 2 EL Zucker > 2 EL Senfpulver > 2 EL Chilipulver > 2 EL Kumin, gemahlen > 2 EL schwarzer Pfeffer > 2 EL Knoblauchgranulat**

| **DER TOMAHAWK STEAK RUB** | Er schmeckt außergewöhnlich und macht, dank des Koffeins, richtig wach. Die Mischung ergibt ca. 150 Gramm. > Mörsern Sie folgende Zutaten, nachdem Sie sie zunächst bei mittlerer Hitze in einer Pfanne angeröstet haben: **1 TL Koriandersamen > 1 TL Kumin > 1 TL Kardamom, ganze Kapseln > 1 TL Fenchelsamen** > Mit folgenden Gewürzen mischen: **1 EL Zucker, weiß > 3 EL Kaffee, gemahlen, Espresso > 2 EL Knoblauchpulver > 2 EL Zwiebelpulver > 2 EL Senfpulver > 2 EL Paprika > 1 EL feines Meersalz > 1 EL schwarzer Pfeffer > 1 EL getrocknete Petersilie**

| **DER SIMON AND GARFUNKEL RUB** | Im englischen Volkslied „Scarborough Fair“, das vor allem durch die Interpretation von Paul Simon und Art Garfunkel bekannt geworden ist, geht es zwar auch um ein Liebespaar, vor allem aber um Petersilie, Salbei, Rosmarin und Thymian. „Parsley, sage, rosemary and thyme“ sind Gewürze, die es auf dem Markt von Scarborough zu kaufen gibt, und denen man symbolische Kräfte wie Kraft, Treue, Liebe und Mut nachsagt. Vor allem aber passen sie hervorragend in einen Rub, der vorzüglich zu Huhn schmeckt. Ergibt ca. 100 Gramm. Mörsern Sie bitte folgende Zutaten: **1 EL Petersilie > 1 EL Salbei > 1 EL Rosmarin > 1 EL Thymian > 1 Lorbeerblatt** > Vermischen Sie sie mit: **2 EL Salz > 2 EL Zucker > 1 EL schwarzer Pfeffer > 1 EL Cayennepfeffer**

| **DRY RUBS EINMASSIEREN** | Mit sauberen Händen oder Latexhandschuhen wird die Mischung gleichmäßig in das gesamte Grill-

gut einmassiert. > Wenn Sie das Grillgut vorher dünn mit Olivenöl oder etwas Senf bestreichen, verbessert das die Haftung des Rubs. Manche Fleischmasseure mischen ihrem Rub auch etwas Alkohol oder Öl bei und tragen ihn anschließend mit einem Pinsel auf. > Gehen Sie aber nicht allzu kraftvoll vor, sonst bleibt der Großteil der Gewürze an Ihren Händen haften. > Wichtig ist außerdem, dass nicht zu dick aufgetragen wird. Das Grillgut sollte unter dem Rub noch deutlich zu erkennen sein.

Achtung: Teile der Gewürzmischung, die nicht haften geblieben sind, sollten Sie auf gar keinen Fall zurück ins Glas geben und weiter verwenden. Das Pulver ist mit rohem Fleisch in Berührung gekommen – es ist sozusagen bakteriell infiziert. Wird es nochmals verwendet, kann das unschöne Folgen haben.

| **ZUR EINWIRKDAUER** | Das gerubbte Fleisch sollte in Frischhaltefolie oder in einem Gefrierbeutel gut verpackt werden und dann mindestens drei Stunden im Kühlschrank ruhen, damit die Gewürze nicht nur oberflächlich wirken. > Je mehr Zeit und Ruhe Sie dem Fleisch gönnen, desto besser kann die Massage ihre Wirkung entfalten.

| **GEBRINTES FLEISCH RUBBEN** | Falls sie zuvor bereits gebrintes Fleisch (siehe Seite 229) mit einem Rub perfektionieren wollen, verringern Sie die Salzmenge im Rub.

093 IN WET RUBS EINPACKEN

„Jerk“ ist einer der bekanntesten Wet Rubs. Jamaikas National-Rub ist traditionell auf Gegrilltem von Huhn und Schwein zu finden. Er beinhaltet meist folgende Basiszutaten: englischen Tymian, Ingwer, Muskatnuss, Piment, Zimt, Schalotten und Scotch-Bonnet-Chili.

Der Geschmack von Wet Rubs entwickelt sich zwar auch durch den Einsatz von Gewürzen. Im Unterschied zu Dry Rubs haben Wet Rubs aber auch eine flüssige Komponente: Essig, Öl, Butter, Limettensaft, aber auch Bier, Rum oder Tabasco sorgen für die nötige Feuchtigkeit und entwickeln neue Aromen. > Die Konsistenz eines Wet Rubs sollte pastenartig sein. Durch seine Feuchtigkeit haftet ein Wet Rub etwas besser am Fleisch als ein Dry Rub. In einem luftdichten Gefäß im Kühlschrank hält sich auch ein Wet Rub mehrere Monate lang, allerdings lässt seine Intensität mit der Zeit etwas nach.

Was für Dry Rubs gilt, gilt auch für die feuchte Gewürzpaste: Mindestens eine Stunde, bevor es auf den Rost gepackt wird, muss das zu behandelnde Grillgut eingerieben werden und bis zum Grillen in Folie verpackt im Kühlschrank lagern.

| **DER UNIVERSAL WET RUB** | Zunächst Petersilie und Knoblauchzehen fein hacken, dann Öl und Limettensaft dazugeben. Am Ende die restlichen Gewürze unterrühren. Ergibt ca. 200 Gramm. **100 g frische Petersilie > 6 Knoblauchzehen > 75 ml Olivenöl > Saft und Zeste von einer Limette > 1 TL Cayennepfeffer > 1 TL grobes Meersalz > 1 TL brauner Zucker > 1 TL bengalischer Pfeffer**

| **DER JERK WET RUB** | Für den karibischen Klassiker schneiden Sie zunächst Schalotten, Knoblauch und Chili fein. Geben sie die Flüssigkeiten und den Ingwer dazu und rühren Sie am Ende alle Gewürze unter, bis eine geschmeidige Paste entsteht. Wer es nicht so scharf mag, nimmt statt der angegebenen Menge Scotch Bonnet lieber eine Jalapeño. Ergibt ca. 150 Gramm. **3 Schalotten, gehackt > 2 Knoblauchzehen > ¼ Scotch Bonnet Chili > 50 ml Olivenöl > 1 Schuss dunkle Sojasauce > 1 Schuss Limettensaft > 1 daumengroßes Stück Ingwer, gerieben > 2 EL Thymian > 2 TL Piment > ½ TL Zimtpulver > ½ TL Nelkenpulver > ½ TL Muskatnuss, gerieben**

| **DER DEVILS WET RUB** | Hacken Sie den Knoblauch und zerstoßen Sie als Nächstes die trockenen Zutaten in einem Mörser. Vermischen Sie nun Gewürze und Knoblauch und geben Sie die Flüssgkeiten dazu. **6 Knoblauchzehen > 4 EL Muscovadozucker > 2 EL Chiliflocken > 2 EL grobes Meersalz > 4 EL weißer Balsamicoessig > 2 EL Tomatenmark > 3 EL Tabascosauce**

094

IN GLASUR GLÄNZEN

Eine Glasur wird auf das Grillgut aufgetragen wie eine Bräunungscreme auf einen Body Builder. Man kann, wenn man es mit beiden gut meint, durchaus behaupten, sie sähen dann einfach besser aus. Es ist eben alles eine Sache des Geschmacks. Glasuren haben jedoch der Bräunungscreme diesbezüglich eindeutig etwas voraus: Sie sorgen tatsächlich und völlig unstrittig für guten Geschmack – besonders übrigens im Zusammenspiel mit Dry Rubs. > Wichtigste Zutat für eine Glasur ist Zucker, der pur oder aufgelöst, als Bestandteil von Fruchtmarmeladen, Säften oder Honig, enthalten sein kann. > Durch den Zucker bekommt die Kruste zwar ihren Knack und das Fleisch seinen besonderen Gout, doch Zucker ist nicht ungefährlich: Er erfordert Ihre uneingeschränkte Aufmerksamkeit am Grill. Der Grat zwischen der unnachahmlichen dunklen Kruste und einem ungenießbaren, verkohlten Stück Fleisch ist schmal.

| **DAS RICHTIGE AUFTRAGEN** | Eine halbe Stunde vor Ende der errechneten Grillzeit sollten Sie die Glasur auftragen – egal, ob Sie das Fleisch bei niedriger Hitze (circa 100 Grad) zu Ende braten oder die Glasur hoher direkter Hitze (circa 250 Grad) aussetzen wollen. Bei niedriger Hitze sollte eine Glasur maximal 30 Minuten einwirken, bei direkter, starker Hitze höchstens 10 Minuten.

Falls Sie Glasur auf Vorrat angesetzt haben, entnehmen Sie nur die benötigte Menge und stellen den Rest wieder kühl. Wärmen Sie die Glasur vor dem Auftragen auf. Sie sollte nicht kochen, darf aber warm sein – dann ist sie dünnflüssiger und lässt sich besser auftragen. Außerdem würde eine kalte Glasur das heiße Fleisch von außen wieder abkühlen. > Tragen Sie die Glasur in einer dünnen Schicht mit einem Pinsel auf. Zu viel Glasur übertüncht die Aromen des Dry Rubs oder verschmiert den ganzen Rost. Beobachten Sie das Grillgut ganz genau: Wenn die Glasur Blasen wirft, ist das Kunstwerk fertig. > Sollten Glasurreste übriggeblieben sein, geben Sie diese auf keinen Fall zurück zu Ihren Vorräten in den Kühlschrank. Durch das Einpinseln sind womöglich Bakterien vom Fleisch auf den Pinsel und so auch auf die Glasur in der Schüssel gelangt – also weg damit. Glasur muss – auch, wenn sie nur als Sauce gereicht wird (wofür sie sich übrigens hervorragend eignet) –, immer frisch sein.

| ZEIFNER GRANTN-GLASUR | Zuerst in einem Topf das Öl bei mittlerer Temperatur erhitzen, Zwiebeln darin glasig dünsten, dann Knoblauch hinzufügen. > Jetzt können alle restlichen Zutaten (außer der Chili) in den Topf. Alles bei niedriger Temperatur 15 Minuten einkochen lassen. Hin und wieder umrühren. Am Ende die Chili seitlich aufschlitzen und in der Sauce ziehen lassen. Je länger sie darin bleibt, desto mehr Schärfe gibt sie ab. Vor dem Servieren die Chili aus dem Topf nehmen, die Sauce abschmecken und gegebenenfalls nachwürzen. **3 EL Pflanzenöl > 1 Zwiebel, fein geschnitten > 4 Knoblauchzehen, fein geschnitten > 2 EL frischer Ingwer, fein gerieben > 1 Jalapeño > 250 ml Ketchup > 100 ml Weißweinessig > 100 ml Preiselbeeren aus dem Glas (Grantn) > 1 TL Worcestersauce > 1 TL mittelscharfer Senf > 100 ml Honig > 100 g brauner Zucker**

095 SICH DEN MUND VERBRENNEN

Männer lieben es, sich in Vergleichen zu messen und um zweifelhafte Siegerehren zu kämpfen. Auch am Grill macht man sich gerne zur Wurst. Bewundert wird, wer das größte Porterhouse-Steak mit an den Rost bringt, beneidet, wer die schärfsten Messer zückt.

Überhaupt, Schärfe. Wenn es um Schärfe geht, wird es oft besonders unsinnig. Gerade hier kennen Männer keine Schmerzen, wenn es herauszufinden gilt, wer am männlichsten ist. Wer die schärfsten Saucen der Welt ohne Schweißausbruch und Schaden überlebt, gilt als Held. Zum Alltag am Rost gehören militärische Aufnahmerituale: Nur die Scharfen dürfen in den Garten.

Wobei Schärfe erst einmal gar nichts mit Essen und Geschmack zu tun hat, sondern mit Schmerzen. Wir empfinden Schärfe unterschiedlich stark, und beim Verzehr von Pfeffer, Ingwer, Senf, Meer-

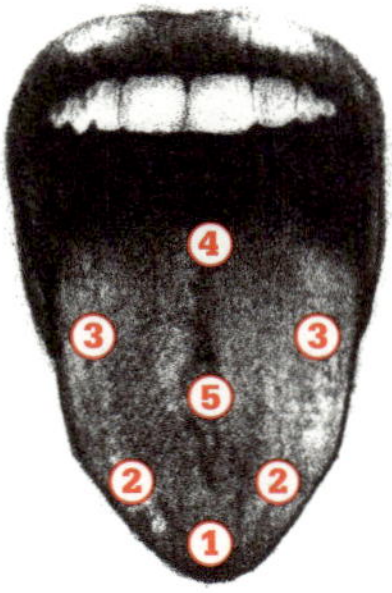

Schärfe wird beim Essen nicht nur über die Nase, sondern auch und vor allem über den Mundraum wahrgenommen. Nicht jedoch, wie fälschlich anzunehmen, auf den Geschmacksknospen. Die männliche Zunge und die darauf liegenden Knospen sind lediglich in der Lage, fünf verschiedene Geschmacksrichtungen zu unterscheiden: 1 süß / 2 salzig / 3 sauer / 4 bitter und 5 „umami" (was den Geschmack von gebratenem Fleisch bezeichnet). Es ist demnach falsch, Schärfe als Geschmack zu bezeichnen.

rettich und Chilis stellen wir uns auf die Probe. Mal ist der Schmerz angenehm prickelnd, mal abstoßend – je nach Art und Dosierung. > Unterschiedliche biochemische Strukturen innerhalb verschiedener scharfer Lebensmittel lösen unterschiedliche Reaktionen aus. Meerrettich und Wasabi zum Beispiel schleichen sich hinterhältig an. Ihre Schärfe zieht von der Nase in den Rachenraum und wird von ätherischen Ölen ausgelöst, die von Rezeptoren im Naseninnenraum aufgenommen werden. Das Angenehme an dieser Schärfe: Sie hält nicht lange an, denn die Stoffe, die sie auslösen, verflüchtigen sich alsbald wieder.

Gewisse Inhaltsstoffe wie Piperin (aus dem Pfeffer) oder Capsaicin (aus der Chilischote) wirken auf unterschiedliche Schmerzrezeptoren in unserem Mundraum, die auch auf Hitze reagieren. Deshalb wird Scharfes oft als Heißes empfunden (vgl: Englisch „hot" = scharf), die Durchblutung nimmt zu, man beginnt zu schwitzen und dadurch sinkt die Körpertemperatur. Was auch erklärt, warum in warmen Ländern gerne scharf gegessen wird. > Um Grillgut die richtige Schärfe zu verleihen, ohne die Gäste zu quälen, sind dies die beliebtesten Zugaben:

| **PFEFFER** | Egal ob grün, weiß, rot oder schwarz: Pfeffer ist weitestgehend harmlos und somit eigentlich für Initiationsrituale ungeeignet. Pfeffer wächst an mehrere Meter hohen Kletterpflanzen im

feuchttropischen Klima. Der Stoff, der den Pfeffer scharf schmecken lässt, heißt Piperin. Nur fünf Prozent der Pfefferkörner enthalten diesen Stoff. > Wenn Pfeffer unreif geerntet und zum Beispiel gefriergetrocknet wird, behält er seine ursprüngliche grüne Farbe. Wenn man ihn dagegen kurz vor der eigentlichen Reife erntet und normal trocknet, erhält man schwarzen Pfeffer. In seiner vollen Reife wird Pfeffer rot; wird er dann von der Schale befreit, erhält man weißen Pfeffer. > Ob man pfeffert, bevor das Fleisch auf den Rost kommt, oder danach, ist übrigens einzig und allein eine Glaubensfrage. Beides funktioniert gleichermaßen gut.

| **INGWER** | Von der Ingwerpflanze wird nur die Wurzel verwendet – pharmazeutisch heißt sie „Zingiberis rhizoma". Die milde Schärfe steckt im Saft der Wurzel, so genannte Gingerole und Shoagole lassen ihn uns als angenehm scharf empfinden. > Unabhängig von seinem besonderen Geschmack wird dem Ingwer eine entzündungshemmende Wirkung zugesprochen, weshalb er auch in der traditionellen asiatischen Medizin gerne Verwendung findet.

| **SZECHUANPFEFFER** | Dieser ist, wie übrigens der rosa Pfeffer auch, nicht mit dem schwarzen Pfeffer verwandt, auch wenn der Name die Vermutung nahelegt. Der Szechuanpfeffer gehört nicht zur Familie der Pfeffer-, sondern zur Familie der Rautengewächse, zu der unter anderem auch die Zitrusfrüchte zählen.

Zum Würzen verwendet man meist die getrockneten Samenkapseln. Diese sind deutlich schärfer als der schwarze Pfeffer und prickeln massiv auf der Zunge – so sehr, dass sich ein Taubheitsgefühl auf Zunge und Lippen einstellen kann. Hierfür sind so genannte Amide, chemische Verbindungen, die sich formal von Ammoniak ableiten, verantwortlich.

| **MEERRETTICH** | Der Meerrettich gehört zur Familie der Kreuzblütengewächse, der auch viele Kohlsorten, Senf und einige andere Kulturpflanzen zugeordnet werden. Die krautige Pflanze ist ein wahrer Überlebenskünstler, hält sie doch Temperaturen von bis zu minus 50

Grad stand. Für die Küche wird meist die Wurzel der Pflanze verwendet, die bis zu 40 cm lang werden kann. > Die Schärfe im Meerrettich entsteht erst durch das Anschneiden, Abreißen oder Abreiben, also das Verletzen der Wurzel. Hierbei verströmt sie einen stechenden Geruch, der einem die Tränen in die Augen treibt. Ausgelöst wird er durch Allylisothiocyanat, ein flüchtiges Öl, das als Gas in unsere Nase steigt und daher als besonders hinterhältig gilt.

Da Pfeffer, Ingwer wie auch Chilis ursprünglich nicht in der deutschen Küche vorkamen, ist Meerrettich, abgesehen vom Senf, das einzige scharfe Gewürz, das schon früh auch hierzulande verwendet wurde. Da er viel Vitamin C enthält und antibiotisch wirkt, wird er nicht nur zu frischem Roastbeef gereicht, sondern auch gerne zur Stärkung der Abwehrkräfte verwendet.

| **CHILI** | Chili gehört zur Familie der Nachtschattengewächse und zur Gattung der Paprika (Capsicum). Die schärfsten Chilisorten, wie zum Beispiel die „Habanero-Chili", gehören wiederum zur Gattung

Klein aber oho

der *Capsicum chinense.* Auch wenn diese Bezeichnung anderes vermuten lässt, so stammt diese Gattung selbst ursprünglich aus Mittel- und Südamerika, wo sie schon vor 6000 Jahren Verwendung fand. Erst als Passagier der Flotte von Christoph Kolumbus schaffte sie den Sprung in die europäische und asiatische Küche. Verschiedene Arten wurden ursprünglich durch Vögel, die immun gegen die Schärfe waren, verbreitet. Heute werden die Chilis von Menschen, die noch an ihrer Immunität arbeiten (und sich bis dahin mit Handschuhen und Schutzbrille schützen), gezüchtet und verbreitet.

Dass viele Chili-Arten mittlerweile zu den beliebtesten Scharfmachern gehören, hat auch mit dem Umstand zu tun, dass sie selbst auf heimischen Balkonen und Terrassen einigermaßen gut gedeihen. > Da es inzwischen so viele verschiedene Arten gibt, kann man mit Chilis nahezu jeden Schärfegrad erreichen, von „mild" über „unangenehm" bis hin zu „körperverletzend". Das prädestiniert die kleine Paprikapflanze zur Verwendung im Wettbewerb und macht sie so zur männlichsten aller scharfen Pflanzen.

Hauptverantwortlich für die Schärfe ist das leicht gelbliche, oft kristalline Öl namens Capsaicin. Es wird im Inneren der Früchte, genauer gesagt in Drüsenzellen, gefunden, die sich zwischen der inneren Zellwand und der gefalteten Außenschicht, der Cuticula, befinden. Wenn man eine Chili der Länge nach aufschneidet und sich die weißlichen Teile der Innenseite, an denen auch die Kerne hängen, ganz genau ansieht, dann kann man die feinen Äderchen sehen, in denen das Capsaicin fließt. Die höchste Konzentration des Scharfstoffs enthalten die Plazenta, die Samenscheidewände und die Samen selbst. Die Schärfe der Chili-Frucht nimmt ab, je weiter man sich vom Stielende entfernt. Ein vorsichtiger Biss in die Spitze einer Chili verrät also nicht zuverlässig, welche Schärfe im Inneren lauert.

Dass Chilis bei den Azteken zur Folter eingesetzt wurden, macht sie nur noch geheimnisvoller und im heutigen Wettbewerb der Schärfefans so reizvoll.

| **DIE SCOVILLE-SCALA** | Schärfe wird in SHU („Scoville Heat Units") gemessen, den Schärfegrad-Einheiten auf der Scoville-Skala. Die Skala ist nach dem 1912 in den USA geborenen Pharmakologen Wilbur Lincoln Scoville benannt. Er beschäftigte sich im Auftrag eines Pharmakonzerns mit der Erforschung und Messung der Schärfe unterschiedlicher Chilisorten.

Allerdings ging es ihm bei seiner Forschung weniger um die Entwicklung scharfer Grillsaucen als vielmehr darum, die Wärme spendende Wirkung der Schärfe zu spezifizieren. Um zu testen, wie scharf eine spezielle Chilisorte war, verdünnte er einen Tropfen des aus der Pflanze gewonnenen Capsaicins so lange tröpfchenweise mit einer fünfprozentigen Zuckerlösung, bis die Mischung wieder vollkommen neutral – also nicht mehr scharf – schmeckte. Die Beurteilung überließ er Probanden. Die Anzahl der verwendeten Tropfen der Lösung ergab den Scoville-Grad der jeweiligen Pflanze. Je niedriger, umso weniger scharf. Das heißt: Hat eine Sauce einen Scoville-Grad von 3000, so benötigt man 3000 Tropfen der Lösung, um die Schärfe eines Tropfens der Sauce geschmacklich zu neutralisieren.

Heutzutage werden SHU durch den Einsatz eines Hochleistungs-Chromatographen ermittelt – das verspricht exaktere Ergebnisse als die Arbeit mit Probanden.

CHILI-ARTEN AUF DER SCOVILLE-SKALA

0 SHU	**Gemüsepaprika**
16 SHU	**untere Schwelle zur Wahrnehmung von Schärfe**
10–100 SHU	**blassgrüne Peperoncino**
100–500 SHU	**Mexi-Bell, Peperoni**
500–1000 SHU	**Piquillo**
1000–1500 SHU	**Ancho, Sambal**
1500–2500 SHU	**Sandia Cascabel**
2500–5000 SHU	**TAM Mild Jalapeño**
5000–15 000 SHU	**Aji Amarillo**
15 000–30 000 SHU	**Hot Lemon**
30000–50000 SHU	**lange Cayenne-Schoten**
50000–100000 SHU	**Tabasco, Piri Piri**
100000–500000 SHU	**Habanero, Scotch Bonnet, Red Savina**
mehr als 500000 SHU	**Trinidad Scorpion**
1001304 SHU	**Bhut Jolokia, die schärfste Chili der Welt**

| **SCHÄRFEGRADE VON CHILI-SORTEN** | Wem die gemeine Peperoni als zu schwach erscheint, der darf sich an die schärferen Exemplare wagen. Dabei sollte man sich allerdings auf der Scoville-Skala nur langsam emporarbeiten. Schärfe auszuhalten kann man zwar trainieren, aber für den Anfang sollte man 1000 SHU nicht überschreiten. Ganz exakt kann die Schärfe einer Frucht nie angegeben werden, da Faktoren wie Licht, Wasser, Boden und Erntezeitpunkt eine wesentliche Rolle bei der Entstehung des Capsaicins spielen. Eine Habanero zum Beispiel, die in der prallen Sonne gezüchtet wird, ist um ein Vielfaches schärfer als dieselbe Frucht, die beim Winteranbau im Gewächshaus gezogen wurde.

| **SCHARFE SAUCEN** | Schon längst haben verschiedene Saucen-Hersteller erkannt, dass sich mit der Schärfe und dem Mut der Schärfe-Fans gutes Geld verdienen lässt. So sind mittlerweile zahlreiche Saucen und Gewürzpulver auf dem Markt, die mit Geschmack nun rein gar nichts mehr zu tun haben, sondern nur noch als Mittel zur Mutprobe zu betrachten sind.

Mit 16 Millionen SHU ist „Blair's 16 Million Reserve" laut dem Guinness Book Of Records das schärfste Gewürz der Welt. Es handelt sich hier um reines Capsaicin. Der Warnhinweis auf der Verpackung rät

SCHARFE SAUCEN AUF DER SCOVILLE-SKALA

2500–5000 SHU	klassische Tabascosauce
13650 SHU	Pain 100% Hot Sauce
80000 SHU	You Can't Handle This Hot Sauce
175000 SHU	Predator Great White Shark
550000 SHU	Blair's Mega Death Sauce
800000 SHU	Satan's Blood Chile Extract
1000000 SHU	Mad Dogs Revenge – Little Bottle, Big Big Bite
1500000 SHU	Smack my ass and call me Sally
2500000 SHU	Black Mamba Hot Sauce

vom Verzehr ab und weist darauf hin, dass beim Öffnen der Flasche Schutzkleidung zu tragen sei. So wird das Gewürz zum skurrilen Sammlerstück. Keinesfalls handelt es sich noch um ein Lebensmittel. > Für sämtliche Produkte über einem Schärfegrad von 1 Million SHU gilt Ähnliches. Saucen aus dieser Liga sind keine Genussmittel, sondern Waffen. Pfeffersprays zur Notwehr zum Beispiel besitzen in der Regel eine Schärfe von 2 Millionen SHU.

Gut, dass die schärfsten Saucen meist schon Namen auf den Etiketten tragen, die die Gefahr sofort signalisieren (siehe Kasten). So besteht kaum Gefahr, dass die Saucen bei der Würstlschlacht auf dem Kindergeburtstag mit auf dem Esstisch landen.

| **DIE SCHMERZEN LINDERN** | Chilis sind Meister der Selbstverteidigung: Die Pflanzen schützen sich durch ihre Schärfe perfekt gegen Fressfeinde oder Pilzbefall. Der Mensch gilt zwar nicht als Fressfeind, angegriffen fühlt er sich jedoch oft. Ist man die Schärfe nicht gewohnt, können starker Husten und Sodbrennen die Folge sein. In manchen Fällen schwellen die Lippen an, und vereinzelt kommt es zu neurogenen Entzündungen; selbst Herpesviren können aktiviert werden.

Obwohl das Schärfeempfinden im Mund durch Rezeptoren ausgelöst wird, die auch auf Hitze reagieren, ist es leider vollkommen unsinnig, es zur Milderung mit kaltem Wasser oder anderen Getränken zu versuchen. Flüssigkeit verteilt das Capsaicin – wir erinnern uns, es handelt sich dabei um Öl – nur noch weiter im Mundraum und verschlimmert den Brand im Mund.

Da Capsaicin jedoch fettlöslich ist, helfen Milch, Joghurt und Käse gegen die schmerzhafte Hitze. Aus diesem Grund übrigens werden Chilis bei der Anwendung als Lebensmittel oft in Öl eingelegt und viele mexikanische Gerichte mit Käse überbacken. > Auch trockenes Brot lindert die Schmerzen. Speichel und Capsaicin werden von Brot wie von einem Schwamm aufgesaugt und verlassen so schnell die brennende Mundhöhle.

MARINADEN & SAUCEN

096 MARINADE WIRKEN LASSEN

Die Kunst des Marinierens stammt aus einer Zeit, in der man noch ohne Strom und Gas, also auch ohne Kühlschränke auskommen musste. Marinade wurde entwickelt, um Fleisch haltbar zu machen. Heute wird zwar immer noch gerne mariniert – allerdings fast ausschließlich nur noch dann, wenn dem Grillgut eine ganz besondere Geschmacksnote verliehen werden soll. Nicht nur, aber hauptsächlich aus diesem Grund haben sich die Zutaten der Marinaden verändert. War ihr Hauptbestandteil früher überwiegend Salz (die französische Bezeichnung „mariné", die „gebeizt" beziehungsweise „in Salzwasser eingelegt" entspricht, erinnert daran), kann man heute den Reichtum der in Marinaden verwendeten Gewürze und Aromen kaum noch überblicken.

Egal, welche Zutaten Sie in Ihrer Lieblingsmarinadenmischung verwenden, auf zwei Dinge sollten Sie in jedem Fall achten: > Säure (also Zitronensaft, Essig, Buttermilch oder saure Sahne) sorgt dafür, das Fleisch weich und zart zu machen, da sie auch ohne Hitze einen Garvorgang in Betrieb setzt – eine Säure sollte also auf jeden Fall Bestandteil Ihrer Marinade sein. > Gewürze und Kräuter, die in das Fleisch eindringen und ihm den Geschmack geben, den Sie ihm (und sich) wünschen, können Sie je nach Gusto oder Saison variieren.

Egal, ob Sie Tupperware, Plastikbeutel oder Weckgläser verwenden: Das Grillgut muss vollständig von der Gewürz- und Kräutermischung bedeckt sein und luftdicht verschlossen werden. Das marinierte Grillgut lagern Sie am besten im Kühlschrank. > Was die Lager- und Zeitplanung angeht, gilt folgende Faustregel: Pro Tag dringt die Marinade ungefähr 1 cm in das Fleisch ein und gart es auf diese Weise vor. Wenn Sie das Fleisch nach der Entnahme aus der Marinade aufschneiden, können Sie das Vordringen der Würzmischung recht gut an der gräulichen Verfärbung des Grillguts vom Rand hin zur Mitte erkennen.

Bis der Geschmack im Grillgut ankommt, dauert es also mehrere Stunden, manchmal sogar Tage. Haben Sie sich spontan dazu entschieden, zum Grillabend einzuladen, ist es also meist schon zu spät, um noch wirkungsvoll zu marinieren. Eine Marinade kürzer als eine Stunde einwirken zu lassen, wäre reine Verschwendung.

097 GUTEN GESCHMACK INJIZIEREN

Das Marinieren ist eine langwierige Sache. Nur, wenn Geduld zu Ihren Tugenden zählt, werden Sie sich unbeschwert und gerne die Zeit nehmen, um Gewürze kontemplativ zu mörsern, Kräuter zu hacken, alles zusammenzurühren und dann ins Fleisch zu massieren, das danach noch mehrere Stunden im Beutel baden muss. Sie könnten Ihr Ziel weitaus schneller erreichen, indem Sie zur Spritze greifen. Auch wenn diese Form der Fleischbehandlung noch nicht sehr weit verbreitet ist, hat die Grillzubehör-Industrie längst reagiert: Schon sind im Handel

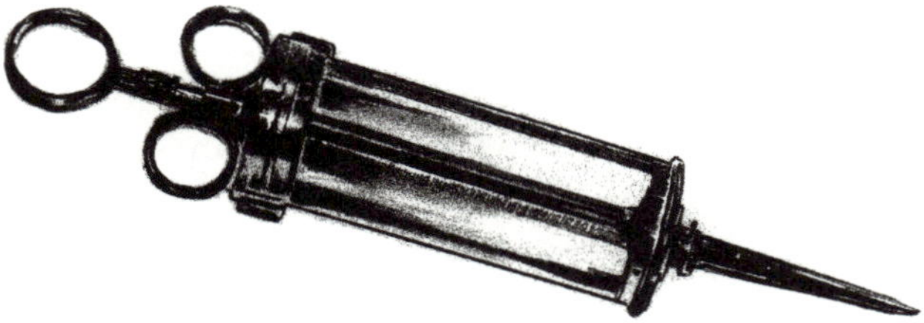

Subkultan marinieren

spezielle Marinadespritzen erhältlich, die allerdings auch einiges kosten (um zehn Euro). Wer es günstiger haben will (in der Regel unter einem Euro), fragt in der nächsten Apotheke an. Eine „Perfusionsspritze" (ausreichend für mindestens 50 Milliliter Inhalt) eignet sich dank ihrer kurzen, aber im Durchmesser recht breiten und massiven Nadel sehr gut zur Marinaden-Injektion. Sie sollten aber darauf achten, die Gewürze dennoch sehr fein zu mahlen, damit die Nadel nicht verstopft.

Eine weitere Möglichkeit: Sie besorgen sich beim Veterinärmediziner eine Tierarzt-Spritze. Diese ist gut zur Sauceninjektion geeignet und hat einen weiteren Vorteil: Viele Rinder kennen sie bereits aus Lebzeiten.

| **SO GEHT'S UNTER DIE HAUT** | Im Prinzip ist es ganz einfach: die Marinade herstellen und diese dann durch die Nadel in die Spritze aufziehen. Nun aber der Wermutstropfen: Sie müssen nicht – und das tut uns wirklich leid, denn wir wissen sehr wohl, dass Sie sich genau auf diesen einen Moment gefreut haben – vor dem Ansetzen der Nadel mit einem Fingernagel gegen die Spritze schnipsen und mit der anderen Hand ein wenig Marinade herausdrücken. Der Arzt darf das, er stellt dadurch sicher, dass sonst in der Spritze verbleibende Luftbläschen entweichen können. Bei einer intravenösen Injektion kann Luft, die in die Blutbahn gelangt, schlimmstenfalls zum Tode führen. Dieses herrliche Stück Rind auf dem Schneidebrett vor Ihnen ist aber schon tot. Luft aus der Spritze kann ihm nichts mehr anhaben. Auch ist es dem Fleischstück herzlich egal, ob Sie intravenös oder ins Gewebe injizieren. Setzen Sie lieber, über das Fleisch verteilt, möglichst viele Einstiche und injizieren Sie dabei stets nur geringe Mengen der Marinade. Wenn Sie zu großzügig arbeiten und nur wenige, weit voneinander entfernt liegende Einstiche setzen, werden einige Stellen überwürzt, während andere zu trocken bleiben.

Nach Gebrauch der Spritze müssen Sie, trotz ihres harmlosen Inhalts, auf fachgerechte Entsorgung achten. Kanülen sind Einwegmaterial. Sie dürfen zwar in den Hausmüll geschmissen werden, müssen aber vorher in einem durchstichfesten Behälter verpackt werden. > In Apotheken gibt es günstige Kanülenboxen, die speziell zu diesem Zweck gefertigt wurden. Sie können sich aber auch zum Beispiel mit dem leeren Röhrchen, das einmal Vitamintabletten enthielt, behelfen. Denken Sie bei der Entsorgung aber in jedem Fall an Ihren Müllmann: Findet er die Kanüle Ihrer Spritze in seinem Handgelenk stecken, wird er Ihnen das kaum verzeihen – selbst dann nicht, wenn die Spritze nur zum Marinieren verwendet wurde.

098 EIN SALZBAD NEHMEN

Nichts hilft. Kein großer Schluck Bier, kein üppiger Klecks Sauce – nichts kann aus einem trockenen Stück Hühnerbrust noch einen angenehmen Happen machen. Hähnchen vom Grill ist, leider mit annähernder Gesetzmäßigkeit, kein Vergnügen. Selbst das schönste, wohlgenährteste Bio-Huhn schmeckt nach dem Saunagang auf dem Rost wie getrocknetes Pappmachée. Man fragt sich: Wo sind all seine Lebenssäfte hin? Gibt es denn gar keine Möglichkeit, das Fleisch eines Hähnchens den Grill überstehen zu lassen, ohne dass es zwangsläufig austrocknet? Doch. Es gibt eine wirklich wunderbare Methode der Vorbereitung: das „Brining". > Brining ist wie eine Einparkhilfe. Man braucht sie nicht wirklich, aber ist man einmal damit vertraut, wird man nie wieder darauf verzichten wollen. Will heißen: Wer einmal ein „gebrintes" Huhn vom Grill gegessen hat, wird sich fragen, wie er eigentlich jemals ohne Brining auskommen konnte. > Brining, vom englischen Verb „to brine" (= in Salzlake oder Sole einlegen) ist ein Trick, der viel zu lange ausschließlich in Profiküchen angewandt wurde. Doch er ist einfach zu gut, um weiter geheim gehalten zu werden.

Die Einlegetechnik des Brining macht aus mageren Fleischsorten wie Huhn, Wachtel oder Pute – aber auch aus Shrimps, die ebenfalls zu wenig Fettanteil haben, um vor dem Austrocknen überm Feuer sicher beschützt zu sein – zuverlässig ein wirklich saftiges Vergnügen.

| **DES RÄTSELS SALZLÖSUNG** | Beim Brining kommt das magere Grillfleisch zur Vorbereitung in ein Bad aus in kalter Flüssigkeit aufgelöstem groben Meersalz. Zur Not tut es auch Tafelsalz. Während es ausdauernd badet, saugt das Fleisch sowohl die Flüssigkeit aus der Lösung als auch alle darin enthaltenen Geschmacksstoffe auf. Das hat zwei praktische Vorteile: Das Fleisch bleibt auf dem heißen Rost saftig und ist außerdem schon vorgewürzt.

| **DIE KLASSISCHE MISCHUNG** | Sie haben zwei Möglichkeiten, die Lake anzusetzen – entweder in einer ausreichend großen Plastikbox mit Deckel oder in einem dichten, reißfesten Plastikbeutel. Rechnen

Sie für die Lake mit zwei Litern Flüssigkeit pro Kilo Fleisch (ein durchschnittliches Hühnchen wiegt ungefähr 800 bis 1200 Gramm). Ob Sie Leitungswasser, Fruchtsaft (zum Beispiel Apfelsaft) oder vielleicht sogar eine selbstangesetzte Mischung aus Saft, Wasser und einem Schluck Whiskey, Honig oder Zucker, ergänzt mit Orangenscheiben und ganzen Knoblauchzehen, verwenden, bleibt ganz Ihnen überlassen. > Wesentlich ist ausschließlich das Mischungsverhältnis von Flüssigkeit und Salz: Rechnen Sie mit 100 Gramm Salz pro Liter Flüssigkeit – wir verwenden für unser Huhn zwei Liter Flüssigkeit, geben also 200 Gramm Salz dazu. > Nachdem Sie das Hühnchen zu Wasser gelassen haben, verschließen Sie den Behälter (die Box mit dem Deckel beziehungsweise den Plastikbeutel mit zwei festen Knoten) und geben ihn in den Kühlschrank. Die Lake sollte nun mindestens zwei Stunden Zeit haben, um einzuwirken.

| **CHEMIE** | Im Inneren Ihres Kühlschranks, in dieser dunklen, kühlen Höhle, beginnt nun der magische, zauberhafte Prozess des Brinings. In der Lake befindet sich eine hohe Konzentration von Salz; die Menge an Flüssigkeit ist groß, in unserem Beispiel sind es immerhin zwei Liter. Das Fleisch des Huhns besitzt zwar auch einen gewissen Anteil an Flüssigkeit, doch ist es, wie gesagt, eher trocken. Es hat außerdem einen geringeren Salzanteil als die Lake. Um es ganz einfach zu erklären: Die Natur ist nun um Ausgleich bemüht und versucht, die unterschiedlichen Salzkonzentrationen von Umgebung und Einlage (Lake und Huhn) auszugleichen. Die daran beteiligten chemischen Vorgänge nennt man Permeation und Osmose. Das magere Fleisch, seine durchlässige Haut und seine durchlässigen Zellen nehmen Flüssigkeit und damit auch den darin aufgelösten Geschmack (Salz, optional: Zucker und Gewürze) auf. Wenn die Brine in den Zellen des Hühnchens angekommen ist, passiert Folgendes: Das Salz arbeitet weiter, es trennt die Proteine innerhalb der Zellen auf und bildet eine feste Proteinmatrix, die, wenn sie Hitze ausgesetzt wurde, verhindert, dass die aufgenommene Flüssigkeit wieder aus den Zellen verschwindet. Kurz gesagt: Das Hühnchen bleibt nun saftig, selbst wenn die Hitze des Grills versucht, ihm sämtliche Feuchtigkeit zu entziehen.

Brining allerdings ist nicht für jede Sorte Fleisch gleichermaßen geeignet. Es wäre grob fahrlässig, fetthaltiges Grillfleisch wie das vom Lachs, vom Rind oder vom Lamm in der Salzlake mit zusätzlicher Flüssigkeit zu versorgen. Ein schönes Stück Rinderschulter zum Beispiel bleibt allein schon dadurch saftig, dass der Fettanteil es ausreichend versorgt. Außerdem schmeckt das Fleisch besser, wenn es „rare" oder „medium" gereicht wird (und in diesem Fall noch genügend Saft enthält).

099 DREI SCHÖNE MARINADEN

Selbst einem Mann, der im Hinblick auf das Kochen eher fremdelt, ist zuzutrauen, die in den nachfolgenden Rezepten angegebenen Zutaten auch ohne ausführliche Anleitung unter Zuhilfenahme eines Messbechers, eines Messers, eines Schneidebretts sowie eines Ess- und eines Teelöffels in einer Schüssel zu mischen und in eine köstliche Marinade zu verwandeln.

| ZITRONENMARINADE | 80 ml Olivenöl > 80 ml Zitronensaft > Schale einer unbehandelten Zitrone, in Zesten geschnitten > 3 Knoblauchzehen, in dünne Scheiben geschnitten > 1 Bund Basilikum, fein gehackt > 2 EL frischer Zitronenthymian > 1 kleine Zwiebel, fein gehackt > Salz > weißer Pfeffer

| JOGHURTMARINADE | 360 ml Joghurt > 120 ml saure Sahne > 5 Knoblauchzehen, in dünne Scheiben geschnitten > 1 daumendickes Stück Ingwer, in dünne Scheiben geschnitten > 2 EL Kreuzkümmel, fein gemörsert > 2 EL Koriander, fein gemörsert > 1 TL Kardamom, fein gemörsert > 1 TL Zimtpulver > 1 TL Salz > ½ TL Safranpulver > 1 TL schwarzer Pfeffer, fein gemörsert

| TERIYAKIMARINADE | 2 Knoblauchzehen, gemörsert > 1 EL Ingwer, gemörsert > 2 Frühlingszwiebeln, fein geschnitten > 50 g brauner Muskovadozucker > 100 ml helle Sojasauce > 100 ml japanischer Reiswein > 50 ml Sake > 1 Spritzer Fischsauce

VON KECAP UND KETCHUP

Obwohl die Auswahl an raffinierten Grillsaucen, Marinaden und Dips immer reicher wird, steht das klassische Ketchup weiterhin hoch im Kurs – und ganz vorne im Regal. Die große Mehrheit der Deutschen gibt an, Grillfleisch ausschließlich mit Ketchup zu verfeinern und keine anderen Experimente zu wagen. Das Ketchup gehört zur einfachen Grillküche wie das „Fleur de sel“ zur gehobenen Gastronomie. > Das Tomatenketchup gilt zwar als ur-amerikanische Erfindung, doch seine Geschichte ist wesentlich älter. Um seine Entstehungsgeschichte ranken sich Mythen, die nicht nur ein ganzes Buch füllen könnten – nein, sie tun es sogar: „Pure Ketchup“ von Andrew F. Smith (erschienen 1996 bei der University Of South Carolina Press) macht aus hunderten Fakten zum Thema eine kulinarische Doktorarbeit. > Schon die Herkunft des Begriffs „Ketchup“ ist umstritten. Ob das englische „caveach“ (eine essighaltige Marinade für gekochten Fisch), das chinesische „kê-tsiap“ (eine gewürzte Sauce aus fermentiertem Fisch) oder – das scheint am wahrscheinlichsten – das indonesische Wort „kecap“ (bezeichnet eine Sauce aus fermentierten Sojabohnen) Pate standen, wird für immer ungeklärt bleiben.

Als 1727 das erste Rezept für „englischen Ketchup“ veröffentlicht wird, ist unter den Zutaten keine einzige Tomate zu entdecken, dafür finden sich jedoch Sardellen, Schalotten, Weißweinessig, Weißwein und diverse Gewürze in der Mischung. > Ab 1732 wird Ketchup im großen Stil hergestellt und als Fertigpaste vertrieben. Grundlage ist ein Rezept aus Sumatra, wobei die in Europa nur schwer erhältlichen Sojabohnen durch Kidneybohnen ersetzt werden. Andere Varianten verwenden Fisch, Pilze oder Walnüsse als Basis.

Über England gelangte die Sauce in die USA. 1812 veröffentlichte man dort das erste Rezept, jetzt endlich auch auf Basis von pürierten Tomaten. Auch Essig fand sich nun im Ketchup – er machte die Tomatensauce haltbar. > Mitte des 19. Jahrhunderts beginnt die industrielle Herstellung, einer der Produzenten war schon damals die Firma Heinz. Frühe überlieferte Rezepte enthalten neben Tomaten,

Essig und Zucker auch Gewürznelken, Cayennepfeffer, Muskatnuss, Zimt und Piment. > 1876 entwickelte der in der Heinzschen Versuchsküche beschäftigte Henry John die geheime und bis heute unveränderte Ketchup-Rezeptur, die Heinz bald zum Marktführer machte – was das Unternehmen auch bis heute geblieben ist. > In Deutschland wird Ketchup erst seit den 30er-Jahren hergestellt. Grundlage blieben Tomatenmark, Zucker und Essig. Darüber sind sich die Hersteller einig, gestritten wird nur über die Schreibweise („Ketchup" oder „Ketschup") und über den Artikel („der" oder „das"). Erlaubt ist beides.

Im Jahr 2002 wird Ketchup unerwartet zum Sommerhit: „Aserejé, ja deje tejebe tude jebere sebiunouba majabi an de bugui an de buididipí", singt man plötzlich in Diskotheken, Bierzelten und auf Firmenfesten. Auch wenn die spanische Formation „Las Ketchup" behauptet, ihr Hit „The Ketchup Song" würde die ersten Zeilen des 1979 von der Sugarhill Gang veröffentlichten Rap-Klassikers „Rapper's Delight" neu interpretieren, ist das Sprachungetüm weder als Englisch noch als dessen spanische Übersetzung zu identifizieren. > Hier das Original zum Vergleich: „I said a hip hop, the hippie, the hippie to the hip hip hoppa, ya don't stop the rockin to the bang bang boogie, said up jumped the boogie to the rhythm of the boogie, the beat". > Der „Ketchup Song" bleibt der einzige Erfolg der Girlgroup „Las Ketchup". Ihr Album „Las Hijas del Tomate" (Die Töchter der Tomate) verkauft sich nur schleppend. Als das Quartett 2006 beim „Eurovision Song Contest" in Athen für Spanien antritt (mit einem Lied über das „Katergetränk" Bloody Mary: „Un Blodymary") belegt es lediglich den 21. Platz und löst sich wenig später auf.

| **GESUNDE MISCHUNG?** | Man kann frische Tomaten vielseitig verwenden: Roh im Salat, im Ganzen gegrillt oder zu Ketchup eingekocht. Sie enthalten darüber hinaus viele gesunde Stoffe. Neben Vitamin C findet man in dem Gemüse den roten Farbstoff Lycopin. Der Stoff gehört zur Gruppe der sekundären Pflanzenstoffe und hier zu den Carotinoiden, deren positive Gesundheitseffekte belegt sind. Sie können zum Beispiel das Krebsrisiko mindern.

| **WIE KOMMT DER KETCHUP AUS DER FLASCHE?** | In Flaschen abgefüllter Ketchup ist zähflüssig. Erst nach ausgiebigem Schütteln wird er dünnflüssiger und lässt sich leichter entnehmen. Dieses Phänomen wird wissenschaftlich als Thixotropie bezeichnet. Thixotrope Stoffe werden erst durch Deformation dünnflüssiger. Ähnlich wie bei frischem Ton, den man weich kneten kann, verhält es sich auch mit Ketchup, den man vor Gebrauch gewissermaßen weich schütteln kann.

Der Hersteller Heinz empfiehlt zusätzlich, seine frisch geöffneten Ketchupflaschen schräg zu halten und mit dem Handballen an der Stelle, wo sich die Flasche verjüngt, kräftig auf die geprägte „57" zu klopfen.

101 SELBST KETCHUP HERSTELLEN

Die Zubereitung eigenen Ketchups ist nicht schwer. Servieren Sie doch zum nächsten Grillabend einfach mal die Hausmarke. > Zwiebel und Knoblauch in feine Würfel schneiden und in einem Topf bei mittlerer Hitze in etwas Olivenöl glasig dünsten. Den braunen Zucker hinzufügen, kurz karamellisieren lassen. Dann Zimt und Cayennepfeffer hinzufügen, kurz mit andünsten. Jetzt Agavendickdaft, Dosentomaten, Tomatenmark und einen Esslöffel Weißweinessig hinzugeben, umrühren und das Ketchup etwa 45 Minuten bei niedriger Temperatur reduzieren lassen. Anschließend pürieren und kaltstellen. **1 Zwiebel > 1 Knoblauchzehe > 2 EL Olivenöl > 1 EL brauner Zucker > 1 TL Zimt > 1 TL Cayennepfeffer > 40 ml Agavendicksaft > 400 g Tomaten aus der Dose > 2 EL Tomatenmark > 1 EL Weißweinessig**

102 VOM FLECK ENTFERNEN

Die Glut ist erloschen, die Gäste sind schon lange weg – der Grillabend ist leider vorbei. Was bleibt, sind ein paar Flecken auf der Kleidung, die der Umgang mit Kohle und Fett mit sich gebracht hat. Wenn man will, lässt sich jedoch etwas dagegen unternehmen.

| **FETTFLECKEN** | Fett, als Geschmacksträger ja durchaus Ihr Freund, wird zum Feind, wenn er Spuren auf Stoffen und Textilien hinterlässt. Hartnäckig verunreinigt Fett nicht nur durchlässige Gewebe – wie Baumwolle, Wolle, Seide oder Leinen –, sondern auch Leder, das zwar erfolgreich Wasser abweisen kann, beim Fett aber versagt. > Bei der Ernährung wird zwischen pflanzlichen und tierischen Ölen und Fetten unterschieden. Als Fleck jedoch sind alle Öle gleich. Gleich fies und gleich hartnäckig.

| **AUSTROCKNEN** | Ob Fett aus einer beim Abbeißen platzenden Wurst auf die Kleidung spritzt, Kräuterbutter an der Kochschürze hängenbleibt oder Olivenöl auf den Terrassenboden tropft: Nur wer schnell handelt, kann Schlimmeres verhindern. > Im ersten Schritt muss mit einem Spatel, einem Messer oder einem Papiertuch überschüssiges Fett vom Fleck abgenommen werden. Vorsicht: Der Fleck sollte dabei nicht größer werden. Danach geht es ans Austrocknen. Ein bewährtes Hausmittel ist Backpulver. Der Fleck wird damit bestäubt, das Pulver sanft einmassiert. Ist es getrocknet, kann man das Backpulver vorsichtig ausbürsten – im besten Fall hat es den Fleck komplett verschwinden lassen. Fehlt Backpulver in der Küche oder ist die Küche zu weit vom Grillplatz entfernt, greift man zu Mehl, Kartoffelstärke oder Salz. Diese Substanzen binden ebenfalls Feuchtigkeit. Allerdings tun sie sich mit Fett nicht ganz so leicht wie mit Wasser oder Wein.

| **NACHBEHANDLUNG** | Falls der Fettfleck nach der Behandlung mit Backpulver noch immer vorhanden ist, kann es sich lohnen, zum Bügeleisen zu greifen und dieselbe Methode wie beim Entfernen von Wachsrückständen anzuwenden. Dabei wird ein Löschblatt über und unter das befleckte Kleidungsstück gelegt, und man bügelt sanft darüber. Zur Unterstützung wird der Fleck vor dem Bügeln mit Waschbenzin angefeuchtet.

| **KOHLEFLECKEN** | Kohle hinterlässt für gewöhnlich keine hartnäckigen Flecken. Was sich nicht abklopfen lässt, verschwindet nach dem Waschen. Bleibt ein Fleck allerdings dennoch im Stoff, hilft das

Einweichen in einer Lösung aus Waschpulver (½ Tasse), Branntweinessig (½ Tasse) und lauwarmem Wasser (1 Liter), oder die Reinigung.

103 FÜNF FEINE SAUCEN

Sie sind bei den Nachbarn zum Grillfest eingeladen und müssen entsetzt feststellen, dass man dort alle Ihre kulinarischen Alpträume wahr gemacht hat. Vom Tisch grüßen eine Flasche Curryketchup, ein kläglicher Rest abgelaufener Mayonnaise sowie einige Portionsbeutel Senf. Auf dem Rost liegen Fleischstücke, die Rubs, Gewürze oder Marinaden nie gesehen haben. Sie sind verzweifelt und beginnen, den Beilagentisch nach Essbarem abzusuchen, was sonst gar nicht Ihre Art ist. Aber selbst hier herrscht das Grauen: Ein verkohlter Rest Knoblauchbrot aus der Tiefkühlabteilung, nicht einmal Nudelsalat gibt es, oder wenigstens Kartoffelchips. Was tun? Gehen können Sie nicht, das wäre unhöflich. Die letzte Rettung gegen die geschmackliche Langeweile wären ein paar gute Saucen. Schleichen Sie sich heimlich in Nachbars Küche. Schon in wenigen Minuten lassen sich fünf Mischungen anrühren, die garantiert jedes Fleisch veredeln werden und die Grillveranstaltung doch noch erträglich machen.

| CHIMICHURRI | Hacken Sie Petersilie, Knoblauch und Chili möglichst fein und geben Sie alles in eine Schüssel. Gießen Sie mit Olivenöl und Essig auf und verdünnen Sie nach Bedarf mit etwas Wasser. Rühren Sie gut um und schmecken Sie mit Oregano, Chili, Salz, Zucker und Pfeffer ab. Entdecken Sie einen Zauberstab in der Küchenschublade, bearbeiten Sie die Mischung. So erhalten Sie eine sattgrüne Allzwecksauce, die gut zu allen roten Fleischsorten passt. **1 Bund glatte Petersilie > 10 Knoblauchzehen > 1 Chili > 250 ml Olivenöl > 80 ml Weißweinessig > 1 TL getrockneter Oregano > Chilipulver > Salz, Zucker, schwarzer Pfeffer**

| FRUCHTIGE SENFSAUCE | Mango (alternativ auch Ananas, Pfirsich oder Aprikose) in kleine Würfel schneiden. Alle Zutaten in einen Topf geben und bei niedriger Hitze köcheln lassen. Hin und wieder

umrühren. Nach 10 bis 15 Minuten vom Herd nehmen und, falls nötig, mit Salz, Pfeffer oder Essig abschmecken. Am besten schmeckt die Sauce – noch leicht warm – zu Geflügel oder Fisch. **200 g Senf > 180 g Honig > 60 g brauner Zucker > 60 ml weißer Essig > ½ Mango**

| **BBQ-SPEZI-SAUCE** | Alle Zutaten in einen Topf geben und bei niedriger Hitze circa 15 Minuten einköcheln lassen. Ganz zum Schluss die Orangenschale dazugeben. Wenn die Sauce etwas dickflüssiger als Ketchup ist, hat sie genau die richtige Konsistenz. Sie passt hervorragend zu Schweinefleisch oder Ente. **250 ml Spezi (Orangenlimo-Cola-Mixgetränk) > 250 ml Ketchup > 6 EL Worcestersauce > 1 EL Tabascosauce > 2 Knoblauchzehen, fein geschnitten > 1 rote Zwiebel, fein geschnitten > Schale einer unbehandelten Orange > Pfeffer, Salz, Zucker**

| **ERDNUSSSAUCE** | Die Butter in einem Topf bei mittlerer Hitze schmelzen. Zwiebeln sowie Knoblauch zugeben und dünsten, bis sie angebräunt sind. Hitze reduzieren und alles mit Brühe ablöschen. Sahne, Erdnussbutter, Zitronensaft und Chili zugeben und etwa 10 Minuten kochen. Mit dem Zauberstab pürieren. Ist die Mischung zu dickflüssig, noch etwas Brühe beimischen. In eine Schale füllen und kalt stellen. Passt zu Geflügel und Fisch. **1 EL Butter > 1 weiße Zwiebel, in Würfel geschnitten > 3 Knoblauchzehen > 400 ml Hühnerbrühe > 1 Schuss (20 ml) Sahne > 200 ml Erdnussbutter (1 Tasse) > 1 Schuss Zitronensaft > 1 kleine grüne Chilischote, in kleine Ringe geschnitten**

| **VIETNAMESISCHE FISCHSAUCE MIT INGWER** | Lösen Sie den Zucker im warmen Wasser auf. Fügen Sie dann den Limettensaft und die Fischsauce hinzu und verrühren alles gut. Schälen Sie den Ingwer und schneiden ihn zusammen mit den Chilis in dünne Streifen. Geben Sie beides zur Mischung und schmecken Sie alles mit Zucker und Fischsauce ab. Die Sauce passt ideal zu Garnelen oder Hähnchen. **80 ml warmes Wasser > 2 EL Zucker > Saft von 2 Limetten > 100 ml Fischsauce > 1 daumengroßes Stück Ingwer > 2 kleine Chilischoten**

BROT & GEMÜSE

SICH ZEIT FÜRS BROT NEHMEN

Deutschland gilt als das Eldorado der Brotliebhaber. Kein Wunder, nirgendwo gibt es bessere Voraussetzungen für große Brotvielfalt: gute Anbaubedingungen für verschiedenste Getreidearten, hohe Wasserqualität und eine exzellente Ausbildungstradition im Bäckerberuf. Der Zentralverband des Deutschen Bäckerhandwerks erfasst seit einiger Zeit die hiesige Artenvielfalt in einem Online-Brotregister. Die Erfassung soll dabei helfen, die Aufnahme der „Deutschen Brotkultur" in die Liste des immateriellen Kulturerbes der Unesco zu ermöglichen. Bei jetzt fast 3000 gelisteten Brotspezialitäten mit so wohlklingenden Namen wie „Lecker Mädche" (Köln), „Torfklotz" (Ahlenstedt), „Faustlaib" (Knittlingen), „Nordic-Walking-Brot" (Engstingen) oder „Kosakenbrot" (Heimstetten) will man der Bewerbung gute Chancen einräumen. Falls es das Brot tatsächlich in die Liste schafft, wird es sich in illustre Gesellschaft begeben. Die „Cuisine Française" ist schon enthalten. Der argentinische Tango, die kanarische Pfeifsprache „El Silbo" (von der Insel La Gomera) und das „Imster Schemenlaufen", das nur alle vier Jahre in Tirol stattfindet, ebenso.

| **DER BROTKLASSIKER AM GRILL** | Trotz der schier unbändigen Lust der Deutschen am Brotbacken und am Brotverzehr scheint am Rost ein ungeschriebenes Gesetz zu gelten, das ausschließlich ein einziges Brot als Beilage zulässt: das Knoblauchbaguette – auch bekannt als „Knofibrot" oder „Knobistange". Jeder Grilleur schwört auf eine ganz spezielle Methode der Veredelung: Der eine bestreicht einzelne Brotscheiben mit einer Mischung aus Olivenöl und Knoblauch, der andere grillt ein ganzes Baguette, das er vorher mit Knoblauchbutter gefüllt hat. Fantasievoll und kreativ ist das nicht. Ein fertiges Brot vom Discounter mit Fett bestreichen? Schrecklich. Wer eine Backmischung verwendet, verdient übrigens auch keinen Respekt.

| **DAS EIGENE FLADENBROT GRILLEN** | Eigentlich ist so ein Grill zur Herstellung von Brot perfekt geeignet. Wenn man so will, wurde auch das „Ur-Brot" – ein Brot, das vor Tausenden von Jahren entstand – schon am offenen Feuer gebacken. Ging ja auch gar nicht anders.

Damals vermengte man gemahlenes Getreide mit Wasser zu einem Brei. Der Brei landete auf einem heißen Stein – und wurde so zum ersten Brot. Eines ist dabei verbrieft: Das Urbrot war kein Knoblauchbaguette, sondern ein Fladenbrot. In vielen Kulturen ist das Fladenbrot immer noch die bekannteste Brotform. Egal, ob es Naan genannt wird, wie in Indien, oder Khubz, wie im arabischen Raum, Lavash (Iran), Pide (Türkei), Pita (Griechenland), Focaccia (Italien) oder Podplomyk (Polen) – die Grundzutaten sind meistens dieselben (Mehl, Wasser, Hefe und Salz), und seine Herstellung ist, auch am Grill, denkbar einfach. Direktes Grillen mit hohen Temperaturen ist zum Backen eines Fladenbrots ideal. Sie sollten allerdings niemals den Grill verlassen, denn um ein Verbrennen zu verhindern, muss das Brot oft gewendet werden. In einem Grill mit indirekter mittlerer Hitze oder einem Dutch Oven können Sie mit etwas Geschick sogar einen ganzen Brotlaib backen. Es gibt wirklich niemanden, der selbstgemachtes, warmes und duftendes Brot vom Grill verschmähen wird. > Bevor Ihr Brot auf den Rost kommt, müssen Sie einen Teig herstellen, diesen durchkneten, ruhen lassen, ihn portionieren und formen. Ein einfacher Hefeteig als Grundlage für das erste eigene Brot vom Grill ist die richtige Wahl. Sie sollten mindestens eine Stunde, ehe das Brot auf den Grill soll, mit der Teigherstellung beginnen. Ein Hefeteig braucht Zeit zum Gehen.

| **GUTE VORBEREITUNG** | Wenn Sie die Fladen für das Fladenbrot schon vor dem Eintreffen der ersten Gäste gerollt haben, können Sie die Fladen so stapeln, dass sie später schnell auf den Grill gelegt werden können. Nehmen Sie eine Lage Backpapier und tragen Sie eine dünne Schicht Pflanzenöl auf. Jetzt legen Sie den ersten Fladen darauf und pinseln auch seine Oberseite dünn mit Öl ein. Darauf folgt eine weitere Lage Backpapier (wieder leicht einölen), ein weiterer Fladen und so weiter. > Frisch gebackene Hefeteigfladen schmecken, nur mit gutem Olivenöl bestrichen und mit Salz gewürzt, einfach großartig. Wenn Sie Übung im Brotbacken haben, können Sie variieren und die Teigmischung verfeinern. Geben Sie Oliven in den Teig, bestreichen Sie ihn mit Rosmarinöl, verwenden Sie Sesamkörner oder beizen Sie mit Salzlauge.

105 FLADEN FÜR DEN GRILL

Brot in Fladenform eignet sich perfekt für die Zubereitung auf dem Grill. Wer mag, kann den Fladen auch in eine gefüllte Teigtasche verwandeln. Einfach vorher – zum Beispiel mit gebratenem Hackfleisch – befüllen und in der Mitte falten. Enden aneinanderdrücken und auf den Grill legen.

| ZUTATEN | **100 ml warmes Wasser > 1 TL Trockenhefe > 1 TL Zucker > 1 TL Salz > 300 g Mehl > 75 g Joghurt > 2 EL Öl > Butter und Meersalz >** ergibt 4 Brote

| ZUBEREITUNG | Wasser, Hefe, Zucker und Salz gut verrühren. Mehl, Joghurt und Öl zugeben. Teig kneten. Wie jeder Hefeteig braucht auch dieser Ruhe und Zeit, bis er aufgeht – gönnen Sie ihm 120 Minuten. Den fertigen Teig in vier Portionen teilen; diese mit den Händen oder einem Nudelholz flach in Fladenform drücken oder rollen. Bei hoher Hitze sind die fertigen Fladen auf dem Rost nach etwa fünf Minuten fertig. Wenden Sie lieber einmal zu oft – nur so vermeiden Sie ein Anbrennen. Wenn Sie die Fladen mit Butter oder Öl beträufeln und mit grobem Meersalz würzen, schmecken sie besonders gut.

106 BROT FÜR DEN STOCK

Ab ins Unterholz: Suchen Sie nach einem möglichst gerade gewachsenen Stock aus Haselnuss oder einem anderen ungiftigen Weidenholz. Wenn Sie etwa 30 cm eines Endes mit dem Schnitzmesser von der Rinde befreit haben, fehlt dem Stock nur noch der Teigmantel.

| ZUTATEN | **250 ml lauwarmes Wasser > 2 EL Zucker > 1 EL Salz > 1 Hefewürfel > 500 g Mehl >** ergibt ca. 10 Portionen

| ZUBEREITUNG | Geben Sie Zucker, Salz und Hefe ins Wasser. Zusammen mit dem Mehl kneten Sie einen geschmeidigen Hefeteig und lassen ihn für eine Stunde gehen. Wer möchte, darf auch geröstete Zwiebeln oder Knoblauch untermischen. Formen Sie aus dem ferti-

gen Teig etwa 30 cm lange Teigrollen und wickeln Sie diese dicht um den Stock. Halten Sie anschließend das Holz direkt über die Glut und drehen Sie es regelmäßig, damit der Teig von allen Seiten Farbe bekommt. Nach spätestens zehn Minuten ist das Stockbrot fertig und kann in einem Stück vom Holz gestreift werden.

107 BRÖTCHEN FÜR DEN BURGER

Ein überzeugendes Burgerbrötchen ist für einen guten Burger genauso wichtig wie Christoph Waltz für einen guten Spielfilm. Es gibt sich mit seiner Nebenrolle zufrieden und spielt sich nicht in den Vordergrund, aber es kann einem Gesamtkunstwerk den letzten Schliff verleihen.

| ZUTATEN | **220 ml Milch** > **1 EL Honig** > **1 Hefewürfel** > **1 EL Salz** > **440 g Mehl** > **1 Ei** > **weiße Sesamkörner** > ergibt ca. 8 Buns

| ZUBEREITUNG | Erwärmen Sie die Milch, lösen Sie den Honig darin auf und geben Sie den mit den Fingern zerbröselten Hefewürfel hinein. Fügen Sie das Salz zu und rühren Sie, bis sich die Hefe vollständig aufgelöst hat. Lassen Sie die Flüssigkeit etwas abkühlen und vermengen Sie sie mit dem Mehl und dem Ei. Kneten Sie alles etwa fünf Minuten durch, bis der Teig geschmeidig ist. Lassen Sie den Hefeteig in einer mit einem Küchentuch zugedeckten Schüssel an einem warmen, nicht luftigen Ort für 60 Minuten gehen. Der Teig sollte dann ungefähr das doppelte Volumen angenommen haben. Geben Sie Mehl auf die Arbeitsfläche und Ihre Hände, kneten Sie den Teig erneut durch, reißen Sie etwa 8 gleich große Stücke ab und formen Sie sie zu Kugeln. Drücken Sie die Kugeln platt, bis sie Brötchengröße haben und lassen Sie sie noch 15 Minuten auf einem mit Backpapier ausgelegten Backblech gehen. Heizen Sie den Backofen auf 180 Grad vor. Bestreichen Sie die Oberseite der Buns dünn mit Wasser. Sobald die Oberfläche feucht ist, geben Sie eine Handvoll Sesamkörner darüber. Jetzt kommt das Blech für etwa 20 Minuten ins Rohr. Die Buns sind fertig, wenn sie eine goldbraune Farbe angenommen haben. Halbieren Sie die Buns und lassen Sie sie auskühlen.

DIE KARTOFFELN IM SALAT

Die Kartoffel ist die Königin der Unterwelt. Setzt man im Sommer eine in den Boden, erntet man im Herbst viele ihrer Brüder und Schwestern. Vermehrungskunst, die man bewundern muss. Dennoch hat die Kartoffel ein Imageproblem: Sie gilt als plump, faul und humorlos, aber das soll nicht unsere Sorge sein. Wir finden: Auf eine Grilltafel gehört in jedem Fall eine Kartoffel. Wenn schon Gemüse, dann muss die Knolle einfach dabei sein. Vorgekocht und in Alu kann sie direkt in die Kohle. Noch besser aber schmeckt sie als Salat. > Salat? Ist das nicht dieses grüne Zeug, das sich Frauen immer auf einem Extrateller bestellen? Wir sind doch keine Schnecken. Ja, das stimmt: Mit Blattsalaten brauchen Sie sich wirklich nicht abzugeben. Darum sollen sich ruhig die Frauen kümmern. Aber Kartoffeln! Da geht was. Männer machen Salate aus Kartoffeln. Das ist erlaubt.

| ERST MAL DIE MAYONNAISE | Die meisten Männer scheuen sich davor, Mayonnaise selbst herzustellen, weil sie den anfallenden Aufwand für übertrieben halten. Dabei dauert es nur ein paar Minuten. Sie brauchen einen hohen Mixbecher oder ein Rührglas und einen Zauberstab – mehr nicht. Zunächst das Öl, dann sachte Knoblauch, Senf, das Ei (ob Sie nur das Eigelb oder das ganze Ei verwenden, ist Geschmackssache – probieren Sie beide Varianten aus), Zitronensaft, Salz und Pfeffer in den Becher geben. Jetzt kommt der Pürierstab zum Einsatz. Beginnen Sie am Boden des Bechers und arbeiten sich langsam nach oben. Nach noch nicht einmal einer Minute sollte alles emulgiert sein. Ihre Mayo ist fertig! > Sollten Sie mit der Konsistenz der Mischung unzufrieden sein, hilft ein einfacher Trick: Ein Löffel Fertigmayonnaise aus dem Supermarkt wirkt wie ein Katalysator. Jetzt flockt garantiert nichts mehr. Mit dieser Mayonnaise als Grundlage steht dem kommenden Kartoffelsalat-Vergnügen nichts mehr im Wege. **300 ml Raps- oder ein anderes geschmacksneutrales Öl > 1 Knoblauchzehe, gepresst > 1 EL Senf > 1 Ei, mit Zimmertemperatur > Saft einer halben Zitrone > Salz und Pfeffer > nach Belieben: Peperoncini, etwas Weinessig > 1 TL Fertigmayonnaise**

| **SÜSSKARTOFFELN IN COLESLAW** | Reiben Sie zunächst den Weißkohl mit einem Gemüsehobel in dünne Streifen. Die Süßkartoffel, Karotten, den Apfel und eine Zwiebel reiben Sie ebenso. Alles in eine Schüssel geben. Damit die Apfelstreifen nicht braun werden, folgt als Nächstes der Zitronensaft. Dann geben Sie die Mayonnaise und die Milch dazu. Umrühren, über einige Stunden durchziehen lassen, mit Zucker und Essig abschmecken und servieren. **½ Weißkohl > 1 Süßkartoffel, geschält > 2 Karotten, geschält > 1 roter, süßlicher Apfel, geschält > 1 Zwiebel > Saft einer Zitrone > 300 ml Mayonnaise > 50 ml Milch > 1 Schuss Essig > 50 g Zucker**

| **THE AMERICAN CLASSIC** | Die Kartoffeln waschen und abbürsten. Sie kommen mit etwas Salz und etwas Kümmel in einen Topf mit kaltem Wasser, das zum Kochen gebracht wird. Praktisch: Das Ei kocht einfach mit – nach einer Viertelstunde kann es entnommen werden. Selbst, wenn die Kartoffeln noch nicht fertig sind – das Ei ist hart. > Wenn die Kartoffeln weich sind (nicht zu weich, aber eine Gabel muss sich locker einstechen lassen), gießen Sie sie ab und schrecken sie intensiv unter kaltem Wasser ab. Das tun Sie deshalb, weil sie sich dann im kalten Wasser locker aus der Schale drücken lassen. Das ist ein feiner Trick, der es Ihnen erspart, jammernd heiße Kartoffeln schälen zu müssen. Kartoffeln und Ei in Scheiben schneiden, solange sie noch nicht ganz erkaltet sind, und mit allen anderen Zutaten vermengen. Ruhen lassen. **1 kg festkochende Kartoffeln (zum Beispiel von der Sorte „Bamberger Hörnchen“) > ½ TL Kümmel > 1 Ei > 1 Becher Sour Cream (oder ein Gemisch aus Schmand und Quark) > 50 ml Mayonnaise > 3 Essiggurken, in Streifen geschnitten > 2 Frühlingszwiebeln, in Scheiben geschnitten > 1 Paprika, in Streifen geschnitten > 1 Stangensellerie, in Scheiben geschnitten > ½ TL Salz > 1 TL Zucker > Salz und Pfeffer**

| **KLASSISCHER DEUTSCHER KARTOFFELSALAT** | Essig, Senf, Zucker, Salz und Pfeffer in die Brühe geben und alles umrühren. Kartoffeln wie gehabt zubereiten. Zwiebel in Butter glasig anbräunen. Kartoffeln in Scheiben schneiden und mit den gerösteten Zwiebeln zur Brühe geben. Zum Schluss Schnittlauch unterrühren und alles

nochmals abschmecken. **1 kg festkochende Kartoffeln > 3 EL Weißweinessig > 2 TL scharfer Senf > 1 Prise Zucker > Salz und Pfeffer > 300 ml Rinder- oder Hühnerbrühe > 1 Zwiebel, in Ringe geschnitten > 2 EL Butter > ½ Bund Schnittlauch, gehackt**

109 DEM GEMÜSE HULDIGEN

Fragen Sie mal das Gemüse, wie es ihm geht. Es wird versuchen, Ihr Mitgefühl zu erregen. „Von Männern am Grill werde ich ständig schlecht behandelt“, wird es sich beschweren, und dabei so welk gucken, dass man es in den Arm nehmen möchte. Kaum sehen Männer ein Feuer brennen, erkranken sie nämlich am Fleischfieber – einem Wahnzustand, der nur noch tierische Nahrung zulässt, während er Salat die Wertigkeit von Rasenschnitt und Gemüse jene von Laub zuschreibt. Da überdies ja nicht einmal Fleisch auf dem Grill mit dem nötigen Respekt behandelt wird, kann man schon erahnen, welch schreckliche Qual Gemüse erleiden muss, das sich auf den Rost verirrt hat.

Eigentlich ist ja auch Männern klar, dass es genügend plausible Gründe gibt, Gemüse zu essen: Folter in der Intensivtierhaltung, Umweltschäden durch die Fleischproduktion, die eigene Gesundheit. Sie diskutieren gerne, geben sich in Gesprächen gut informiert und merken an, dass unser Gebiss das Gebiss eines Pflanzenfressers und somit gar nicht in der Lage sei, derartig viel Fleisch zu kauen. Sie wissen viel und sagen schlaue Dinge. Sie kommen zu dem Schluss, dass es im Grunde viel vernünftiger wäre, sich vegetarisch zu ernähren – nur: Man muss ja nicht schon diese Woche damit anfangen. Nur noch dieses eine Steak – und morgen früh vielleicht noch etwas Aufschnitt. Aber dann. Spätestens übermorgen. > Es ist außerordentlich erstaunlich, wie gut Gemüse schmeckt, wenn es gegrillt wird. Fast jede Sorte eignet sich: Pilze, Zwiebeln, Paprika, Zucchini, Fenchel. Gemüse verliert beim Grillen zwar viel Flüssigkeit, aber – anders als beim Fleisch – ist das sogar gut. Dadurch intensiviert sich nämlich sein Geschmack. Wichtig ist, dass man Gemüse in gleich große Stücke schneidet. Sind einige Stücke trotzdem zu klein, schafft ein Grillkorb Abhilfe.

GEMÜSE. VOM WOCHENMARKT DER MÖGLICHKEITEN. **GRÜNER SPARGEL:** Vor dem Grillen mit etwas Öl besprenkeln und mit Zucker und Salz bestreuen. 5 Minuten warten, bis der Spargel „schwitzt". Dann bei großer Hitze etwa 6 Minuten grillen. **AUBERGINE:** Grillen Sie die komplette Frucht über direkter Hitze, bis sie von allen Seiten nahezu schwarz ist. Wenden Sie sie häufig mit der Grillzange. Nach 30 Minuten ist sie fertig. Schale entfernen, Fruchtfleisch fein hacken und in einer Schüssel mit Salz, Pfeffer, Knoblauch, Olivenöl und Zitronensaft würzen. **AUSTERNPILZ:** Er entwickelt beim Grillen einen fast fleischartigen Geschmack. Stecken Sie gleich große Stücke der Pilze auf angespitzte Rosmarinzweige und grillen Sie bei hoher Temperatur direkt. Im Anschluss geben Sie Öl, Balsamicoessig, Meersalz und Pfeffer darüber. **RADICCHIO:** Vierteln oder halbieren Sie einen Kopf, pinseln Sie die Viertel leicht mit Öl ein und grillen Sie jede Seite etwa 4 Minuten, bis die Blätter kross und braun sind. Nehmen Sie den Radicchio noch warm vom Grill und würzen Sie ihn mit gutem Balsamicoessig und Meersalz. Durch das Grillen verliert der Salat seine bittere Note. **FRÜHLINGSZWIEBEL:** Gelingt bei mittlerer Hitze direkt über der Glut am besten. Nach 8 Minuten sind die Zwiebeln leicht angebräunt und saftig. Mit Zitronensaft und etwas Olivenöl besprenkelt, schmecken sie besonders gut. **KÜRBIS:** Mitteldicke Scheiben auf der Zwei-Zonen-Glut zubereiten. Zunächst jede Seite 7 Minuten auf der kälteren Seite grillen, dann mit einer Glasur aus Butter, Orangensaft, Zimt und Honig bestreichen. Auf die heiße Seite legen und fertig grillen. **SÜSSKARTOFFEL:** Längs in Scheiben schneiden, mit einem Dry Rub (vgl. Seite 210 ff.) würzen und bei direkter hoher Hitze jede Seite etwa 3 Minuten grillen. **KAROTTEN:** Wählen Sie gleich große Exemplare. Vor dem Grillen in kochendem Salzwasser 5 Minuten vorkochen, dann sind sie weich genug. Blanchieren Sie die Karotten in kaltem Wasser, um den Garprozess zu unterbrechen. Dann mit einer Glasur aus geschmolzener Butter, Zucker, Cayennepfeffer und etwas Muskatnuss dünn einpinseln. Bei direkter hoher Hitze auf den Rost geben und regelmäßig wenden. Sobald Grillstreifen sichtbar werden, sind die Karotten fertig. Zum Schluss mit dem Rest der Glasur bestreichen.

AM FEUER SITZEN BLEIBEN

COWBOY-KAFFEE KOCHEN

Es gibt unterschiedliche Wege, um am Grill an einen ordentlichen Kaffee zu kommen, aber nur eine Methode hat es wirklich verdient, näher betrachtet zu werden. Sie verbreitet einen Hauch von Abenteuer und Freiheit, noch bevor der Geruch des frisch gebrühten Kaffees einem in die Nase steigt, denn sie beschränkt sich auf das wirklich Wesentliche. Alles, was es braucht, ist eine Blechkanne, eine Tasse, frisches Wasser und gute Kaffeebohnen.

In die Blechkanne kommt grob gemahlener Kaffee (ein Löffel pro Tasse). Der Mahlgrad ist niedrig, der Kaffee wird grießfein gemahlen – so, dass einzelne Kaffeeteilchen noch gut zu erkennen sind. Die Kanne wird mit Wasser befüllt, wobei Sie darauf achten sollten, dass die Flüssigkeit nur bis zum Ansatz des Ausgusses reicht. Fängt das Wasser zu kochen an und steht es zu hoch im Kessel, kann es in die Glut sprudeln – und alles löschen, was eigentlich erhitzen sollte. Die Blechkanne stellen Sie auf den Rost, der möglichst niedrig justiert sein sollte, oder direkt auf die glühenden Kohlen. Natürlich dauert es ein wenig länger, als Sie es vom Herd gewohnt sind, bis der Kaffee kocht – aber warum auch nicht? Sie sind schließlich nicht in Eile, wir sind es auch nicht – und es ist spät geworden. Am Feuer sitzenzubleiben ist ein Genuss der Gerechten und der Lohn der Geduldigen.

| **DEN KAFFEE „ERSCHRECKEN“** | Sie möchten ja, dass sich der Kaffee absetzt und auf den Grund der Kanne sinkt. Es gibt einen erstaunlichen Trick, der aus dem unangenehmen Gemisch ganz einfach einen guten Kaffee mit klar separiertem Bodensatz macht: Geben Sie eine halbe Tasse kaltes Wasser in die Kanne – und das Pulver wird sich setzen.

| **RUNDUM HEISS** | Anders als auf dem Herd wird eine Kanne, die auf dem Grillfeuer stand, überall sehr heiß – nicht nur ihr Boden. Nehmen Sie den kochenden Kaffee mit einem Grillhandschuh oder einem Handtuch von der Glut; dabei wird Ihnen nichts passieren.

Allerdings sollten Sie auch beim Ausgießen des Kaffees vorsichtig sein – die kochende Flüssigkeit wird auf ihrem Weg aus der Kanne heftig zischen und sprudeln. Hier besteht akute Verletzungsgefahr. Gießen Sie daher langsam und bedächtig.

111 EIN SONG FÜRS LAGERFEUER

Wenn Männer nachts um ein Feuer sitzen, passt wohl kein Lied besser in die Runde als der Country-Klassiker „Ring Of Fire", der größte Hit des amerikanischen Sängers Johnny Cash. Der Song braucht nicht viele Worte und nur drei Akkorde. Jeder, der eine Gitarre halten kann und nach einigen Bieren ein wenig Bass in der Stimme hat, kann ihn spielen und singen.

Die Entstehungsgeschichte des Liedes ist da schon wesentlich komplizierter. Die zwei wichtigsten Frauen in Johnny Cashs Leben – Vivian Liberto (Ehefrau Nummer eins) und June Carter (Ehefrau Nummer zwei) – lieferten sich diesbezüglich einen lebenslangen Zickenkrieg. June Carter, die neben Merle Kilgore als Co-Autorin des Liedes geführt wird und von den Tantiemen profitierte, behauptete stets, das Lied handele von der unerfüllten und verbotenen Liebe (sie war erst 16 Jahre alt) zu ihrem damals noch mit Vivian verheirateten drogensüchtigen späteren Ehemann Johnny Cash. Sie sei zu dem Lied inspiriert worden, als sie alte Gedichtbände aus dem Besitz ihres Onkels durchblätterte und beim Lesen auf die Zeile „Love's a burning ring of fire" stieß.

Vivian Liberto dagegen (die Verlassene) beteuerte in ihrer Biografie „I Walked The Line", dass ihr Mann den Song womöglich unter Drogen- und Alkoholeinfluss, aber definitiv ohne Junes Hilfe geschrieben habe. Der gute Johnny hätte June damals nur deshalb rein formell zur Co-Autorin gemacht, weil „die das Geld brauchte". Und um Liebe, so schrieb sie, gehe es auch nicht im Geringsten: Der „Ring Of Fire" sei eine von Johnny gerne gebrauchte Bezeichnung für das weibliche Geschlechtsorgan.

Unzweifelhaft verbürgt ist allerdings die Veröffentlichung der ersten Interpretation des Songs: Diese stammt von Junes Schwester Anita. Die Single war aber nur wenig erfolgreich, und schon bald entschied sich Johnny Cash für eine eigene Aufnahme – jene Version, die Geschichte schreiben sollte.

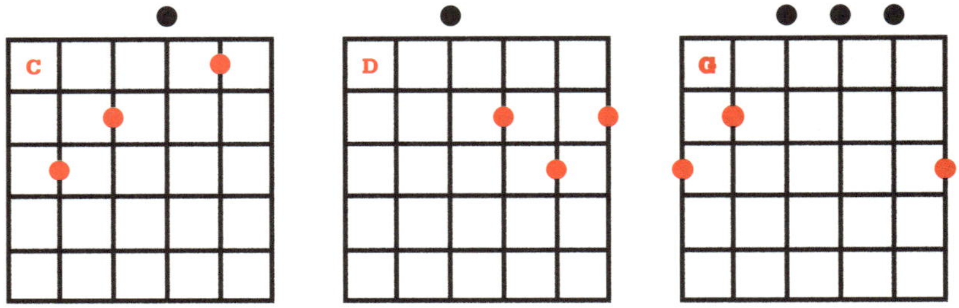

Drei Akkorde für den Ring Of Fire

Unter anderem lag das an einem besonderen Detail: Am Anfang des Songs erklingen Mariachi-Trompeten, was für Countrymusik damals äußerst überraschend war. In einem Traum, den er in einer vom Rausch bestimmten Nacht hatte, soll Johnny Cash die Trompeten zum ersten Mal vernommen haben. Weil ihm deren Klang auch nüchtern nicht mehr aus dem Kopf ging, sorgte er dafür, dass sie ihren Weg ins Tonstudio fanden.

112 RAUCHZEICHEN SENDEN

Liegt Ihr Grillplatz weit von Ihrem Zuhause entfernt, Ihr Mobiltelefon ist ohne Empfang, das Bier aber leider aus – dann bieten sich Ihnen zwei Möglichkeiten: Entweder wird der Jüngste aus der Gruppe auf eine lange Reise geschickt – oder aber Sie bedienen sich eines traditionellen Kommunikationsmittels der amerikanischen Ureinwohner und bestellen Nachschub beim Zweitjüngsten, der für genau diesen Notfall vor dem heimischen Kühlschrank ausharren muss. > Die indigenen Völker Amerikas verständigten sich auf vielfältige Weise: von Angesicht zu Angesicht durch Kriegsbemalung auf Gesicht und Pferd, durch das Legen von Steinformationen, durch eine codierte Zeichensprache oder das Hinterlassen von Nachrichten auf Bäumen und Felsen. Über größere Entfernungen hinweg verwendeten sie Spiegel, um Blendzeichen zu übermitteln, oder Feuer und Rauch.

Feuer? Rauch? Klingt nach der idealen Lösung für Ihr Problem. Damit müsste sich doch arbeiten lassen. > Rauchzeichen waren die Königsdisziplin der indianischen Kommunikation. Mit ihrer Hilfe konnte man über viele Kilometer weit Informationen vermitteln. Der Wortschatz der Rauchsprache war allerdings eher klein. Es gab kein über Stammesgrenzen hinaus gültiges Alphabet, sondern nur einen zwischen Sender und Empfänger vereinbarten Code. > Ein Wörterbuch bestünde aus nur ein paar Zeilen und könnte in etwa so aussehen:

DAS KLEINE RAUCHWOLKEN A-B-C

„A!“	**Eine Wolke**
„B!“	**Zwei Wolken**
„C!“	**Drei Wolken**

Für Ihre Zwecke ließen sich die Zeichen durchaus in den Grillslang der Neuzeit transkribieren: Eine Wolke stünde zum Beispiel für einen Sechserpack Bier, zwei für einen ganzen Kasten und drei für ein Fass – ganz, wie Sie möchten. Nur die Technik müssen Sie beherrschen.

| **DICKE LUFT** | Am besten zu sehen sind Rauchwolken, wenn frisches, noch feuchtes Gras in die Glut oder das Feuer gegeben wird. Idealerweise ergänzen Sie das Gras mit frischem Tierdung, dem Sie ein klein wenig Öl zugegeben haben: ein in Kernöl getauchter Kuhfladen zum Beispiel. Sie können aber genauso gut gewässerte Räucherchips nehmen. > Die Rauchsäule in Wolken zu trennen erfordert

ein wenig Übung. Am leichtesten geht das zu zweit: Halten Sie eine feuchte Decke so über den Rauch, dass sich möglichst viel darunter ansammelt. Kurz vor dem Moment, in dem der Rauch zur Seite zu flüchten versucht, reißen Sie die Decke mit einem Ruck zur Seite. Ist keine Decke zur Hand, verwenden Sie einfach den Deckel Ihres Grills. Wiederholen Sie die Prozedur – und schon nach einer kurzen Weile werden Sie die Sprache der Rauchwolken beherrschen.

113 ÜBER DIE GLUT WANDERN

Der esoterische Trendsport Feuerlaufen ist nicht neu. Glühende Kohlen wurden in Indien schon in der Eisenzeit betreten. Man hätte es wissen müssen: Wie fast alles, was heute als Selbsterfahrung verkauft wird, hat also auch der Feuerlauf einen ernsthaften spirituellen Ursprung, der in Asien liegt. Schade nur, dass wie immer vom religiösen Brauchtum nichts übrigbleibt, wenn selbsternannte Feuerlauf-Coaches es interpretieren: Wer durchs Feuer geht, so sagen sie, beweise Vertrauen in die eigene Kraft und Stärke. Warme Füße sollen das Bewusstsein erweitern. Nun gut. Die Euphorie der Achtziger ist zwar ein wenig abgekühlt, doch auch heute noch werden hysterische Manager und Führungskräfte in Wochenendseminaren und auf Incentives über die Glut gejagt. In der Regel ist die Verletzungsgefahr dabei weniger groß als beim abendlichen Bier. Manchmal geht aber auch etwas schief. Ein Feuerlauf, den mehrere Restaurantmanager der „Kentucky Fried Chicken"-Kette 2002 im australischen Port Stephens unternahmen, endete für 20 Teilnehmer im Krankenhaus.

| **DER WEG DURCH DIE HÖLLE** | Werden einige Vorsichtsmaßnahmen beachtet, ist der Trip mit der heißen Sohle aber eigentlich keine Hexerei. > Auch Sie können übers Feuer laufen – solange Sie nüchtern an die Sache rangehen. Aber natürlich ist es ratsam, jemanden dabeizuhaben, der sich auskennt und Verantwortung übernimmt.

| **NICHT ÜBERTREIBEN** | Wagen Sie sich nicht an Rekorde. Weder sollten Sie über ein besonders heißes Bett schreiten, noch über ei-

nen sehr langen Parcours. Warten Sie, bis Ihr Holzfeuer komplett heruntergebrannt ist, und verteilen Sie Glut, die keine Flammen mehr wirft, auf einer Bahn, die ungefähr 50 cm breit und höchstens zwei Meter lang ist – das reicht für den Anfang. Sind Sie zurechnungsfähig? Wenn Sie einen langen Grillnachmittag hinter sich haben, an dem viele Fässer Bier geleert wurden, sollten Ihre Wege nicht durchs Feuer führen.

| **DIE TEMPERATUR** | Die Glut aus Holz oder Holzkohle ist weniger heiß als man glaubt – wenn man ihr die Ruhe gönnt, angemessen weit herunterzubrennen. Wenn es windstill ist, ist sie mit einer Ascheschicht bedeckt, die zusätzlich vor der Hitze schützt. Holz hat von Natur aus eine niedrige Wärmeleitfähigkeit. Gefährlich wird Ihr Feuerlauf jedoch, wenn einzelne Eisenstücke in der Glut vergessen wurden (zum Beispiel, weil Bauholz verwendet wurde, in dem einzelne Nägel übrigblieben).

| **DIE FÜSSE** | Die Fußsohlen müssen warm, verletzungsfrei und trocken sein. Sind sie feucht, drohen einzelne Stücke glühender Kohle kleben zu bleiben. Dann haben sie Zeit, sich richtig schön in die Haut zu brennen. Ist Ihre Fußsohle gut verhornt, bietet das zusätzlichen Schutz.

| **DAS TEMPO** | Nicht zu langsam, aber auch nicht zu schnell. Das Feuer muss zügig durchschritten werden. Die Fußsohlen sollten pro Schritt nicht länger als eine halbe Sekunde direkten Kontakt mit der Glut haben: Trödeln wird also bestraft. Wer rennt, wird jedoch auch keinen Spaß daran haben. Dabei würden Sie automatisch Ihr Körpergewicht auf die Ballen verlagern, die der Hitze als willkommene Angriffsfläche dienen.

| **DIE GANGART** | Gehen Sie mutig mit breiter Sohle durchs Feuer. Auf Zehenspitzen durch die Glut zu tippeln ist genauso verkehrt, wie nur auf den Fersen zu stapfen. Am wenigsten Verbrennungsgefahr droht bei größtmöglicher Auflagefläche, also beim Gehen mit dem platten Fuß.

| DIE REIHENFOLGE | Sollten Sie sich an einem Feuerlauf beteiligen und ihn garantiert unverletzt überstehen wollen, dann achten Sie darauf, als einer der letzten Läufer übers Feuer geschickt zu werden. Je mehr Kohlengänger vor Ihnen an der Reihe waren, desto mehr kalte Fußspuren wurden hinterlassen – die Kohle ist dann abgekühlt und ungefährlicher.

| DIE RETTUNGSINSELN | Der Parcours aus Glut muss die Möglichkeit zur Flucht offen lassen. Auf keinen Fall dürfen seitliche Begrenzungen den Ausstieg verhindern. Am Ende sollten mehrere Handtücher, ein großer Baumwollteppich und Fußbäder mit kaltem Wasser bereitliegen und -stehen.

114 IM WINTER GRILLEN

Starker Regen, Graupel, heftiger Hagel und Sturm sind die Feinde eines jeden Grillers. Den eisigen Winter allerdings, den kann er sich zum Freund machen. Nur weil es kalt ist und früh dunkel wird, muss man sich ja nicht gleich hinterm Herd verkriechen – Grillsaison ist das ganze Jahr über. Allerdings gibt es ein paar praktische Tipps für den Winter.

Zusätzliche Wärmequellen – eine Feuerschale oder ein offenes Lagerfeuer zum Beispiel – halten Ihre Grillgäste warm, und Gartenfackeln leuchten ihnen den Weg. Festes Schuhwerk am Rost ist Pflicht. Die Kleidung sollte nicht nur warm, sondern auch feuerfest sein. Synthetische Funktionsbekleidung ist verboten. Jacken, Schals, Mützen oder Handschuhe sollen Sie wärmen, aber nicht in Gefahr bringen. Gasgrills sind nur bedingt wintertauglich. Butangas verflüssigt sich bereits kurz unterhalb des Gefrierpunkts. Wenn Sie schon mit Gas grillen müssen, verwenden Sie nur Propangas. Kohle und andere Brennstoffe müssen stets trocken gelagert werden. Holzkohle aus einem zugigen Schuppen ist wahrscheinlich zu feucht. Da Ihr Grill auch mit den Außentemperaturen zu kämpfen hat, benötigt er mehr Leistung: Rechnen Sie mit mehr Brennstoffverbrauch als im Sommerbetrieb. Sind Ihnen die Brennstoffe aus-

gegangen, bedenken Sie, dass nicht alle Bau- und Supermärkte auch im Winter Briketts anbieten. Rufen Sie sicherheitshalber vor dem Einkauf dort an. **Damit das Grillgut nicht schon auf dem Weg zum Teller erkaltet, empfiehlt sich der Einsatz von Alufolie oder -wannen. Wenn Sie nicht nur draußen grillen, sondern dort auch essen, empfehlen wir simple Gerichte, die mit der Hand verspeist werden können: Spieße, Würste, Burger oder Steaks im Brötchen.** Eine interessante Ergänzung beim Wintergrillen ist der Dutch Oven. Dieser Topf aus Gusseisen wird durch Kohlebriketts, die auf dem Deckel verteilt werden, beheizt. Er funktioniert wunderbar bei der Zubereitung und dem Aufwärmen von Suppen oder Eintöpfen.

115 IN DER SAUNA GRILLEN

Wir haben uns bereits erlaubt, Ihnen zu empfehlen, sich von keinerlei widrigen Umständen (wie der Jahreszeit zum Beispiel) vom Grillen abhalten zu lassen. Es muss grundsätzlich möglich sein, zu jeder Zeit und an jedem Ort etwas auf den Rost legen zu können. Gut, den geschlossenen Raum einmal ausgenommen. Die trockenen Wälder des Hochsommers verschonen wir ebenso.

Neulich jedoch, im Gespräch am Grill, stand auf einmal die Frage im Raum, ob man nicht eine Sauna nutzen könnte, um das Wintergrillen ein wenig wirtlicher zu gestalten. Zugegeben, es waren schon einige Biere im Spiel. Es gäbe doch dort eine Feuerstelle, nämlich den heißen Saunastein, und überdacht seien diese Saunen ja auch. Warum also nicht statt zischendem Aufguss ein brutzelndes Steak bereiten?

| DER FINNE TUT'S | So abwegig die Idee erscheinen mag: Wir waren nicht die Ersten, die das Ganze angedacht haben. Der Finne hat nämlich nicht nur die Sauna erfunden, sondern auch die Grillkota (eine kleine sechseckige Hütte mit einem Grill in der Mitte und einem Abzug darüber, der direkt ins Freie geht), und, ja, sie haben natürlich beides kombiniert. Sie haben sogar einen Wurstgrill entwickelt, der an einer Kette über dem Saunastein baumelt, aber will man wirklich

schwitzend und mit rotem Kopf unbekleidet seinen Grillkumpels gegenübersitzen und in eine Bratwurst beißen? Dann doch lieber mit der Daunenjacke und einem Glühbier draußen um den Kugelgrill stehen. > Besser hat uns der harmlose finnische Brauch mit dem Fladenbrot in der Sauna gefallen. Das Brot wird aufgeschnitten und mit Tomaten, Salat, Rosmarin, Thymian, frischen Kräutern und ein wenig Schinken befüllt. Gut geschlossen und dicht in Alufolie eingepackt, kommt der Fladen auf den Saunaofen – und bleibt dort ungefähr für die Dauer von drei Saunagängen à zehn Minuten liegen.

Ausgepackt und gegessen wird das Brot aber erst außerhalb des Schwitzkastens. Das hat zwar mit Grillen eigentlich nicht viel zu tun, aber: Da stehen wir jetzt drüber.

116 VON DER ASCHE VERABSCHIEDEN

Ob Grillasche zum Direktdünger taugt oder den Komposthaufen bereichern darf, ob sie in die Restmülltonne oder in den Biomüll muss – das ist eine Frage, die unter Öko-Grillmeistern ähnlich kontrovers diskutiert wird, wie im Pentagon der richtige Umgang mit Schurkenstaaten.

Die Wertigkeit der Restasche und deren Nutzbarkeit hängen dabei entscheidend davon ab, wie sehr die Kohle unter Verunreinigung leiden musste und wo sie geköhlert wurde. Verlassen Sie sich bei Ihrer Entscheidung ruhig ein wenig auf Ihr Gefühl: Kleine Mengen Ascherückstände von Bioholzkohle aus heimischer Produktion, die beim indirekten Grillen lediglich am Rand des Kugelgrills entstand, ist selbstverständlich weniger bedenklich als vor Fett triefende und mit Kronkorken und Fischresten vermischte Baumarktkohle. > Grillasche, die optisch einen gesunden Eindruck macht, darf auch gerne aufs Beet, wo sie den pH-Wert der Erde durch ihre basische Wirkung regulieren kann und so gerade auf sauren Böden einen wertvollen Dienst leistet. Sie darf auch auf den Kompost, wo sie, portionsweise zugefügt, den Wasserhaushalt verbessern wird. In den Biomüll darf sie sowieso.

| BLOSS NICHT ÜBERTREIBEN | Es kommt natürlich auch darauf an, wie oft Sie grillen und wie viel Asche dabei produziert wird. Kein Komposthaufen und kein Gemüsegarten verträgt die Menge an Grillasche, die übrigbleibt, wenn Sie jeden zweiten Tag acht Säcke Holzkohle für Ihre Thekenfußballmannschaft verfeuern. > Die Karbonate der Kohle wandeln sich durch das Verbrennen in Hydroxide (überwiegend Kalium und Calcium) um. In kleinen Mengen tun diese Oxide Ihrer Gartenerde gut – aber eben nur in geringer Dosis. Ganz werden sie das Düngen nie ersetzen können. Stickstoffe zum Beispiel, die auch Bestandteil von Dünger sein sollten, fehlen in der Asche ganz. Die Rückstände von Schwermetallen, die in Holzkohle enthalten sind (wie sie übrigens in allen Produkten aus langsam gewachsenem Holz zu finden sein können) sind dagegen so gering, dass Sie sich keine Sorgen machen müssen.

| ZWISCHEN DEN ZÄHNEN | Überlebenskünstler berichten über die erfolgreiche Verwendung von Grillasche zur Zahnreinigung. Wenn

Nach dem Essen Zähneputzen nicht vergessen

Sie wollen, dürfen Sie das gerne ausprobieren – wir haben auf dieses Experiment geflissentlich verzichtet.

| DIE ASCHENBAHN | Wenn Sie zum Wintergrillen geladen haben, es stockduster geworden ist und Ihre Gäste schlecht vom Parkplatz wegkommen, weil es wieder mal richtig angezogen hat, dürfen Sie die Asche auch zum Streuen verwenden, um Eisflächen wieder begeh- und befahrbar zu machen. > Die Straßen müssen frei bleiben, morgen soll wieder gegrillt werden.

ANHANG

REGISTER

WIR DANKEN

„Die Ader“, Grillkollektiv aus Perchting. Die zahlreichen Grillabende auf der Datsche waren lang und inspirierend. Auch deshalb gibt es dieses Buch.

Matthias Andrione. Schade, dass wir diesmal kein Atelier teilten. Wir waren einfach zuviel unterwegs. Wann immer wir aber wissen mussten, ob wir handwerklich alles richtig machen, konnten wir zurückkehren und Fragen stellen.

Natascha Augustin, Franz Schemera, Frank Feiler, Stephan Mattner, Max Witzigmann, Claudia Müller und **Carlos der Hund** fürs gelegentliche Einsperren und die tägliche Dosis St. Leonhards Quelle.

Daniel Antichi, der im Restaurant Italfisch in München alles fest im Griff hat. Er kann für die Kamera ein ganzes Küchenteam durchs Bild jagen, gleichzeitig Espresso kochen, Telefonnummern raussuchen und – ganz nebenbei – zusätzlich noch ein schönes Rezept seiner Oma aus dem Ärmel schütteln, ohne dass es ihm irgendwie Stress bereiten würde.

Magnus Bauch, Metzger im Schlachthofviertel. Schon bei unseren ersten selbstgemachten Würsten hat er uns geholfen. So intensiv, dass wir noch tagelang zu essen hatten.

Herbert Bauer und **Stefan Schmautz** vom Anton Schmautz Fleischgroßhandel, für alles, was sie über Fleischschnitte, Reifung und Rinderrassen wussten.

Astrid Behr, Tierärztin aus Frankfurt am Main, die genau darauf achtet, welche Reste man Tieren geben darf und welche nicht.

Doro Bitz-Volkmer, München, die schnell und unkompliziert vermittelt, wenn man dringend einen Arzt sucht.

Dr. Alexandra Blaik, Ernährungswissenschaftlerin aus Magdeburg, die Erhellendes zu sekundären Pflanzenstoffen und Schadstoffen am Grill beizutragen hatte.

Julia Böttger, für alles.

Jochen Donauer, München, der ausführlich erklären konnte, was beim Wursten alles schief gehen kann.

Oliver Gehrke, München, der sich hauptberuflich damit beschäftigt, wie man aus Biogasanlagen etwas ökologisch Sinnvolles machen kann und sich – unter anderem auch deshalb – in seiner Freizeit um seine Heuschreckenzucht kümmert.

Heinz Heise vom Metzgermarkt am Zenettiplatz, **Alfredo Tripaldella** vom Fischgroßhandel „Moby Dick“, **Anton Kirschbauer, Manuele Massari, Kathrin Graenitz, Matthias Andrione, Matthias Falk, Mathias Neuhauser, Daniel Antichi, Olaf Holzhäuser, Timo**

Zeschky, Julia von Keisenberg, Guido Walter, Annette Bauer, Johann Betz für einen schönen Film zum Buch und **Thomas Höricht** für seine wunderbare Stimme. ....

Andreas Hirschka, Dipl. Psychologe und Psychotherapeut aus Dillingen, für mancherlei Erklärung und Erleuchtung zum Phänomen „Mann am Grill". ....

Monika König, Carin Sackermann, Cornelia Hanke, Ingrid Hafner, Ina Hochbach, Klaus Voigt, Georg Reuchlein, Janne Lemke, Mosaik und Goldmann, für ihre Geduld und ihr Vertrauen. ....

Andreas Kräftner, München, für so einige interessante Details über Holz. Hätte er uns nicht aufgeklärt, würden wir immer noch glauben, Kirschholz falle nur beim Fällen eines Kirschbaums an. ....

Marcela Leon-Espinoza, Marburg, die auch als Vegetariern weiß, wo man in Peru die besten Meerschweinchen vom Grill bekommt. Wir werden es niemandem verraten. ....

Manuele Massari, Schleifer aus München, für sein umfassendes Wissen über Messer. Während er geduldig erzählt, sorgen ungeduldige Sterneköche und Metzger aus dem Schlachthofviertel immer wieder für Unterbrechungen. Von ein paar stumpfen Arbeitswerkzeugen der Meister und davon, dass sie schnell wieder an die Arbeit müssen, lässt er sich aber nicht aus der Ruhe bringen – bis jetzt hat er noch jede Klinge rasch wieder scharf bekommen. ....

Hendryk Matz und **Johann Waldherr,** für ausgedehnte gemeinsame Aufenthalte am ihrem selbstgebauten Smoker und für die Einführung in die Sprache der Griller. ....

Hilde Neudeck, Leipheim, für Wissenswertes über Einkaufswagen. ....

Mathias Neuhauser, München, für drei schöne Akkorde auf der Gitarre. ....

Anna Pentzlin, München für die ausführliche Grundlagenrecherche, besonders im Bereich improvisiertes Grillen. ....

Denis Pernath, der Kohlen zum Glühen bringen kann, auch auf Autorenportraits. ....

Karl Pieterek, Feuerwehr München, für seinen Unterricht im Hauptfach Brandbekämpfung und für die Schilderungen aus dem Alltag der Feuerwehr. ....

Salomé Lou Römer, München, dafür, dass sie das beste Ein-Frau-Filmteam zwischen Schwäbisch-Hall und Chile ist. ....

Dr. Johannes Rubenbauer, München, der die Gefahren am Grill kennt, und sich im „Verein zur Förderung der Behandlung Brandverletzter e.V." bewundernswert um die kümmert, die sie unterschätzt haben. ....

Dirk Rumberg, Agent aus Gauting-Stockdorf, der viel von guten Ideen hält und wenig von Salat. ....

Gerwin Schmidt, Timo Thurner und **Nina Hardwig,** dafür, dass wir ihre Räume kurzfristig zur Räucherkammer machen durften. ....

Karl Ludwig Schweisfurth, Gut Herrmannsdorf, den echten, wahren Pionier der ökologischen Lebensmittelherstellung, für viele Stunden, die wir gemeinsam verbringen durften. Als wir uns zum ersten Mal trafen, begrüßte uns ein auch ein frisch geschlachteter, unkastrierter Eber, den wir gemeinsam zerlegen und probieren durften, was uns nachhaltig beeindruckt hat.

Daniela Schwenk, vom Deutschen Roten Kreuz in Berlin, die weiß, was man tun kann, wenn sich jemand ernsthaft verschluckt hat.

Götz Spieth, Braumeister in Bozen, Südtirol. Da er nicht nur viele Biere kennt, sondern auch unglaublich viel von gutem Essen versteht, kann er gut kombinieren.

Laura und **Malko Solf, Ursula Augustin, Imke** und **Jochen von Keisenberg, Christiana Clapcich, Edeltraud Edlinger, Susanne** und **Neptali Edlinger-Montenegro, Mehmet Scholl, Viktor Augustin, Michi Kast, Justin von Keisenberg, Alex Pensler, Susan Thurner, Katrin** und **Robert Graenitz, Martin Peter** für allerlei Anregungen.

Zoe Stäblein, die uns in Jamaica an die besten Jerk-Tonnen geführt hat und in Deutschland unsere Rezeptideen mit karibischem Flair verfeinern konnte.

Tobias Thieme, München, unermüdlicher Wühler und Nachfrager. Du warst uns eine große Hilfe.

Dr. Harald Tragelehn, Geologe und **Kurt Liebald,** Köhler aus Schwarzenbach im Frankenwald. Nur noch wenige beherrschen dieses Handwerk. Schön, dass ihr weitergebt, was ihr wisst.

Kerstin Uhl, für ihr waches Auge.

Ingrid von Keisenberg, Buenos Aires. Sie erzählte von Lomos, vom Fleischschmuggel in Koffern, von gefüllten Därmen, vom Angeln mit der Pistole und vom Asado. Nicht alles hat es ins Buch geschafft.

Julia von Keisenberg, für alles. Darüber hinaus: für die schöne Aufrisszeichnung eines Hühnerhauses und vor allem für die hübschen Hühner.

Christian Zaschke, London, Gründungsmitglied der Band, für alles. Wäre toll, wenn wir mal wieder gemeinsam musizieren könnten.

Alex Zoebisch, München. Wir haben wieder einmal viel Freude gehabt, an deinen feinen Illustrationen.

IMPRESSUM

EIN MANN – EIN ROST. DAS GRILLBUCH

Verlagsgruppe Random House FSC-DEU-0100

Das für dieses Buch verwendete FSC®-zertifizierte Papier *Munken Premium Cream* liefert Arctic Paper Munkedals AB, Schweden.

MIX
Papier aus verantwortungsvollen Quellen
FSC® C006701
FSC www.fsc.org

Dieses Buch ist auch als E-Book erhältlich

1. Auflage

Text Eduard Augustin, Matthias Edlinger

Gestaltung Philipp von Keisenberg

Illustrationen Alex Zoebisch

Druck und Bindung CPI – Ebner & Spiegel, Ulm

CH · Herstellung IH

Printed in Germany

ISBN 978-3-442-39244-5

www.mosaik-verlag.de

Alle Ratschläge in diesem Buch wurden von den Autoren und vom Verlag sorgfältig erwogen und geprüft. Eine Garantie kann dennoch nicht übernommen werden. Eine Haftung der Autoren beziehungsweise des Verlags und seiner Beauftragten für Personen-, Sach- oder Vermögensschäden ist daher ausgeschlossen.